Mosaik
bei GOLDMANN

Buch

Eine Freundin berichtet niedergeschlagen von ihrer bevorstehenden Scheidung. Ein Kollege erzählt verzweifelt vom Verlust seines Arbeitsplatzes. Ein Elternteil erfährt, dass er an Krebs erkrankt ist. Situationen, in denen wir betroffen um tröstende Worte ringen, und sie häufig genug nicht finden. Doch was lässt sich angesichts solch schmerzvoller Momente sagen?
Nance Guilmartin zeigt in ihrem Buch, wie wir anderen in schwierigen Situationen Hilfe und Trost anbieten können: Intensives Zuhören, Innehalten, den eigenen Gefühlen Ausdruck verleihen und Anteil nehmen sind nur einige Möglichkeiten. Einfühlsam schildert sie, wie wichtig es ist, sich in die Situation des Gegenübers zu versetzen und sich von einer lösungsorientierten Diskussion zu verabschieden, um wirklich trösten zu können. Der Leser erfährt nicht nur, wie er für Freunde, Familie und Kollegen hilfreiche Worte findet, sondern auch, wie er selbst in schwierigen Zeiten Trost und Zuspruch annehmen kann.

Autorin

Nance Guilmartin, viermalige Emmy-Award-Gewinnerin, ist Wirtschaftsberaterin, Rundfunk- und Fernsehjournalistin. Als Geschäftsführerin von Westinghouse Broadcasting setzte sie verschiedene gemeinnützige, viel beachtete Hilfskampagnen um, u. a. »For Kids-Sake« und »Time to Care«. Zurzeit lehrt Nance Guilmartin als Gastdozentin an der Tufts University und bietet Businesskurse an.

Nance Guilmartin

Trost, Kraft und Wärme

Was man sagt, wenn die Worte fehlen
Mit Gesprächen helfen

Aus dem Amerikanischen
von Maria Mill

Mosaik
bei GOLDMANN

Die Ratschläge in diesem Buch wurden von der Autorin und vom Verlag sorgfältig erwogen und geprüft, dennoch kann eine Garantie nicht übernommen werden. Eine Haftung der Autorin bzw. des Verlags und seiner Beauftragten für Personen-, Sach- und Vermögensschäden ist ausgeschlossen.

Umwelthinweis:
Alle bedruckten Materialien dieses Taschenbuches
sind chlorfrei und umweltschonend.

1. Auflage
Deutsche Erstausgabe August 2004

Published by arrangement with Nance Guilmartin
c/o Doris S. Michaels Literary Agency, 1841 Broadway, Suite 903,
New York, NY 10023 USA
Dieses Werk wurde vermittelt durch die Literarische Agentur
Thomas Schlück GmbH, 30827 Garbsen.
Originalverlag: Jossey-Bass, a registered trademark of
John Wiley & Sons, Inc., San Francisco
Originaltitel: Healing Conversations
Umschlaggestaltung: Design Team München
Umschlagfoto: Photonica/ Kishimoto
Redaktion: Tanja Oerke
Satz: Buch-Werkstatt GmbH, Bad Aibling
Druck: GGP Media, Pößneck
Verlagsnummer: 16599
WR · Herstellung: Ina Hochbach
Printed in Germany
ISBN 3-442-16599-7
www.goldmann-verlag.de

INHALT

Euch allen, die ihr in Augenblicken der Unsicherheit
die Chance ergreift, einem Mitmenschen
ein tröstendes Gespräch anzubieten
oder ihn darum zu bitten, widme ich dieses Buch.

Und ich widme es Connie, deren Weisheit
mir geholfen hat, weiterzumachen – als es mir
nicht mehr möglich schien.

Einladung zu tröstenden Gesprächen

Haben Sie jemals einem Menschen, der eine schwere Zeit durchmachte, helfen wollen und nicht gewusst, was Sie tun oder sagen sollten? Genau das passierte mir, als meine netteste Kollegin ihre dritte Fehlgeburt erlitt. Die Ärzte hatten Shelley gewarnt, eine weitere Schwangerschaft könne ihr Leben gefährden. Da ich selbst keine Kinder hatte, wusste ich weder, was ich sagen, noch wie ich mich gegenüber einer Freundin verhalten sollte, die ihr Leben riskierte, um ein Kind zu bekommen.

Unzulänglich, wie ich mich fühlte, doch gleichzeitig entschlossen, ihr irgendwie zu helfen, besaß ich die Unverfrorenheit, die Ehefrau eines Collegefreundes anzurufen, die ebenfalls ihr Baby durch eine Fehlgeburt verloren hatte. Obwohl ich Rose nicht besonders gut kannte, bat ich sie, mir zu verraten, was man einer Frau, die ihr Kind verloren hat, Hilfreiches sagen kann. »Rede nicht zu viel«, meinte Rose. »Hör einfach zu. Versuche nicht, ihr mit irgendeiner simplen Antwort oder Lösung für ihr Problem zu kommen. Glaube ja nicht, dass es für eine Frau, die sich auf das Muttersein freut und plötzlich ihr Kind verliert, ein Trost ist, wenn du ihr sagst, es sei Gottes Wille gewesen oder sie könne ja ein Kind adoptieren. So schwer es dir auch fallen mag, versuche nicht, einen Sinn darin zu entdecken. Lass sie reden – egal, was.«

Dieses Buch habe ich auch deswegen geschrieben, weil alle von uns früher oder später in solch eine Situation kommen, in der wir einen lieben Menschen trösten wollen, aber nicht wissen, was wir sagen, tun oder wie wir uns verhalten sollen. Oder aber wir durchleben selbst eine schwere Zeit und wissen nicht, wie wir um die benötigte Hilfe bitten oder sie annehmen können. Dieses Buch ist keine Anleitung zur »Selbsthilfe«. Es ist ein Ratgeber, der aufzeigen soll, wie wir in den zwangsläufig schwierigen, chaotischen oder quälenden Momenten der Ungewissheit, des Übergangs, der Veränderung und des Verlusts anderen helfen und uns von ihnen trösten lassen können. Nach dem 11. September 2001 sind die Geschichten in diesem Buch, die von jähen Todesfällen, knappem Entkommen, unverschuldetem Verlust des Arbeitsplatzes oder dem Tod von Arbeitskollegen berichten, noch relevanter geworden. Das Buch handelt nicht vom 11. September, es befand sich damals im Druck, aber vielleicht hat das Ereignis unser Bewusstsein dafür geschärft, wie wichtig es ist, Trost spenden und tröstende Gespräche führen zu können.

Wie lernen wir, mit der Qual und dem Unbehagen anderer auf eine Weise umzugehen, die ihnen gut tut – egal, wie peinlich ihnen oder uns die Situation auch sein mag? Wenn wir etwa im Büro hören, dass Vater oder Mutter einer Kollegin plötzlich gestorben sind, dass mehrere Angestellte entlassen wurden oder dass ein Kunde an Krebs erkrankt ist. Können wir da helfen? Sollen wir überhaupt helfen? Was wäre tatsächlich von Nutzen? Welche Grenzen müssen wir respektieren, welche Hemmschwellen überwinden? Wie lässt sich aus all dem Schweigen und Ungesagten heraushören, wie jemandem, der sich ängstigt oder leidet, zu helfen ist? Können wir um Dinge und Gesten bitten, die uns selbst trösten würden, und sind wir in der Lage, diesen Trost auch angemessen anzunehmen?

Vielen von uns fällt es schwer, den Schmerz oder das Unbehagen eines anderen zu ertragen. Oft wollen wir die Sache sofort in die Hand nehmen und auf irgendeine Weise für prompte Erleichterung sorgen. Einige von uns sagen auch deswegen nichts, weil sie nicht riskieren wollen, das Falsche zu sagen. Dieses Buch bietet Richtlinien, die es Ihnen ermöglichen, Kommunikationslücken zu überbrücken, und die es Ihnen leichter machen, Mitgefühl zu zeigen. Diese Richtlinien, die Sie zum Handeln (oder Nichthandeln) auffordern, können Ihnen aber auch helfen, auf die vielen, in diesen Geschichten nicht angesprochenen Situationen zu reagieren, vor allem dann, wenn Sie sich unvorbereitet und von den Ereignissen überfordert fühlen. So sollte etwa ein Vater, der erfährt, dass sein Sohn die Schule schwänzt und sich in ernsthafte Schwierigkeiten hineinmanövriert, in der Lage sein, die hier zum Ausdruck kommenden Prinzipien anzuwenden und ein heilsames Gespräch zu führen, auch wenn das Buch keine ausdrückliche »Schulschwänzer«-Geschichte enthält.

Die Geschichten in diesem Buch schildern wahre Erfahrungen*, die ich in der Hoffnung mit Ihnen teile, dass Sie dann, wenn jemand Ihre helfende Hand oder ein offenes Ohr benötigt, tatsächlich in der Lage sind, entsprechend auf ihn einzugehen. Lesen Sie die Geschichten in beliebiger Reihenfolge – vielleicht wollen Sie sich sofort einer bestimmten Geschichte zuwenden –, oder aber Sie lesen das Buch von der ersten bis zur letzten Seite durch, um anschließend in jeder emotionalen Krise erste Hilfe leisten zu können.

Dieses Buch ist kein Ratgeber für korrektes Verhalten. Es ist eine Einladung, sich in einen anderen Menschen hineinzuversetzen – durch persönliche Geschichten, die Ihnen vielleicht helfen, Trost zu spenden, um Trost zu bitten oder sich trösten zu lassen. Einigen der Geschichten ist vermutlich weder ein Ratschlag noch eine Anleitung zu entnehmen. Doch ich bin überzeugt, dass Sie bereits durch die Lektüre der Erfahrungen eines anderen Menschen dafür sensibilisiert werden, wie sich jemand in einer bestimmten Situation fühlen könnte. Allein dadurch werden Sie wissen, was Sie einem

* Einige der Namen und Umstände wurden geändert, um die Privatsphäre der Betroffenen zu schützen.

Menschen in einer ähnlichen Lage sagen oder wie Sie mit ihm umgehen können.

Als Geschichtenerzähler sind wir keine Ratgeber oder Psychologen, die Ihnen eine Expertenmeinung präsentieren. Wir können Ihnen nur unsere eigenen Erfahrungen anbieten und verraten, was funktioniert hat und was nicht, und auch einiges, das wir gerne selbst schon früher gewusst hätten. Die Geschichten sind auch eine Einladung, sich – ehe man einem anderen zu helfen versucht – erst einmal über die eigenen Bedürfnisse Gedanken zu machen.

Mir Zeit zu nehmen und innezuhalten, das musste auch ich als »Coach« erst lernen, während ich Firmen und Einzelpersonen bei der Neubewertung ihrer Probleme half. Erfahrungsgemäß liegen dem Scheitern der meisten Geschäfts- oder Liebesbeziehungen gescheiterte Kommunikationsversuche oder verpasste Chancen zur Einigung zu Grunde. Das wichtigste »Erfolgsinstrument« in solchen Zeiten der Ungewissheit ist etwas, in dem die meisten von uns nie einen Kurs belegt haben: das Zuhören. Der Abschnitt »Zum Nachdenken« am Ende jedes Kapitels bietet Ihnen die Gelegenheit, innezuhalten und sich auszumalen, was Sie das nächste Mal vielleicht anders machen könnten, wenn Sie oder Menschen aus Ihrem Bekanntenkreis in einer schwierigen Situation Beistand benötigen.

Aber machen Sie sich keine Illusionen, es gibt Tage, da sind wir der Aufgabe des Zuhörens, ohne zu urteilen oder ein schnelles Trostpflaster zu verpassen, nicht gewachsen. Es wird auch Zeiten geben, in denen wir – trotz der besten Vorsätze anderer – keine Unterstützung annehmen können. In solchen Zeiten merken wir, dass es bei tröstenden Gesprächen nicht nur um Herz und Schmerz geht; um uns selbst und andere durch schwierige Zeiten zu manövrieren, braucht es schon etwas mehr: harte Arbeit nämlich. Und Bereitschaft zum Risiko. Und vor allem muss man sich wirklich auf das Zuhören einlassen, damit man das Schweigen, den Schmerz und die

Hoffnung jenseits der Worte verstehen kann. Man muss dorthin hören, wo der Herzschlag pocht. Und sich vielleicht vorstellen, dass wir in den Augenblicken, in denen wir uns bemühen, kümmern oder um Hilfe bitten, das Herz eines anderen in unseren Händen halten.

Wir Geschichtenerzähler wollen Ihnen zeigen, was wir auf unserem bisherigen Weg erfahren, welche Fehler wir gemacht und welche Lektionen wir gelernt haben. Und wir hoffen, dass auch Sie Ihre Geschichten und Einsichten an andere weitergeben.

Ein guter Anfang

Unterstützen, ohne zu retten, zu richten oder zu reparieren

Gespräche. Jeden Tag führen wir sie. Vielleicht üben wir bereits vorher, was wir sagen wollen. Oder aber wir platzen sofort mit unseren Vorstellungen heraus. Ehe wir uns versehen, hat sich ein Rhythmus entwickelt – wie beim Pingpong: Ich sage etwas, du hörst zu. Du sprichst, ich höre zu. Ich bin dran. Dann du. Pingpong. Ping-pong. Und die ganze Zeit überlege ich, was ich sagen will. Und du möglicherweise auch. Schließlich beginnt sich eine(r) von uns zu fragen, was das Ganze soll. Trotzdem bemühen wir uns um das Gespräch. Wir sprechen. Wir hören zu. Aber hören wir tatsächlich, was der andere meint und was womöglich ungesagt bleibt? Können wir ihm sagen, was uns wirklich auf der Seele brennt? Nehmen wir durch all die Schichten hindurch noch wahr, was der andere fühlt? Was wir selbst empfinden?

Wenn jemand unsere Hilfe benötigt oder wir die Hilfe anderer, ist es sicherlich leichter, einfach draufloszureden oder aber überhaupt nichts zu sagen. Doch wie führen wir ein heilsames Gespräch, in dem unser Herz und nicht nur der Verstand zum Einsatz kommt? Wie können wir uns – mit Körper, Geist und Seele – in ein solches Gespräch einbringen?

Wenn Sie jemanden trösten wollen oder selbst Trost benötigen und nicht wissen, was Sie sagen oder wie Sie sich verhalten sollen, können die in diesem Buch gegebenen Richtlinien für heilsame Gespräche hilfreich sein. Beim Lesen der Geschichten erfahren Sie, wie

Sie zuhören, innehalten, ein Freund oder eine Freundin sein können – aber kein Held, wie Sie Trost spenden, zu Gefühlen stehen und auch über lange Strecken »präsent« sein können, wie Sie ausharren, auch wenn es peinlich wird, wie Sie ein hilfreicher Ratgeber sind, Initiative ergreifen und Mitgefühl zeigen.

EIN LEITFADEN FÜR HEILSAME GESPRÄCHE

Zuhören

Zuhören heißt nicht, dass man lediglich den Mund hält. Es bedeutet, wirklich aufzunehmen, was andere uns erzählen, was sie verschweigen und was sie uns dadurch mitteilen. Ebenso wenig geht es ums Reden oder Fragenstellen, was – so seltsam es klingt – viele von uns in erster Linie unter Zuhören verstehen. Wir erzählen etwas oder fragen nach Dingen, die wir wissen wollen. Zuhören heißt, mit Augen, Ohren und dem Herzen lauschen, ohne alles sofort wissen zu wollen. Dafür müssen wir bereit sein, unsere Selbstgespräche abzuschalten, jene Dispute, die nur in unserem Kopf ablaufen und uns dazu verleiten, darüber nachzugrübeln, was wir als Nächstes sagen könnten, wie wir reagieren sollten, oder wohin ein Gespräch wohl noch führen mag.

Innehalten

Es gibt Zeiten, in denen man reden, und Zeiten, in denen man auf das hören sollte, was zwischen den Zeilen mitgeteilt wird. Wenn wir uns etwa dabei sagen hören: »Das verstehe ich nicht –«, ist das bereits ein Hinweis darauf, dass wir innehalten und fragen müssen: »Was fehlt hier?« Allerdings bedarf es einer bewussten Anstrengung, wenn wir unsere vorschnellen, häufig mechanischen Reaktionen auf die Trostbedürfnisse anderer verlangsamen wollen. Unser

Verstand möchte unser Unbehagen angesichts des Unbehagens unseres Gegenübers lieber ignorieren, so dass wir, ohne weiter nachzudenken, häufig direkt zum Handeln übergehen – und irgendetwas, das wir für hilfreich halten, sagen oder tun.

Wenn wir uns aber Zeit nehmen, um nachzudenken, haben wir die Chance, neugierig zu werden – ohne urteilen oder sofort reagieren zu müssen. Trost kann nur der spenden, der ein Gespür für das richtige Timing besitzt. Wenn das Timing stimmt, können sich Türen öffnen; vergreift man sich aber in der Wahl des Zeitpunkts, kann es lange dauern, ehe sie sich erneut auftun. Innehalten ermöglicht uns festzustellen, ob der richtige Zeitpunkt für unser Hilfsangebot gekommen ist oder nicht. Dieses Innehalten ähnelt dem Schalten beim Autofahren; man muss warten, bis der Gang einrastet. Man verlangsamt ein wenig das Tempo, um in den richtigen Gang zu schalten, und beschleunigt aufs Neue. Die Kunst des Sprechens besteht nicht nur darin, zum richtigen Zeitpunkt das Richtige zu sagen, sondern auch darin, nicht dann das Falsche zu sagen, wenn man sich dazu versucht fühlt. Gelingt es uns, wenigstens für kurze Zeit innezuhalten, um auf die häufig unausgesprochenen Bedürfnisse eines anderen Menschen einzugehen, so hilft uns dies auch, unsere Selbstgespräche abzustellen, die uns womöglich zu rascherem Handeln drängen.

Seien Sie ein Freund, kein Held

Anderen in schweren Zeiten beizustehen heißt nicht, sie vor einer Situation zu bewahren, die für sie und für uns schmerzhaft ist. Menschen haben das Recht und die Pflicht, sich mit den Folgen ihres Verhaltens, des Verhaltens anderer und den schwierigen Situationen, die sich daraus ergeben können, auseinander zu setzen. In einem heilsamen Gespräch darf man den Schmerz akzeptieren und ihn spüren.

Man versucht nicht, ihn zu unterdrücken. Wir bemühen uns, den Betroffenen eine Brücke zu bauen, damit sie den Fluss ihrer Angst überqueren können.

Trost spenden

Trost spenden bedeutet nicht, dass man anderen erzählt, was sie fühlen sollten und was nicht. Niemand kann wissen, was andere fühlen sollten. Ganz egal, was andere empfinden, sie haben ein Recht auf dieses Gefühl. Trost spenden bedeutet, dass wir andere nicht beurteilen und sie nicht als beschädigt oder reparaturbedürftig betrachten. Wir lassen ihnen Raum, um das, was sie momentan sind und fühlen, leben zu können. Wir zeigen ihnen, dass sie uns am Herzen liegen, ohne ihren Entscheidungen oder ihrem Umgang mit einer schwierigen Situation zustimmen oder diese ablehnen zu müssen.

Zu den eigenen Gefühlen stehen

Wenn wir uns bemühen, Menschen zu helfen, vergessen wir leicht, dass sie unsere Schwingungen wahrnehmen – also all unsere unausgesprochenen Gedanken und Gefühle. Auch wenn sie unsere Gedanken nicht mit absoluter Sicherheit erraten können, spüren sie doch häufig, ob wir in Panik geraten, ob wir sie verurteilen oder Mitleid für sie empfinden. Anderen verlässlich Trost spenden zu können, hängt zu einem großen Teil davon ab, was sich in uns selbst abspielt. Egal, mit welcher Situation wir uns konfrontiert sehen, durch ein tröstliches Gespräch beschenken wir einen anderen mit unserer Gegenwart. Um derartige Hilfe anbieten zu können, müssen wir jedoch in der Lage sein, unser eigenes Unbehagen lange genug beiseite zu schieben, um uns dem ihren zuwenden zu können. Wir sind nur deswegen in der Lage, Trost zu spenden, weil wir auch uns selbst trösten können.

Über lange Strecken »präsent« sein

Veränderung bedeutet Chaos und ist nicht im Handumdrehen zu bewerkstelligen. Menschen brauchen Zeit, um sich an Neues zu gewöhnen, sich selbst neu zu überdenken, Übergänge zu meistern, sich zu fragen: »Was wäre, wenn?« In einem heilsamen Gespräch lernen wir zu akzeptieren, dass eine Freundin, ein Familienmitglied, ein Kollege oder Nachbar uns zuweilen nur als »Resonanzboden« benötigt – und zwar immer und immer wieder.

Ausharren, auch wenn es peinlich wird

Es ist in Ordnung, wenn wir uns in vielen Situation peinlich berührt fühlen. Und es ist auch nichts dagegen einzuwenden, wenn wir die Person, der wir zu helfen versuchen, wissen lassen, wie wir uns fühlen. Man kann sogar ganz ehrlich gestehen: »Ich weiß wirklich nicht, wie es dir geht oder was ich dazu sagen soll – und dabei bist du mir mit Sicherheit nicht gleichgültig.«

Wenn Sie die- oder derjenige sind, die/der Trost sucht, sollten Sie – auch wenn Sie sich komisch dabei fühlen – ruhig zugeben, dass Sie momentan keine Lust haben zu reden. Wie auch immer, vielleicht fällt es Ihnen leichter, sich mitzuteilen, wenn Sie Ihre Gedanken zu Papier bringen. Ein heilsames Gespräch muss nicht immer laut geführt werden.

Ein hilfreicher Ratgeber sein

Wir müssen nicht sämtliche Antworten auf die Fragen der anderen parat haben. Häufig ist das Beste, was wir für sie tun können, sie an eine andere Adresse – einen Freund, einen Experten, den Freund eines Freundes – zu verweisen. Ein guter Freund ist klug genug, zu wissen, wann die Grenzen der eigenen Hilfskapazitäten erreicht sind und professioneller Rat gefragt ist. Wir können sogar vorher anrufen, um die Kontaktaufnahme zu erleichtern. Wir können aber auch weitere Quellen nennen, wie etwa Bücher, oder einen Zufluchtsort zur Verfügung stellen, so dass die Betroffenen in Ruhe ihre eigenen Antworten finden können.

Die Initiative ergreifen

Wenn wir jemanden fragen: »Was kann ich für dich tun?«, so kann er das manchmal beantworten, oft aber hat er keine Ahnung, wie wir ihm helfen können. Gerade die Dinge, um die er nicht bittet, bedeuten ihm zuweilen am meisten. Sich Zeit zu nehmen und in die Lage des anderen hineinzuversetzen, zu überlegen, was er wohl von uns annehmen würde, oder aber – im umgekehrten Falle – die Verantwortung für uns selbst zu übernehmen und um das, was wir brauchen, zu bitten, kann ein erster Schritt sein, um das, was wir am dringendsten benötigen, zu geben oder zu bekommen.

Mitgefühl zeigen

Auch wenn wir Ähnliches durchgemacht haben – wie sich andere fühlen, wissen wir nicht. Wir können es uns vielleicht vorstellen, aber – seien wir doch ehrlich – keiner weiß, wie sich andere fühlen. Empathie und Sympathie sollte man nicht mit Mitgefühl verwechseln. Und vor allem sollten Sie nicht vergessen, anderen erst einmal zuzuhören, ehe Sie sie fragen, ob sie auch etwas von Ihnen hören möchten.

Seien Sie beim Befolgen dieses Leitfadens geduldig mit sich und anderen. Trost heißt in erster Linie Verstehen und Verstandenwerden. Wenn sich die Menschen, die man zu trösten versucht, verstanden fühlen, und man häufig genug innegehalten hat, um sich ein wenig besser in sie hineinzuversetzen, erlebt man Momente der Nähe. Wenn Sie diese herzliche Verbundenheit suchen oder schenken wollen, empfehle ich Ihnen, diese zehn Grundsätze anzuwenden und mit ihrer Hilfe das Tor zu bewusster Freundlichkeit und Güte aufzustoßen.

KAPITEL 1

Wenn man einen Freund braucht

Bitte, frag nicht, wie es mir geht, es sei denn ...

Wie man ein tröstendes Gespräch beginnt

Wie geht es dir?
Ständig stellen wir diese Frage. Gewöhnlich ist es nicht mehr als eine höfliche Floskel, lediglich eine andere Art, »Hallo« zu sagen. Doch es kommt uns womöglich gar nicht in den Sinn, dass diese harmlos klingende Frage für Menschen, die schwere Zeiten durchmachen, eine Belastung sein kann. In solchen Fällen sollten wir uns überlegen, ob wir tatsächlich bereit wären, uns mit jeder denkbaren Antwort darauf auseinander zu setzen.

Mit einer Frau, deren Mutter sehr krank war, führte ich ein Gespräch, das ich nie vergessen sollte. Marias Vater war ein paar Monate zuvor gestorben, und ihre Mutter hatte jenes Krankheitsstadium erreicht, in dem sie eine »Willenserklärung« unterzeichnete und alle weiteren lebenserhaltenden Maßnahmen verweigerte. Marias Bruder war mit dieser Entscheidung nicht einverstanden. Maria verbrachte ihre Tage damit, ihrem Bruder die Hand zu halten und ihre Mutter zu trösten. Und trotz allem fragten Leute sie dann: »Wie geht es dir?«

Maria erklärte, dass ihr dann – unter anderem – Folgendes durch den Kopf ging: »Du willst also wirklich wissen, wie es mir geht? Ich sag es dir. Ich hab fast permanent das Gefühl, dass ich demnächst durchdrehe! Ich will meinen Bruder anschreien und auch die Ärzte. Ich fühle mich traurig und leer. Ich muss mich mit medizinischen Verfahren, der Versicherung, der Krankenhausverwaltung, meiner Familie und meiner Mutter herumschlagen und irgendwo dazwischen auch mit meinem so genannten normalen Leben fertig werden. Also verrate mir mal, wie ich diese Frage beantworten soll? Soll ich dir sagen, wie es mir wirklich geht? Oder soll ich tun, was die meisten tun, nämlich lächeln oder den Mund verziehen und seufzen: ›Oh, geht schon – geht schon irgendwie‹. Muss ich das Gespräch an jedem heiklen Punkt, an dem emotionale Erschütterungen drohen, vorbeimanövrieren?«

Sie erzählte, wie schwer es ihr fiel, zu entscheiden, was sie sagen konnte, wenn Leute sich nach ihrem Befinden erkundigten. »Ich weiß, dass sie es gut meinen, aber wissen Sie, was mir ganz oft passiert? Wenn ich anfange, ihnen zu erzählen, wie es mir wirklich geht, unterbrechen sie mich und versuchen mich aufzuheitern, indem sie mir ihre eigenen Geschichten erzählen. Zuweilen wollen sie sich auch noch von mir bemitleiden lassen. Manchmal geben sie mir Ratschläge. Oder sie versuchen, die Sache in die Hand zu nehmen und in Ordnung zu bringen. Und mitunter machen sie nur ›Oh!‹ und wechseln das Thema.

Es ist hart, aber es ist wohl am besten, wenn ich zu Leuten, die ich nicht wirklich kenne, nur ›Gut‹ sage, denn es wäre nicht fair, sie mit der Wahrheit zu belasten. Aber gegenüber engen Freunden wäre ich gern ehrlich. Stattdessen kommt es mir manchmal vor, als sei es meine Pflicht, ihnen allzu viel Kummer zu ersparen. Meistens rede ich so wenig wie möglich und habe das Gefühl, dass im Grunde niemand wissen will, wie es mir wirklich geht. Es ist einfach zu deprimierend, und sie hätten nur das Gefühl, entweder ganz schnell abhauen oder aber alles für mich richten zu müssen. Dabei wünsche ich mir nur, dass man mir zuhört. Und nicht, dass sie etwas in Ordnung bringen. Oder mir Ratschläge erteilen. Oder von sich erzählen. Einen Hafen wünsche ich mir, in den ich einlaufen und in dem ich mich ausruhen kann.«

Manchmal wollen Menschen reden und all die überwältigenden, beängstigenden und frustrierenden Dinge, die ihnen zustoßen, abladen. Zu anderen Zeiten sind sie froh, wenn sie sagen dürfen: »Im Moment will ich eigentlich nicht darüber reden – vielleicht später –, aber danke, dass du gefragt hast.«

Die Frage »Wie geht es dir?« konfrontiert uns mit einer überwältigenden Anzahl von Reaktionsmöglichkeiten. Dabei wäre die Vermeidung einer so allgemeinen Frage eine Kleinigkeit. Um zu signalisieren, dass man bereit ist, sich mehr als ein schlappes »Gut« anzuhören, kann man etwa Folgendes sagen: »Würdest du gern über die heutigen Vorfälle reden?« Oder: »Kann ich dir nach diesem sicher harten Tag für dich irgendwie helfen?« Oder: »Ich weiß zwar momentan nicht, was ich sagen soll, aber vergiss nicht, wie sehr du mir am Herzen liegst. Gibt es etwas, worüber du reden willst?«

Menschen in schwierigen Situationen schätzen es, wenn man sich nicht nach ihrem Allgemeinbefinden erkundigt. Daher ist eine Frage nach ihrer momentanen Befindlichkeit oft angebrachter als das grundsätzliche »Wie geht es dir?« Durch die Konzentration auf einen kleineren Ausschnitt können sie antworten: »Na ja, heute geht es; aber gestern war es hart.« Oder sie können mit einer direkten Bitte reagieren, wie etwa: »Im Moment könnte ich ein Nickerchen und eine Nackenmassage gebrauchen.«

Eine weitere Möglichkeit, eine erste Verbindung herzustellen, besteht darin, sie unserer Zuneigung und Sorge zu versichern und alle Neugier hintanzustellen. Man kann etwa sagen: »Ich hab viel an dich gedacht.« Oder: »Wenn ich dich nur in den Arm nehmen, dir beim Packen helfen und dich hinbringen könnte.« Oder: »Ich habe darüber nachgedacht, wie ich dir helfen kann. Wäre es gut, wenn …?«

Sobald das Gespräch eröffnet ist, fragen Sie sich womöglich, was Sie als Nächstes sagen können. Denken Sie daran, dass ein Gespräch kein ständiges Hin und Her sein muss, in dem abwechselnd gesprochen und zugehört wird. Es geht nicht darum, zu schweigen, um dann sagen zu können, was man sich überlegt hat, während der andere sprach. Bei tröstenden Gesprächen hält man inne, um sich einzustimmen auf das, was der andere braucht oder sagen will, oder was er sich – wenn überhaupt – von uns erhofft. Heilsame Gespräche schaffen auch einen Raum, in dem es sich miteinander schweigen lässt.

Noch ein weiterer Faktor ist zu berücksichtigen, wenn man ein tröstliches Gespräch in das nächste Stadium bringen will. Ihre Beziehung zur betreffenden Person nämlich. Manchmal fällt es dem Betreffenden leichter, sich unverblümt zu äußern, weil Sie miteinander bekannt sind. Merkwürdigerweise aber führt genau diese Bekanntschaft zuweilen dazu, dass er sich zu verletzlich fühlt. Bilden Sie sich nicht ein, zu wissen, wie ein anderer sich fühlen muss. Wenn Sie die Person nicht allzu gut kennen, werden Sie womöglich eher in der Lage sein, das zu sein, was sie am dringendsten braucht: ein mitfühlender Zuhörer, der kein Urteil über sie fällt. Wenn Sie sich unsicher sind, wie tief Sie sich auf ein Gespräch mit einer unbekannten Person einlassen sollten, so halten Sie inne und gestehen Sie ein: »Ich kenne Sie nicht besonders gut, aber ich würde gern alles tun, um Ihnen zu helfen, wenn ich auch nicht weiß, was das sein könnte. Ich bin jedenfalls bereit, es zu versuchen.« Kennen Sie die Person jedoch gut, können Sie das Gespräch vielleicht sofort dadurch auf die nächsthöhere Stufe bringen, dass Sie ihr verdeutlichen, welche Gefühle Sie bei ihr wahrnehmen, obwohl sie diese nicht in Worte gefasst hat.

Wenn Menschen schwere Zeiten durchmachen, fragen wir sie gewöhnlich als Erstes: »Wie geht es dir?«, weil wir meinen, dies sei ein guter Gesprächsanfang und gäbe unserer Sorge Ausdruck. Das kann man allerdings auch anders sehen: Will man einen Menschen in einer schwierigen Situation trösten, ist dieser vielleicht froh, nicht zuerst die Allerweltsfrage »Wie geht's dir« beantworten zu müssen. Erkundigen Sie sich nach seiner Arbeit oder seiner Familie oder irgendetwas anderem, um ihm einen kleinen Aufschub zu gönnen, ehe er wieder einmal erklären muss, wie schwer es doch ist, diese quälende Erfahrung zu machen. Auch Leidende wollen wie vollwertige Individuen behandelt werden und nicht nur als vom Elend Beladene, das ihnen ihre Identität geraubt hat. Vielleicht ist es gar nicht mehr nötig zu fragen, wie es ihnen geht, wenn wir ihnen erst einmal eine Weile aufmerksam gelauscht haben, weil sie es uns sowieso schon mitgeteilt haben.

Die Sechserregel anwenden

Wie man um Hilfe bittet

Ist es denn wirklich so schwer, um Hilfe zu bitten? Für einige von uns ist es das. Für andere ist es fast unmöglich.

Die meisten von uns fühlen sich gut, wenn sie anderen helfen, etwas für sie tun, ihnen etwas Tröstliches sagen oder sie an andere weiterverweisen können. Doch wenn wir selbst einmal um Hilfe bitten müssen, finden das einige von uns fast traumatischer als die Probleme, mit denen sie sich herumschlagen.

Vor Jahren arbeiteten zwei Freundinnen gemeinsam an einem Projekt. Während einer Pause gingen sie spazieren. Sie unterhielten sich über einschneidende Veränderungen in ihrem Leben – Umzüge, Berufswechsel, Scheidung, Krankheiten und das Alleinleben –, und wie sie damit umgingen. Eine der beiden war – wie viele von uns – so zögerlich darin, um Hilfe zu bitten, dass es für diese Hilfe, wenn sie denn kam, häufig ein wenig zu spät war. Meist war sie dann schon derart verzweifelt, dass sie sich praktisch jedem anvertraute und schließlich die Falschen um Hilfe bat. Folglich musste sie dann auch noch für gebrochene Versprechen oder unerfüllte Erwartungen zahlen. So war sie – immer wieder aufs Neue – davon überzeugt, dass es weniger schmerzhaft war, ihre Probleme allein durchzustehen. Sie hatte ihrem Freund Dayashakti, einem bekannten geistigen Führer, dargelegt, warum sie so ungern um Hilfe bat. Bei dieser Gelegenheit fragte er sie, an wen sie sich eigentlich mit ihrem Hilfsbegehren wende. Noch ehe sie aber antworten konnte, unterbrach Dayashakti sie und meinte: »Du musst unbedingt die Sechserregel lernen«, und begann, ihr das unschätzbare Konzept zu erklären. Die Sechserregel funktioniert so: Sechs Menschen muss man um Hilfe bitten. Nicht nur einen. Sechs! Die erste Person, die man fragt, ist womöglich beschäftigt. Die zweite will sich vielleicht nicht auf die Sache einlassen. Die dritte kann sich vielleicht nicht um alles kümmern. (Zu diesem Zeitpunkt würden die meisten von uns wahrscheinlich aufgeben zu fragen und zu dem Schluss gelangen: »Ich schaffe es schon allein«.) Die vierte verweist Sie vielleicht an jemand anderen. Die fünfte kann vielleicht nicht erfüllen, worum man sie bittet, aber auf andere Weise helfen. Die sechste ist dann vielleicht diejenige, die gerade dann, wenn man schon drauf und dran ist, aufzugeben, einfach meint: »Klar, kein Problem, kann ich sonst noch was für dich tun?«

Hier ein paar vernünftige Richtlinien für die Anwendung der Sechserregel:

- Nicht jeder, den Sie fragen, kann tatsächlich helfen.
- Nicht jeder, den Sie fragen, kann Ihnen auf eine Weise helfen, die Sie zufrieden stellt.
- Die Leute, die Sie fragen, bieten Ihnen vielleicht an, einen Teil Ihrer Bitte zu erfüllen, oder machen Ihnen ein anderweitiges Angebot.
- Die Leute, die Sie ansprechen, empfehlen Sie vielleicht an jemand anderen weiter, der für diese Aufgabe besser geeignet ist.
- Indem Sie mehrere Personen um Hilfe bitten, erhalten Sie womöglich eine ganze Auswahl an Optionen, die Sie, hätten Sie nur eine Person gefragt, niemals bekommen hätten.

Wahrscheinlich denken Sie jetzt: »Und das ist alles?« Probieren Sie es einfach aus. Finden Sie heraus, wie leicht oder schwer es Ihnen fällt, auf nette Weise sechs Leute um Hilfe zu bitten. Werfen Sie nicht das Handtuch, wenn die erste Person keine Zeit hat oder Sie abweist. Es ist so viel leichter, nicht zu fragen, als sich zurückweisen zu lassen oder sich der Verlegenheit von Leuten zu stellen, die Ihre Bitte zwar nicht erfüllen, aber etwas anderes tun, das Sie für hilfreich halten.

Ein weiterer Grund, warum viele von uns nicht um Hilfe bitten, ist die Überlegung: »Wie soll ich mich jemals revanchieren?« Wir wollen nicht in jemandes Schuld stehen. Oder wir sorgen uns, dass uns diese Bitte ewig nachhängt, dass jetzt etwas von uns »erwartet« wird. Wir gehen das Risiko, andere um etwas zu bitten, lieber erst gar nicht ein, weil wir uns dann verwundbar fühlen. Wenn wir Hilfe von anderen annehmen, überschreiten diese eventuell einen Punkt, der uns womöglich in einem anderen Licht erscheinen lässt.

Folgendes aber vergessen wir dabei: Wir vergessen, wie gut es uns tut, wenn wir andere ins Krankenhaus fahren können, weil sie jemanden brauchen, der sie chauffiert, wenn wir uns um ihre Hunde kümmern, ihre Kinder abholen, ihren Rasen mähen dürfen, während sie sich von einer Operation erholen, oder uns um Ärzte, Vermögens- oder Rechtsberater bemühen, um ihnen beizustehen. Wir genießen es, anderen von Nutzen zu sein, zögern jedoch, sie dasselbe für uns tun zu lassen.

Freunde, die mir geduldig beibrachten, wie man um Hilfe bittet und sie annimmt, haben mir den springenden Punkt dabei eingebläut: Um Hilfe zu bitten ist nicht mehr und nicht weniger als ein Zeichen unserer Menschlichkeit. Und sie haben völlig Recht damit. Wenn Freunde, Kollegen und Kunden wissen, dass Sie schwere Zeiten durchmachen, fühlen sie sich Ihnen womöglich verbundener, weil Sie sich – zur Abwechslung – einmal nicht den Anschein geben, alles unter Kontrolle zu haben. Denn Sie zeigen wirklich, dass Sie andere brauchen. Offenbar sind wir der Ansicht, dass wir, wenn wir andere nicht um Hilfe bitten, ihnen den Ärger ersparen, etwas für uns machen zu müssen. Tatsächlich aber würden wir ihnen durch unsere schlichte Bitte oder die Annahme ihrer spontanen Angebote einen Gefallen tun. Wir würden ihnen nämlich das Vergnügen gewähren, auf ihre ganz persönliche und unverwechselbare Art etwas für uns zu unternehmen. Das hat mich eines schönen Tages meine Schwester gelehrt.

Nach einer Fußoperation waren die Ärzte der Ansicht, ich solle mir für einige Tage jemanden ins Haus holen, da ich nicht würde gehen können. Es war Sommer, und die ersten beiden Menschen, die ich fragte, wollten wegfahren. Die dritte Person hatte zwar tagsüber Zeit, konnte aber nicht über Nacht bleiben. Bei der vierten ging es, falls ich die Operation verschob. Die fünfte war meine Schwester, die sich bereit erklärte, ihr Familienleben – einschließlich Kind, Hund, Pferd, Job und Gatte in Vermont – so zu organisieren, dass sie zwei Tage bei mir in Massachusetts verbringen konnte.

Niemandem hätte ich mich lieber anvertraut als meiner Schwester. Sie ist eine unglaublich begabte Krankenschwester, die eine Menge über Schmerzen und Heilungsprozesse weiß. Zunächst fiel es mir – als die große Schwester, die nie um Hilfe gebeten hatte – schwer, sie zu bitten, mir etwas zu essen zu machen oder mir einen Eisbeutel zu holen. Kleinigkeiten. Ich fühlte mich so hilflos. Dennoch meinte sie, es mache ihr Freude, es mir gemütlich zu machen. Sie verdiente sich ihren Lebensunterhalt damit, solche Dinge für völlig Fremde zu tun. Und da sei es toll, meinte sie, wenn sie das alles einmal für ihre einzige Schwester tun könne. Darauf wäre ich nie gekommen.

Abgesehen davon entkam meine Schwester auf diese Weise auch einmal ihrer liebenden, aber verständlicherweise auch sehr fordernden Familie. Zum ersten Mal seit Jahren konnte sie sich auf die Veranda setzen und ein Buch lesen, das nichts mit ihrer Ausbildung oder Arbeit zu tun hatte, sondern allein ihrem Vergnügen diente. Und irgendwann blickten wir draußen auf der Veranda von unseren Büchern auf und lächelten: Wie herrlich es doch war, gemeinsam zu schweigen und zu lesen, wie wir es früher als Kinder getan hatten. Sie fand Zeit, über ihr hektisches Leben nachzudenken und ein paar Entscheidungen über ihre zukünftige Zeiteinteilung zu treffen. Dadurch, dass sie sich um mich kümmerte, entkam sie dem gewohnten Trott und hatte die Möglichkeit, darüber nachzudenken, wie sie in Zukunft besser auf sich selbst Acht geben konnte.

Diese Augenblicke mit meiner Schwester waren schon an und für sich kostbar. Allerdings hätte ich ihre Freude daran geschmälert, wenn ich versucht hätte, mich sofort dafür zu revanchieren. Wenn Menschen etwas für uns tun, ist es nicht notwendig, ihre Hilfsgesten sofort zu erwidern. Tun Sie es aber, so berauben Sie sie – unabsichtlich – der Freude darüber, etwas Schönes für Sie getan zu haben. Irgendwann später einmal kann man einen Gefallen ruhig erwidern. Wenn wir uns aber sofort umdrehen und unserem Helfer sagen: »Und jetzt will ich dir helfen«, so geschieht dies in der Regel deshalb, weil wir uns zu verwundbar und ihm zu nahe fühlen. Wir unterbrechen die »intime« Verbundenheit, indem wir versuchen, uns sofort zu revanchieren, statt die Gabe auf angemessene Weise entgegenzunehmen. Lernen wir aber, die Hilfe anderer zu akzeptieren, so ist das schon an sich ein Geschenk – für sie und für uns.

Einfach zuhören

Nach einem plötzlichen Verlust

Die Wärme seiner Stimme war auch noch durchs Telefon zu hören. Wir hatten uns seit Monaten nicht gesehen. Er hatte mir nach mehreren Autounfällen geholfen, meine inneren Verspannungen zu lösen und mich den Realitäten meines Lebens aufs Neue zu stellen.

An diesem Tag rief er an, um sich zu entschuldigen. »Es tut mir so Leid«, sagte er. »Ich hatte dir doch gesagt, dass ich das Gutachten an deine Versicherung schicken würde, damit du die Kosten für die Massage erstattet bekommst. Tja, meine Frau hatte eine Fehlgeburt. Sie hat die Rechnungen getippt – aber sie sind nie abgeschickt worden.«

»Darrel«, sagte ich, »das muss doch sehr schwer für euch sein. Wie alt war es denn?«

»Elf Wochen«, sagte er, ohne innezuhalten und fast überrascht, dass ich überhaupt etwas dazu gesagt hatte. »Die Ärzte sagten uns, dass es eine Menge Probleme hätte, und, na ja, wahrscheinlich hat Gott gewusst, was er tat.«

»Es ist schwer zu glauben«, fuhr er fort. »Aber als die Kollegen meiner Frau es mitbekamen, sind sie ihr einfach aus dem Weg gegangen. Als hätte sie die Pest, meinte sie vorgestern, als sie heimkam. Alle meiden sie. Als ob sie nicht wüssten, was sie sagen sollen, so dass sie ihr lieber aus dem Weg gehen, und das ist noch schlimmer.«

»Das muss ja schrecklich sein, sowohl für dich als auch für deine Frau, die sicher mit mehr Verständnis von Seiten der Kollegen gerechnet hat«, meinte ich. »Ich frage mich, wie du diesen Verlust verkraftest, Darrel«, fügte ich hinzu und erklärte ihm, ein alter

Freund habe mir erzählt, dass auch Männer, die durch eine Fehlgeburt ein Kind verlören, sich aussprechen müssten. »Er betrauert den Verlust, den Sohn, den er nie in den Armen halten konnte, noch immer, nach über zehn Jahren.«

»Ja, ja«, meinte Darrel, »man muss es den Leuten sagen: Sie sollten zuhören. Auch Männer müssen sich mal aussprechen.«

Darrels Geschichte erinnert uns daran, dass Freunde, Kollegen oder Angehörige, die in den Anfangsstadien einer schwierigen Situation heftig leiden, in dieser Zeit vor allem Zuhörer brauchen, die nicht das Gefühl haben, ständig etwas sagen zu müssen. Zuhörer, die in angespanntem Schweigen bei ihnen sitzen und sich scheuen, den Mund aufzumachen, sind allerdings auch nicht unbedingt hilfreich. Hilfreich dagegen kann sein, sich erzählen zu lassen, was sie bekümmert. Im Falle einer Fehlgeburt hat die Betroffene vielleicht Angst, dass sie niemals in der Lage sein wird, ein Kind vollständig auszutragen. Und fragt sich womöglich, ob sie es überhaupt noch einmal probieren soll. Es ist schwer, sich die schnellen Beschwichtigungen zu verkneifen und nicht so zu tun, als gäbe es für alles eine Lösung beziehungsweise eine eindeutige Ursache für ihren Verlust. Vielleicht fragt sie sich: »Warum ausgerechnet ich?« Gute Frage. Auf die wir allerdings sicher keine Antwort wissen. Stattdessen sollten wir ihr verdeutlichen, wie ihre Gefühle aufgrund ihrer spezifischen Wortwahl bei uns ankommen.

Wenn Ihre Freundin etwa fragt: »Warum ich?«, könnten Sie erwidern: »Ja, es muss schwer sein, nicht zu wissen, warum das passiert ist.« Worauf sie vielleicht sagt: »Aber irgendwie habe ich das Gefühl, es ist meine Schuld.« Dann könnten Sie ihre Worte etwa so umformulieren: »Klingt ja ganz so, als ginge es dir besser, wenn du einen Grund dafür wüsstest.« Darauf wird sie womöglich entgegnen: »Ich begreife es einfach nicht. Es ist so ungerecht.« Vielleicht spüren Sie jetzt, dass sie wütend ist, und falls es tatsächlich so ist, sollten Sie sehr behutsam – und ohne ein Urteil zu fällen – bemerken: »Du scheinst dich zu ärgern.« Anschließend warten Sie ab, und sie erzählt Ihnen entweder, dass es stimmt, oder verrät Ihnen ihre verborgenen Gefühle, indem sie sagt: »Nein, zuerst war ich wütend, aber jetzt bin ich nur noch traurig – sehr, sehr traurig.«

Man muss nicht genau wissen, wie sich die Betreffende in dieser schlimmen Situation fühlt. Dadurch, dass wir aber auf die Worte und die in ihnen mitschwingende Bedeutung achten, können wir ihr unsere Anteilnahme signalisieren. So vermitteln wir ihr die Sicherheit, jedes Gefühl zulassen zu können und keines unterdrücken zu müssen. Vielleicht beginnt sie dann, uns von den Hoffnungen zu erzählen, die sie für ihr Kind hegte und von den Träumen für das Kleine, das sie bereits zu lieben begonnen hatte.

Nicht jede Frau, die eine Fehlgeburt hatte, möchte sofort darüber sprechen. Mir etwa erzählte eine Betroffene, dass ihre erste Reaktion folgende war: »Ich habe kein Baby verloren, sondern einen elf Wochen alten Fötus.« Jahre später allerdings erkannte sie, dass sie versucht hatte, den Schmerz und die Enttäuschung nicht an sich herankommen zu lassen, indem sie den Verlust auf ein medizinisches Problem reduzierte. Sie brauchte Jahre, bis sie in der Lage war, anderen von ihrem Schmerz zu erzählen. Deshalb ist es wichtig, auf die Schwingungen zu achten, die man während des Gesprächs wahrnimmt.

Wenn Menschen schwere Zeiten durchmachen, kann man nicht sofort wissen, ob sie überhaupt darüber sprechen möchten. Manche wollen es vielleicht; andere dagegen meinen, dass es im Grunde niemanden wirklich interessiert. »Schließlich«, so denken sie, »kann niemand etwas daran ändern. Warum sollte ich also jemanden belästigen?« Tritt jedoch ein Mensch in unser Leben, der uns das Gefühl gibt, das einzig wichtige Gespräch sei das, das er gerade mit uns führt, ist das wie eine Offenbarung für uns.

Unser Mitgefühl wieder entdecken

Was uns tröstet, muss nicht jeden trösten

Zu acht saßen wir um den Esstisch. Wir besuchten einen Workshop, wo wir früher oder später über Dinge reden sollten, die wir nicht bewerkstelligen konnten, ohne andere um Hilfe zu bitten. Schließlich war ich an der Reihe. Ich sprach davon, dass ich ein Buch schreiben wollte, um Menschen dabei zu helfen, sich selbst und andere durch schwere Zeiten zu manövrieren. Durch Augenblicke, in denen sie nicht wussten, was sie sagen, geschweige denn tun sollten. Ohne Vorwarnung meinte Brian, der Programmierer mit der leisen Stimme: »Du meinst, was man beispielsweise einem Kind sagen kann, dessen Schwester ermordet wurde?«

Uns blieb der Bissen im Halse stecken. Wir kannten Brian seit etwa zwei Jahren. Während dieser Zeit, in der sich unsere Gruppe zu berufsorientierten Workshops in Atlanta traf, hatte er geheiratet. Die Workshops sollten uns helfen, unsere Vergangenheit aus einer anderen Perspektive zu sehen und uns ein Leben aufzubauen, das auf unseren tatsächlichen Fähigkeiten beruht. Wir erzählten uns wirklich sehr persönliche Dinge. Keiner aber wusste, dass Brians Schwester ermordet worden war, als er selbst noch ein Kind war.

Er erzählte uns auch jetzt keine Einzelheiten. Sie waren nicht wichtig. Er erzählte uns etwas, das ich nie vergessen werde. Seine Stimme wurde heiser vor unterdrückter Wut. In Erinnerung des Schmerzes furchte sich seine Stirn. »Was glaubst du«, fragte er mich, »wollen die Leute lernen?«

»Was sie sagen können oder nicht sagen sollen, wenn ein anderer eine schwere Zeit durchmacht«, erklärte ich.

Noch ehe ich meinen Satz zu Ende gebracht hatte, unterbrach er mich und meinte: »Also, dass man den Leuten beispielsweise sagt, sie sollen einen nicht bemitleiden, wenn jemand stirbt?«

»Bemitleiden?«, fragte ich.

»Ja, bemitleiden«, sagte er und spuckte die Worte fast aus. »Du kennst das doch, wenn sie einem erzählen, wie furchtbar Leid es ihnen tut. Ich habe ihr Mitleid nicht gebraucht. Hätten sie mich nur damit in Ruhe gelassen.«

Plötzlich hörten wir einen leisen, erstickten Schrei. Er kam von seiner Frau, Cheryl. Sie waren seit etwa einem Jahr verheiratet und hatten – wie das bei Jungvermählten so üblich ist – alles Mögliche mit- und aneinander entdeckt. »Deswegen also lässt du mich jedes Mal, wenn ich deprimiert bin, allein, oder?«, fragte sie.

»Na ja, sicher«, meinte Brian. »Du sollst nicht glauben, dass ich herumsitze und dich bemitleide. Ich gehe, weil ich annehme, dass du ein bisschen allein sein willst.«

»Mein Gott«, sagte sie, »du verwechselst ja Mitgefühl mit Mitleid. Damals wollten die Leute dir nur sagen, wie traurig sie sind und dass es auch ihnen nahe geht. Aber du hast dir eingebildet, sie bemitleiden dich oder meinen, du kämst nicht klar damit.«

Brian sah, dass sie Recht hatte. Immer wenn es der Frau, die er doch liebte, schlecht ging, nahm er sie nicht etwa in den Arm und zeigte ihr sein Mitgefühl, sondern kehrte ihr den Rücken und verweigerte ihr den so dringend benötigten Trost. Später berichtete er, dass das Erzählen seiner Geschichte so viele Jahre nach dem Tod seiner Schwester nicht nur die unerwartete Heilung einer alten Wunde bewirkt, sondern auch seiner Ehe sehr gut getan hatte.

Die meisten von uns haben sicher schon einmal Redensarten gehört, die in etwa besagen: »Behandle andere so, wie du von ihnen behandelt werden willst.« In diesem Fall versuchte Brian, seiner Frau das zu geben, was sie seiner Meinung nach brauchte – Zeit zum Alleinsein – , weil er sich selbst einbildete, dass er damals, als die Welt um ihn herum zusammenbrach, diese Zeit gebraucht hätte. Als seine Schwester starb, wünschte er sich nur Ruhe und Frieden und nicht all die wohlmeinenden Leute, die ihm erzählten, wie Leid es ihnen tat. Als Kind verstand er nicht, dass sie ihn trösten wollten. Er wusste nur, dass es ihm vorkam, als bemitleideten sie ihn.

Von Brian lernen wir eine wichtige Lektion. Ist ein Mensch – egal, welchen Alters – verzweifelt, kann er schnell das Gefühl bekommen, bemitleidet zu werden, wenn alle ihm erzählen, wie Leid es ihnen tut. Seit diesem Tag versuche ich mich zurückzuhalten, wenn mir die so häufig gebrauchte Floskel »Es tut mir so Leid für Sie« auf der Zunge liegt. Falls ich die verstorbene Person kannte, könnte ich vielleicht sagen: »Ich werde John auch sehr vermissen.« War uns die betreffende Person vertrauter, können wir auch Folgendes sagen: »Ich kann es einfach nicht fassen, dass es so schnell gehen konnte – letzte Woche haben wir noch so schöne Stunden miteinander verbracht.« Oder würdigen Sie kurz, was die Person für Sie getan hat, etwa: »Von Ihrem Vater habe ich gelernt … – Das war für mein Leben entscheidend.« Auch wenn sich ein momentanes Zögern oder eine kurze Verlegenheit einstellt, während Sie darüber nachdenken, was Sie anstatt der üblichen Kondolenzfloskel sagen sollen, wird man Ihre aufrichtigen Bemühungen wahrnehmen, als Versuch, sich Zeit zu nehmen und Ihr Herz sprechen zu lassen und nicht nur ein Klischee zu bedienen.

Wenn Sie den Verstorbenen zwar nicht kennen, aber mit der Familie befreundet sind, können Sie Folgendes sagen: »Ich weiß nicht, was du im Moment durchmachst«, oder: »Ich wünschte, ich hätte deine Tante Sarah kennen gelernt. Wenn du irgendwann Lust hast, von ihr zu erzählen, würde ich das sehr gerne hören.«

Unsere Verluste prägen uns. Die Art, wie wir Verluste durchleben, kann sich lebenslang auf unsere Beziehungen auswirken. In diesem kurzen Augenblick, in dem er seine über viele Jahre zurückgehaltene Frustration mitteilte, half Brian seiner Frau, etwas sehr Wichtiges zu verstehen. Er ließ sie nicht allein, wenn es ihr schlecht ging, weil es ihm egal war. Er versuchte ihr genau das zu geben, was sie aufgrund seiner eigenen Erfahrung zu brauchen schien.

Wir wachsen in verschiedenen Familien und Kulturen auf und gehen unterschiedlich mit unseren Verlusten um. Sobald wir selbst verletzt sind, vergessen wir leicht, dass es gute Gründe dafür geben kann, wenn bestimmte Menschen nie für uns da zu sein scheinen. Es ist nie zu spät, die guten Absichten anderer zu erkennen und zu würdigen. Dazu muss man etwas über die sie prägenden Lebenserfahrungen, die sie dazu bringen, uns auf »ihre Weise« zu trösten, herausfinden. In bestimmten Kulturen erhebt man beispielsweise die Stimme, um Leidenschaft – und nicht etwa Zorn – zum Ausdruck zu bringen. In manchen Familien, die Tränen als Zeichen von Schwäche betrachten, ist Weinen nicht gestattet. Und andere leben, egal, worum es geht, stets nach dem Motto: »Hauptsache, du kommst irgendwie klar!«

Manchmal aber hat es nichts mit kulturellen Unterschieden zu tun, wenn wir nicht bekommen, was wir brauchen. Vielleicht haben wir – wie Cheryl – nur nicht klar ausgedrückt, was wir wirklich wollen, oder einfach angenommen, dass der andere es weiß. Geklärte »Missverständnisse« geben uns die Gelegenheit, unsere gegenseitigen Erwartungen zu hinterfragen – um zu entdecken, dass es vielleicht eine Vielzahl schmerzlicher Gründe dafür gibt, warum wir die Welt verschieden sehen und unsere Bedürfnisse unterschiedlich ausdrücken. Brian lernte so, dass seine Frau nicht unbedingt Worte von ihm brauchte, wenn sie verletzt war; es genügte ihr, in den Arm genommen zu werden.

Wird schon wieder, Zuckerschnäuzchen

Versuchen Sie, ein Licht am Ende des Tunnels zu sein

Ich konnte mich darauf verlassen – Montag für Montag war sie da. Egal, wo im Lande ich mich gerade aufhielt, egal, was bei ihnen gerade los war, sie war da. Die Stimme. Die Botschaft. Sie lautete etwa so: »Hallo, Süße. Wollte nur, dass du weißt, dass wir an dich denken, wo immer du auch bist. Wir wissen, dass du es momentan ganz schön schwer hast, aber es gibt ein Licht am Ende des Tunnels, und wir wissen, dass du es eines Tages erreichen wirst. Wir wissen es einfach. Wird schon wieder, Zuckerschnäuzchen.«

Während der vielleicht schlimmsten Zeit meines Lebens erhielt ich Woche für Woche diese Botschaft. Absender war mein Freund und Geschäftspartner Logan, und zuweilen auch seine Frau Rhonda. Es war, als hielten sie ein Jahr lang Wache an meiner Seite. Manchmal, wenn sie in Urlaub fuhren, riefen sie noch vor der Abreise an und hinterließen die Botschaft, so dass ich immer wusste, dass sie an mich dachten. Rhondas Großvater, erzählte mir Logan, habe sie als kleines Mädchen immer mit dem Satz »Wird schon wieder, Zuckerschnäuzchen« getröstet.

Vielleicht fragen Sie sich jetzt, was das Besondere an so einer harmlosen Phrase sein soll.

Nun, wenn man nicht weiß, ob man es schaffen wird, eine Scheidung durchzustehen, nicht weiß, ob man in der Lage sein wird, sich seinen Lebensunterhalt zu verdienen, weil man sich so ausgebrannt fühlt, wenn man von einem Kunden zum anderen durchs Land reist, seine Nächte in Hotels, Schlafsälen und Gästezimmern zubringt – da kann man zuweilen die Orientierung verlieren. Nichts weiter. Diese Botschaften waren wie eine Orientierungshilfe, die ich mir Woche für Woche anhören konnte, um – wenigstens für den Augenblick – zu wissen, dass ich geliebt wurde.

Wenn Freunde schlimme Zeiten durchleben, brauchen sie manchmal nur einen kurzen Anruf oder eine Nachricht. Keine Ratschläge. Nur ernst gemeinte Ermutigungen. Eine Perspektive, dass es schon irgendwann wieder aufwärts geht. Wir drängen sie nicht, das Glas als halb »voll« zu betrachten. Verlangen kein »positives Denken« von ihnen. Unsere Botschaft liegt nicht in erster Linie in den Worten. Sie liegt in ihrer Bedeutung.

Als Logan und Rhonda mir diese Botschaften hinterließen, bedeuteten sie, dass sie mir etwas zutrauten. Sie gaben mir weder das Gefühl, dass ich, weil ich mein Leben nicht völlig unter Kontrolle hatte, demnächst zusammenbrechen würde. Noch versuchten sie, mich wieder hinzubiegen. Stattdessen ließen sie mir nicht nur die Freiheit, in meinem momentanen Chaos zu verharren, sondern akzeptierten auch, dass mir fast jede Zuversicht abhanden gekommen war. Sie versuchten weder, mir etwas aus- noch einzureden. Sie glaubten, dass ich es irgendwie schaffen würde, weil sie auf mich und die Welt vertrauten. Ihre Botschaften trafen mit der Verlässlichkeit eines Uhrwerks ein. Sie waren wie ein kleines »Care-Paket«. Manchmal können wir nicht mehr anbieten. Und manchmal ist das genug.

Mama, wird er wieder gesund?

Kindern helfen, sich ihren und unseren Ängsten zu stellen

Was sagt man einem Kind, das sieht, dass ein geliebtes Tier krank ist oder stirbt, und fragt: »Mama, wird es wieder gesund?« Mit diesem Problem sah sich meine Freundin Anne eines Tages konfrontiert, als das Pferd, das sie ihrer ältesten Tochter Jill geschenkt hatte, nur knapp dem Tod entging. Annes Geschichte traf eines Nachts als E-Mail bei mir ein:

> Es ist Sonntagabend, und die letzten drei Tage waren ungeheuer anstrengend und traumatisch. Wo soll ich anfangen zu erzählen, was unsere Familie seit letzten Donnerstag Dramatisches durchlebt hat?
>
> Am Donnerstagnachmittag arbeitete ich in unserem kleinen Krankenhaus, nachdem ich tags zuvor bis Mitternacht Bereitschaftsdienst gehabt hatte. Ich war müde, freute mich aber, schon etwas früher abgelöst zu werden, und eilte hinüber zur Scheune, um Jill bei ihrer Trainingsstunde auf ihrem neuen Pferd Sage zuzusehen. Gegen 15 Uhr jedoch rief mich Henry (ihr Mann) mit bebender Stimme an: »Wir haben einen Notfall in der Scheune. Sage hat eine Kolik, es ist sehr schlimm.«
>
> Der Reitstallbesitzer hatte Henry gegen elf Uhr angerufen, um ihm mitzuteilen, dass Sage krank sei und er und Jill sofort zum Stall kommen sollten. Ich weiß nicht, ob dir das bekannt ist, aber eine Kolik ist eine lebensbedrohliche Ver-

dauungsstörung, die ein Pferd aus einer Vielzahl von Gründen bekommen kann. Und wenn sich die Därme nicht wieder von allein entwirren, muss das Tier entweder operiert oder aber eingeschläfert werden.

Den Tierarzt hatte man bereits gerufen. Zunächst versuchte er es mit der Standardbehandlung – das Tier bewegen, um zu sehen, ob sich die Darmblockade nicht wieder von selbst gab. Stundenlang ließ Jill Sage durch die Arena traben. Als Henry sie ablösen wollte, damit sie sich mal ausruhen konnte, rührte sich das Tier nicht mehr von der Stelle; es bewegte sich nur unter Schmerzen und nur Jill zuliebe.

Als ich beim Reitstall eintraf, befand sich Sage in kritischem Zustand. Er war schweißgebadet und konnte sich nicht mehr bewegen. Seine Augen waren weit aufgerissen vor Angst und Schmerz. Es war ein ungeheuer emotionaler Moment, als ich in dem Stall eintraf, wo Jill erst tags zuvor ihre erste Trainingsstunde auf ihrem neuen Pferd gehabt hatte. Ich ging zu ihr in die Box; wir waren beide entsetzt und schluchzten. »Mama«, fragte Jill mich da, »wird er wieder gesund?«

In diesem Augenblick konnte ich nur sagen: »Ich weiß es nicht, Liebes.«

Wann lernen wir als Eltern, unseren Kindern zum ersten Mal zu sagen, dass etwas vielleicht nicht wieder gut wird?

Während die Minuten dahineilten, beschlossen wir, Sage operieren zu lassen und zu hoffen, dass die Blockade zu beheben war. Würde er je wieder springen können? Würde er weiterhin Schmerzen haben? Würde er noch einmal diesen Alptraum erleben müssen? Warum musste ausgerechnet Jill, nachdem wir uns zwei Jahre lang unter beträchtlichem Aufwand nach ihrem ersten Pferd umgeschaut hatten, in so jungen Jahren und so bald so viel leiden?

Henry, Jill und der Tierarzt luden Sage auf den Anhänger und fuhren zur Klinik. Diane (die jüngere Tochter) und ich folgten ihnen in unserem Auto und verbrachten die 45-minütige Fahrt unter Tränen – ohne Musik oder Gespräch. Wir teilten nur unser stummes Elend. Bei unserer Ankunft wurde Sage schon für die Operation vorbereitet. Der Tierarzt lud uns ein, dabei zuzusehen. Ich war erstaunt und wollte erst nicht. Henry ging als Erster in den Operationssaal. Später kam er ins Wartezimmer zurück und erzählte uns, dass Sage wie ein auf dem Rücken liegender Riesenwelpe aussehe, die Beine in die Luft gestreckt, als wolle er sagen, bitte krault mir doch den Bauch. Als Nächstes begleitete die tapfere Diane ihren Vater in den Operationssaal. Jill und ich saßen nun miteinander am Fenster. Sie hielt meine Hand und fragte wieder: »Sage wird doch wieder gesund, Mama, oder?« Diesmal sah sie mich nicht an, legte nur ihr Gesicht auf das Polster, ihre Wangen waren gerötet und tränenverschmiert, ihre Hand lag heiß und fest in meiner. Ich konnte nicht antworten. Ich sah zum Fenster hinaus in den Sonnenuntergang, als ob irgendwo in den Bergen ringsum eine Antwort zu finden wäre.

Doch ehe ich eine Antwort auf die Frage meiner Tochter fand, rief Dr. Forbes plötzlich aus: »Wow, guckt euch das an! Wir schaffen es!« Die Neugier überwog meine Angst vor dem Anblick des narkotisierten Sage, und ich trat mit Jill, die immer noch meine Hand umklammerte, in den Operationssaal. Tiere, die Schmerzen leiden, setzen mir ungeheuer zu, weil ich weiß, dass ich ihnen nicht erklären kann, warum sie leiden. Es war schon erstaunlich, neben meinen Töchtern und meinem Mann in diesem Raum zu stehen und Dr. Forbes dabei zuzusehen, wie er Sages Därme entwirrte und wieder an die richtige Stelle legte.

Am Freitag gingen wir Sage besuchen. Keine 24 Stunden nach der Operation war er schon wieder auf den Beinen und ganz erpicht darauf, an Jills Longe seine Runden zu drehen, und gleichermaßen erpicht aufs Fressen. An diesem Tag durften wir ihn zwar noch nicht füttern, aber Jill bürstete ihm das getrocknete Blut aus dem Fell und wusch ihn mit einem Schwamm. Es war toll, die enge Verbundenheit der beiden zu beobachten. Unsere Tiere können wahre Wunder bewirken, und es wird sicher interessant zu hören, wie sich Jill und Diane in ein paar Jahren an die Sache erinnern.

Die Reinheit des kindlichen Glaubens daran, dass alles wieder gut wird, hat etwas Ergreifendes. Nachdem die Mädchen zum ersten Mal mit einem drohenden Tod konfrontiert waren, fragten sie nur ganz schlicht, was wir tun mussten, damit Sage wieder gesund wurde. Es ist schön, wenn man diese vorbehaltlose Hoffnung eines Kindes erlebt.

Was sagen wir unseren Kindern, wenn sie sich zum ersten Mal in einer Situation »auf Leben und Tod« befinden? Zeigen wir ihnen unsere Angst und unseren Schmerz? Wie beantworten wir ihre Fragen, wenn wir selbst keine Antworten haben? Solche Fragen stellte ich Anne einige Wochen später, nachdem sie ihre Familie glücklich durch dieses Trauma navigiert hatte. Während ihrer jahrelangen Schwesterntätigkeit, erzählte sie mir, habe sie in der Intensivpflege viele Stunden mit Kindern und ihren Angehörigen verbracht. Dabei war ihr bewusst geworden, wie sehr sich Kinder von Erwachsenen unterscheiden. Erwachsene wollen alles über eine Krankheit und ihre Heilungschancen wissen. Kindern jedoch sollte man nur so viele Informationen geben, wie sie wirklich brauchen, um sie nicht zu überfordern. »Man lernt, das Tempo zu drosseln und ihnen das Fragen zu überlassen«, erklärte sie. »Gelernt habe ich auch, dass Kinder ein Recht haben zu wissen, was wir – ihre Eltern – fühlen«, räumte Anne ein. »Manchmal sind wir sehr versucht, unsere eigenen Gefühle für uns zu behalten, um das Kind glauben zu machen, es komme schon wieder alles ins Lot. Aber wir unterschätzen die Kinder dabei. Sie haben ein feines Gespür für unsere Gemütsverfassung, und wenn sie vielleicht auch nicht genau wissen, was wir vor ihnen verbergen, so fühlen sie doch, dass etwas faul ist. Deswegen beantwortete ich die Frage meiner Tochter, ob ihr Pferd wieder gesund würde, auch ehrlich, indem ich ihr sagte, ich wisse es nicht. Das war die Wahrheit. Ich hätte ihr gern in die Augen geschaut und gesagt, dass alles wieder in Ordnung käme. Welche Mutter möchte ihr Kind nicht auf diese Weise beruhigen? Aber ich wusste, dass ich ihr die Wahrheit schuldete: Ich hatte Hoffnung, aber auch Angst. Dadurch, dass ich ihr meine Befürchtungen mitteilte, konnte auch sie ihre Angst zeigen, und wir konnten uns gegenseitig trösten.«*

»Was hättest du gemacht, hätte der Arzt dir gesagt, dass er nichts tun kann, um das Leben des Pferdes zu retten?«, fragte ich.

»Ich hätte den Mädchen erklärt, dass Sage große Schmerzen hat und unser Tierarzt ihn nicht mehr operieren kann. Dann hätte ich ihnen versichert, dass der Arzt einem derart leidenden und nicht

* Fachleute warnen Eltern jedoch, ihre Kinder nicht zu überfordern und ihnen nicht zu viel an ungefilterten Emotionen zuzumuten, vor allem wenn ein Elternteil sehr durcheinander oder aufgebracht ist und nicht in der Lage, die Dinge nüchtern zu beurteilen.

mehr zu rettenden Tier nur noch helfen kann, indem er es einschläfert. Natürlich hätte ich ihnen erklärt, dass es aus Güte und Mitgefühl geschieht. Vor allem hätte ich in einer derartigen Krisensituation dafür gesorgt, dass die Mädchen sich verabschieden können. Denn wenn sie diesen Abschied – ob von einem Tier oder einem Menschen – nicht erlebt haben, ist der Tod für sie nicht so ganz wirklich, und es dauert womöglich länger, ihn zu verarbeiten. Unter Umständen gelingt es nie.«

Dadurch, dass wir zulassen, dass die Kinder auch uns verletzlich und ängstlich erleben, vermitteln wir ihnen, dass ihre Gefühle in Ordnung sind; sie gehören zu unserem Menschsein. Wenn wir unseren Schmerz und unsere Ängste aber verbergen, fordern wir unsere Kinder auf, dasselbe zu tun. Dadurch fällt es ihnen schwer, um Hilfe zu bitten, und uns, zu erkennen, was sie brauchen – und das nicht nur in ihren Kinderjahren, sondern vielleicht ihr ganzes Leben lang.

Einen Freund bitten, einem anderen zu helfen

Wenn Sie sich selbst überfordert fühlen

Was machen Sie, wenn ein Freund anruft und um Hilfe bittet und Sie zunächst keine Ahnung haben, wie Sie ihm weiterhelfen sollen? Es gibt Tage, da müssen wir vielleicht einen weiteren Freund um Unterstützung ersuchen, statt selbst zu helfen.

Ich hatte keine Ahnung, was eine Chemotherapie tatsächlich für die betreffende Person bedeutet, bis eine Freundin mich anrief und mir erzählte, dass es ihr sehr schlecht gehe nach den Bestrahlungen. »Niemand hat mir gesagt, dass es so schlimm würde«, sagte sie mit fast unhörbarer Stimme. »Es ist, als ob sie mir das Leben aus dem Leib saugen würden – als ob ich völlig entleert würde. Ich kann nicht schlafen, denke nur wirres Zeug und kann nichts bei mir behalten. Von allem, was ich esse, wird mir übel, und das Mittel gegen die Übelkeit hat fürchterliche Nebenwirkungen. Ich wiege nur noch vierzig Kilo, und niemand scheint zu wissen, wie mir noch zu helfen ist.«

»Ich weiß nicht, was ich dir sagen soll«, erwiderte ich. »Ich habe zwar schon gehört, wie schlimm eine Chemotherapie sein kann, aber ich weiß im Augenblick nicht, wie ich dir helfen kann. Offenbar haben deine Ärzte ja getan, was sie konnten. Du müsstest mit jemandem reden, der selbst solch eine Behandlung gehabt und überlebt hat. Lass mich mal überlegen, ob mir jemand einfällt; dann melde ich mich wieder.«

Ich überlegte, ob ich die Person, die meiner Freundin vielleicht helfen konnte, tatsächlich anrufen konnte. Ich musste sehr behutsam sein mit dieser Bitte, denn über seine Erfahrungen mit der Chemotherapie hatte mein Freund Richard nie mit mir reden wollen. Vor Jahren, als er an Lymphdrüsenkrebs erkrankt war, hatte er klargestellt, dass seine Behandlung kein Thema für ihn war. »Lass uns über etwas anderes reden«, meinte er damals resolut. Aber jetzt war das womöglich anders. Er war wieder gesund, auf dem Wege der Besserung und lebte das Leben eines Menschen, der Krebs gehabt und die Krankheit besiegt hatte. Ob er jetzt vielleicht bereit war, darüber zu sprechen?

Ich hinterließ ihm eine Nachricht, in der ich ihm erklärte, dass eine Freundin seine Hilfe brauche. »Man hat ihr gesagt, dass ihr Krebs ›unheilbar‹ ist. Würdest du ihr vielleicht einige Tipps geben, wie sie die Chemotherapie durchstehen kann? Die Ärzte probieren in der Hoffnung auf einen Durchbruch oder doch zumindest als lebensverlängernde Maßnahme einige experimentelle Behandlungen aus. Sie befolgt eine strenge, fast rein vegetarische Diät. Sie hat einen Meditationslehrer. Sie leidet unter furchtbarer Übelkeit und ist verblüfft über ihre Gelüste nach Dingen, die sie schon über ein Jahr von ihrem Speiseplan gestrichen hat – wie etwa Pommes frites oder Eiscreme. Kannst du ihr bei alldem irgendwie helfen?«

Richard schrieb ihr eine wunderbare E-Mail, in der er sie drängte, ihr Leben wieder selbst in die Hand zu nehmen, damit die Chemotherapie nicht sie beherrschte. Er versuchte nicht, als medizinischer Experte in Sachen Chemotherapie aufzutreten; er reflektierte lediglich seine Erfahrungen. So gab er meiner Freundin, die er nie kennen gelernt hatte, nicht nur Informationen, sondern auch das Gefühl, mit ihrem Problem nicht ganz so allein zu sein:

> Wenn eine positive Einstellung auch überaus wichtig ist und Meditation und Entspannung durchaus hilfreich sind,

so können sie doch nur dann funktionieren, wenn auch der Körper positive Erfahrungen macht. All die Meditation nützt wenig, wenn Sie sich permanent unwohl fühlen und nie ein Licht am Ende des Tunnels sehen. Ich habe viele Stunden auf der Couch herumgelegen und mich elend gefühlt, aber ich stellte auch fest, dass es immer wieder drei, vier Tage gab, an denen ich mich gut fühlte, bis dann wieder der elende Kreislauf von Chemotherapie, Übelkeit, Durchfall, Lustlosigkeit und Schwäche einsetzte. Da ich wusste, dass auch wieder ein paar gute Tage kommen würden, konzentrierte ich mich auf diese. Sie müssen sich bewegen. Sitzen Sie nicht herum, weil Ihr Körper mit dem Krebs und der Chemotherapie ringt. Ich habe mich – wirklich und wahrhaftig – von meiner Couch erhoben und mir einen kleinen Wanderpfad durch meine Wohnung gesucht.

Gehen Sie raus, und essen Sie Hamburger mit Pommes und Ketchup, Vanilleeis oder Pizza oder was Ihnen sonst so schmeckt, und genießen Sie es. Sie müssen es nicht übertreiben, aber diese Dinge sind, wenn auch ungemein fettreich, offenbar genau das, was Ihr Körper braucht, um ein bisschen zuzulegen, ein paar Proteine, Kohlenhydrate und Fettsäuren und all die anderen Sachen aufzunehmen.* Wenn Sie Ihrem Körper nicht ein wenig Brennstoff verschaffen, kann sich sein Zustand nur verschlechtern.

Ich bin überzeugt, dass einige Krankheitsbilder, die als unheilbar gelten, in manchen Fällen heilbar sind. Vielleicht sind sie ja heute noch unheilbar, doch wenn Sie wirklich

* Dieser Ratschlag beruht nicht auf medizinischen Erkenntnissen. Diese Herangehensweise half Richard, und seine Mitteilungen darüber halfen meiner Freundin, weil sie so ihre Gelüste besser verstand und sich nicht mehr so allein fühlte.

jede Möglichkeit ergreifen, lassen sie sich am Ende vielleicht doch heilen. Und offen gestanden, sollte das Unvermeidliche für Sie darin bestehen, dass Sie wissen, wann das Ende kommt, so gehen Sie in die Vollen. Tun Sie, was Sie wirklich tun wollen. Wenigstens wissen Sie Bescheid. Aber lassen Sie sich davon nicht beherrschen, kämpfen Sie, entwickeln Sie Strategien, informieren Sie sich, und tun Sie alles, was in Ihren Möglichkeiten liegt.

Richard unterbreitete ihr sodann ein Meditationsszenario, das mir verstehen half, wie wichtig es ist, Menschen Hoffnung zu machen und dies, wenn irgend möglich, mit einer Prise Humor zu tun. Es war ein meditatives Verfahren, das er sich eines Tages während seiner Chemo-Behandlung ausgedacht hatte, die sich zunächst alles andere als heilsam anfühlte.

Denken Sie an nichts, während Sie daliegen; machen Sie sich innerlich völlig leer. Ihr Magen mag schmerzen, die kleinen Venen auf Ihrem Handrücken von den Chemo-Nadeln brennen, Sie fühlen sich schwach oder flau oder sogar ganz gut. Es dauert eine Weile, bis man unbewusst in diesen »leeren« Zustand hinübergleitet. Versuchen Sie, nur an Ihren Körper zu denken, nicht an Ihre Situation, nur an Ihren Körper und Ihren Atem.

Und jetzt kommt der knifflige Teil. Sobald Sie sich entspannt haben, malen Sie sich ein paar Sachen aus. Das kann ganz spaßig sein! Meine Lieblingsvorstellung etwa war ein Trupp von großen Kerlen in weißen Plastikanzügen, in Reih und Glied wie bei der Armee und mit allen möglichen Werkzeugen ausgerüstet – riesigen Bohrmaschinen und Kränen, Sprengstoff, Presslufthämmern, Hacken und so weiter. Es handelte sich um Kämpfer. Und sie befanden sich in meinem Körper, in den »Tunnels« meines Blutkreislaufs; sie hämmerten und meißelten und schlugen die Burschen in Schwarz zu Klump, dieses »böse Krebs-Pack«, das gierig meine Blutzellen verschlang. Aber die Burschen in weißem Plastik waren denen in den schwarzen Anzügen zahlenmäßig weit überlegen, und immer gewannen die Weißen. Sie hämmerten drauflos, und ich konnte durchatmen und mir vorstellen, wie zehntausend von den Guten nur tausend von den Bösen angriffen. Es war herrlich. Mein Atem ging etwas langsamer, und ich spürte den Schmerz, der die Behandlung begleitet, und mir war ein bisschen übel. Dann verschwand er vorübergehend.

Und dann, irgendwann, ja, es grenzt an Magie, machte ich ein Nickerchen! Und das ist überhaupt der absolute Geheimtipp: Gönnen Sie sich eine Siesta! Machen Sie ein Nickerchen, wann immer Sie wollen, damit Ihr Körper diese gewaltige Schlacht gegen die Chemotherapie, die toxischen Rächer und die angreifenden Krebszellen schlagen kann. Seien Sie stark. Und lassen Sie nichts unversucht.

Richard hält sich, wie viele Krebspatienten, hinsichtlich seiner Erfahrungen mit der Krankheit sehr bedeckt. Als er vor Jahren die Diagnose erhielt, erzählte er nur wenigen Leuten davon, und auch seit er auf dem Weg der Besserung ist, hat er kaum jemanden eingeweiht. Daher zögerte ich zunächst auch, ihn um Hilfe zu bitten. Zum Glück habe ich es dann doch getan. Denn er konnte nicht nur meiner Freundin helfen, sondern uns auch eine Erfahrung vermitteln, die ihm beträchtlichen Mut, Humor und Kreativität abverlangte hatte, die es ihm aber ermöglicht hatte, nicht nur zu überleben, sondern sich weiterzuentwickeln. Indem er meiner Freundin seine Erfahrungen schilderte, erkannte er, dass das Erlittene sogar einen Wert hatte – und dass es sich lohnt, einen gewissen Teil seiner Privatsphäre aufzugeben, um jemand anderem zu helfen.

Manchmal sind Sie vielleicht einfach nicht die Person, die einen um Hilfe bittenden Freund unterstützen kann. Aber vielleicht können Sie eine Brücke zwischen ihm und einem anderen bauen, damit sie – obwohl sie sich vorher nicht kannten – aufeinander zugehen und einander ein Stück des Weges begleiten können.

Ein unerwartetes Geschenk

Sich von Fremden helfen lassen

Drei Frauen stehen in der Schlange vor der Theke eines schicken Bistros. Plötzlich nähert sich ihnen ein Herr und sagt zu einer von ihnen, der hoch gewachsenen, eleganten, zurückhaltenden Blonden mit den blitzenden Augen: »Entschuldigen Sie, aber ich muss es Ihnen einfach sagen: Sie sind wunderschön.« Und er geht wieder weg.

Die anderen beiden sind entzückt. Sie kichern und verkneifen sich einen Freudenschrei, weil sie ihrer Freundin schon seit Jahren erzählen, wie schön sie ist. Aber Elisabeth glaubt ihnen nicht. Sie wischt die Komplimente beiseite und hält sich selbst für nicht so übermäßig attraktiv. Auf die Aufmerksamkeit des Mannes reagiert sie mit Erröten und Verlegenheit.

Wieder stehen sie in der Schlange, diesmal, um ihre Bestellungen abzuholen, als derselbe Mann wiederkommt und noch einmal das Gleiche zu Elisabeth sagt: »Ich muss es Ihnen einfach sagen, Sie sind unglaublich schön.« Und er entfernt sich wieder.

Inzwischen ist Elisabeth wirklich verlegen. An diesem Tag ist sie sogar ohne Make-up aus dem Haus gegangen. Aber es ist auch kein gewöhnlicher Tag. Schminken war nicht so wichtig an diesem Morgen, als sie Ron, mit dem sie seit 33 Jahren verheiratet ist, zu seiner ersten Chemo-Behandlung brachte. Der angeblich gutartige Tumor, den er vor einem Monat hatte entfernen lassen, hatte sich zu ihrer beider Überraschung als kanzerös erwiesen, wodurch sich alles veränderte.

Heute hat sie sich mit ihren besten Freundinnen getroffen, um sich, nachdem sie ihren Mann in die Klinik begleitet hat, ein wenig von ihnen aufmuntern zu lassen. Bei einem gemeinsamen Mittagessen. Und als sie dann am Tisch sitzen und essen, taucht derselbe Mann zum dritten Mal auf. Nur verschwindet er diesmal nicht gleich wieder. Er will sichergehen, dass die schöne Frau nicht etwa denkt, er wolle bei ihr landen. Flirten vielleicht schon, aber das sei nicht der Hauptgrund für seine Bemerkungen. Er rechtfertigt sich auf eine Weise, die jede der argwöhnischen Frauen veranlasst, ihm ihre volle Aufmerksamkeit zu schenken.

»Sehen Sie«, meint er, »man hat einen inoperablen Gehirntumor bei mir diagnostiziert. Er hat sich schon überall ausgebreitet, und ich habe nicht mehr lange zu leben. Jetzt sage ich einfach, was ich will und wann ich es will. Und Sie sind schön, und das wollte ich Sie wissen lassen. Es tut mir Leid, wenn ich Sie in Verlegenheit gebracht habe, aber das Leben ist so kurz, und ich wollte einfach nicht sitzen bleiben und ignorieren, was mein Herz mich zu sagen drängte.«

Den Frauen stehen die Tränen in den Augen, als er ihnen diese Wahrheit sagt. Langsam beginnt Elisabeth, diesem Mann, der vor wenigen Augenblicken noch ein Fremder für sie war und vor dem sie Angst hatte, dem sie auswich, ihre Geschichte zu erzählen. Sie erzählt ihm von ihrem Mann. Von ihrer Entschlossenheit, den Darmkrebs zu bekämpfen. Wie es das Glück, das Schicksal oder der Zufall wollen, ist dieser Fremde Arzt, ein Neurochirurg. Als er ihre Geschichte hört, denkt er nach und gesteht, dass sein Verstand inzwischen etwas langsamer arbeitet, während er sich auf den Namen und die Telefonnummer eines Krebsspezialisten zu besinnen versucht, die er ihr geben will. Schließlich erinnert er sich, notiert und reicht sie ihr, was sich im Überlebenskampf ihres Mannes womöglich noch als Rettungsring entpuppen kann …

Das Seltsame daran war, dass diese attraktive, liebende Gattin ihren Freundinnen erst eine Woche zuvor erzählt hatte, dass sie in Zukunft mehr in der Gegenwart leben wolle. Sie wollte sich nicht mehr so viele Gedanken um die Zukunft machen. Nicht mehr so viele Sorgen darum, was die Leute dachten, wenn sie sich von ihrem »wichtigen« Job beurlauben ließ, um ihrem Mann bei seiner Behandlung beizustehen. Sie wollte sehen, wie das Leben war, wenn sie sich auf die kleinen Dinge, auf die Gegenwart konzentrierte.

Und siehe da, was ihr beim Mittagessen mit Freunden serviert wurde! Hätte sie sich in verlegene Vermeidungshaltung oder genervte Ablehnung geflüchtet, so hätte sie vielleicht dieses Geschenk, die Entschlossenheit eines Sterbenden, sein Leben zu leben, diesen wunderbaren Moment, zurückgewiesen. Das Unerwartete würdigen zu können erfordert Übung. Es erfordert die Bereitschaft, für eine Weile nicht über die Motive anderer zu urteilen, und Offenheit für das Hier und Jetzt. Die Realität zu akzeptieren verlangt Übung, weil es uns einfach nicht selbstverständlich ist. Natürlich kann man seinen gesunden Menschenverstand einschalten und sich auf ein gutes Gefühl verlassen. Und ist dieses gute Gefühl vorhanden, kann man sich auch ein Stück öffnen oder sich eine gewisse Neugier gestatten auf das, was einer, der uns nichts schuldet, uns aus keinem uns ersichtlichen Grund zu schenken versucht.

Laufen die Dinge nicht wie geplant, braucht man den Beistand von Freunden. Wir müssen lachen, weinen und uns fragen dürfen, warum das Leben eine so unerwartete Wendung genommen hat. Manchmal jedoch tritt ein Fremder in unser Leben – in einem Restaurant, einem Flugzeug, im Wartezimmer eines Krankenhauses –, und dieser Fremde kann uns ein außerordentliches Geschenk machen, wenn wir die Geistes- und Herzensgegenwart besitzen, uns zu öffnen und es in Empfang zu nehmen.

Vor *und* nach dem Umzug

Von emotionalen »Dachböden« und neuen »Straßenkarten«

Wenn Freunde oder Angehörige umziehen, können wir ihnen auf vielerlei Weise helfen. Mitunter allerdings liegt die größte Hilfe nicht im Schleppen der Umzugskartons. Jeder weiß, dass ein Umzug eine Menge Stress mit sich bringt. Manche von uns aber erfahren womöglich erst beim eigenen Umzug, dass ein Großteil des Stresses deswegen entsteht, weil es uns an Raum für unsere Erinnerungen mangelt.

Pat und Jim waren enge Freunde von mir, denen nur noch wenige Wochen blieben, ehe die Umzugskisten fertig gepackt sein mussten. Sie verließen ihr Traumhaus, in dem sie zehn Jahre vor ihrer Pensionierung eingezogen waren. An einem Spätnachmittag schaute ich bei ihnen vorbei, um zu sehen, wie es mit dem Packen voranging. Mir war nicht so recht klar, wie ich ihnen dabei helfen sollte.

»Wir haben so viel Zeug!«, stöhnte Pat. »Ich versuche, die Sachen stapelweise zu sortieren: Stapel, die ich ›behalte‹, ›den Kindern gebe‹, ›an die Wohlfahrt spende‹, ›verkaufe‹, ›wegwerfe‹ und solche, ›bei denen ich noch nicht weiß, was ich mit ihnen anfange‹. Es fällt mir schwer, Sachen wegzuwerfen, auch wenn ich weiß, dass ich sie nie wieder brauche.«

Sie sprach von ihren Erinnerungen. Erinnerungen, die sich mit einem bestimmten Kleidungsstück, mit Bildern oder Andenken verbanden. Dann hatte sie auch noch unerwartet Sachen entdeckt, die ihrer Mutter gehört hatten. Dinge, die sie beim Tod ihrer Mutter vor drei Jahren in eine Kiste geräumt hatte, um sie später zu sortieren. »Was mache ich etwa mit dem ersten Lohnzettel meines Vaters?«, fragte sie mich. »Als ich darauf stieß, wurde mir klar, wie sehr meine Mutter ›knapsen‹ musste, um uns mit so wenig Geld großzuziehen. Sie hat nie wieder geheiratet, nachdem er – an einem Silvestertag – ums Leben kam; er wurde von einem Wagen erfasst, während er am Straßenrand einen Reifen wechselte. Dieser alte Lohnzettel aus der Zeit vor meiner Geburt erinnert mich daran, wie wenig er damals verdient hat und wie schwer Mutter schuften musste, um nach seinem Tod klarzukommen – eine ganze Flut von Erinnerungen löst das bei mir aus. Ich brauche dieses Stück Papier nicht, und dennoch ist es ein Teil unserer Familiengeschichte, wenn ich auch nicht so recht weiß, ob es sonst noch jemandem etwas bedeutet. Schwer zu entscheiden, was man mit solchen Schätzen anfängt.«

An diesem Punkt wusste ich nicht, ob Pat das Bedürfnis hatte, weiter über ihre Ängste zu reden, oder ob sie mich bei der Entscheidung, was sie mit ihren Familienschätzen anfangen sollte, um Hilfe bat. Da es mir nicht klar war, fragte ich sie, ob sie sich vielleicht für eine Methode interessierte, auf die ich zufällig gestoßen und die mir bei meinem Umzug geholfen hatte.

»Ja, gerne«, meinte sie.

»Nachdem ich bei meinem letzten Umzug die Sachen von vier Generationen durchwühlt habe, ist mir Folgendes klar geworden«, erklärte ich. »Ließ ich mir die Zeit, um zu würdigen, welche Rolle ein bestimmter Gegenstand in meinem Leben gespielt hatte, habe ich das Weggeben oder Wegwerfen anschließend nie bedauert. War ich aber müde, überfordert, hatte keine Zeit und fing an, das ›Zeug einfach wegzuschmeißen‹, so merkte ich Monate oder Jahre später, dass ich genau von diesen Dingen nicht loskam. Sie beschäftigten mich immer noch, obwohl ich sie verkauft, verschenkt oder irgendeinem Wohlfahrtsverband gestiftet hatte. Damals habe ich begriffen, dass es einen Unterschied gibt zwischen ›Wegwerfen‹ und ›Loslassen‹.«

Pat meinte, diese Vorstellung helfe ihr dabei, zu erkennen, wie man die Dinge loslässt, statt sich schuldig zu fühlen, weil man so vieles besitzt. »Ich fühle mich jetzt schon erleichtert«, fügte sie hinzu. »Aber da ist noch etwas. Ich spüre, dass ich Angst habe, weil ich nicht weiß, was ich in Zukunft brauchen werde. Vorgestern habe ich versucht, Kleider wegzuwerfen, die ich jetzt, wo ich pensioniert bin, wohl kaum mehr brauchen werde. Und da ist mir plötzlich wieder eingefallen, dass ich nach Dads Tod, als Mutter uns allein aufziehen musste, von der Familie unseres Schulhausmeisters Kleider geschenkt bekam. Vielleicht fällt es mir deswegen so schwer, Kleider wegzugeben, weil ich nicht weiß, ob ich mir in Zukunft noch alles leisten kann, was ich brauche.«

»Es ist also eher eine Frage der Zuversicht«, meinte ich und fasste – was ich aus ihren Bemerkungen herauszuhören meinte – folgendermaßen zusammen: »Du sagst also, dass du gerne darauf vertrauen würdest, dir auch in Zukunft leisten zu können, was du in deinem neuen Leben brauchst.«

»So habe ich das noch nie betrachtet«, erwiderte sie. »Da stelle ich mir die schlimmsten Sachen vor und vergesse dabei, wie gut ich es gelernt habe, mich durchzuschlagen, jeden Cent dreimal umzudrehen, hin und wieder zu verzichten, Sonderangebote zu kaufen und trotzdem glücklich zu sein. Das hatte ich völlig vergessen und mir Sorgen darum gemacht, vielleicht nicht genug zu haben, wo ich doch in Wirklichkeit viel zu viel habe.«

Bei jedem Umzug gibt es eine Menge unbekannter Faktoren. Wir wollen darüber sprechen, was uns fehlen wird und worüber wir uns Sorgen machen. Erst gegen Ende unseres Gesprächs wurde Pat klar, was sie bedrückte – nämlich, dass nicht all das angesammelte

Zeug sie belastete. Vielmehr fürchtete sie, die als Kind von der Wohltätigkeit anderer abhängig gewesen war, dass sie sich als Rentnerin nicht mehr leisten konnte, was sie brauchte. Zu Beginn unseres Gesprächs schien ihr eher das Packen und Aussortieren über den Kopf zu wachsen. Am Ende hatte sie ihre Gefühle und Erinnerungen neu sortiert. Es kann etwas Zeit in Anspruch nehmen, wenn wir uns von Freunden oder Angehörigen auf ihre emotionalen »Dachböden« führen lassen, vor allem wenn sie dort schon seit langem so vieles angesammelt haben.

Nach dem Umzug benötigen sie unsere Unterstützung noch dringender. Sich an einem neuen Ort niederzulassen, kann auf eine Art und Weise verstören, die uns nicht immer offensichtlich ist. Häufig fühlen sich Menschen in ihrer neuen Umgebung verloren. Natürlich finden sie sich mit Hilfe eines Stadtplans zurecht. Aber darum geht es nicht. Vielmehr ist es der emotionale Verlust, unter dem sie leiden.

Wenn Sie so wie die meisten Menschen sind, dann haben Sie in Ihrem alten Haus und in Ihrer alten Nachbarschaft einfach gewusst, wo was zu finden ist. Der Straßenverkehr, das Vogelgezwitscher und das Wetter waren Ihnen einfach vertraut. Sie wussten, auf wen Sie in einem Notfall zählen konnten – Freunde, eine geistige oder religiöse Gemeinschaft, einen Nachbarn. Sie kannten das beste Lebensmittelgeschäft und waren per du mit dem Apotheker, wussten, an welcher Tankstelle es einen guten Automechaniker gab, und kannten bei Staus die besten Schleichwege. In Ihrer alten Nachbarschaft hat man Sie mit einem Lächeln begrüßt, wo Sie gar nicht damit rechneten: auf der Post, auf der Bank, im Eisenwarenladen. An Ihrem neuen Wohnort sind Sie der Fremde, der nicht – noch nicht – dazugehört.

Wie kann man Leuten, die in eine andere Stadt gezogen sind und sich dort noch verloren fühlen, helfen?

- Verraten Sie ihnen die Abkürzungen, die die Pendler nehmen, und Ihre Lieblingsschleichwege.
- Fragen Sie sie, ob sie Hilfe bei der Suche nach einem Installateur, Arzt oder Babysitter brauchen – geben Sie ihnen die entsprechenden Insidertipps.
- Und wenn Sie zu den Freunden gehören, die in der alten Nachbarschaft zurückgeblieben sind – werden Sie nicht wieder zum Fremden; rufen Sie Ihre alten Nachbarn hin und wieder an und fragen Sie, wie sie jetzt zurechtkommen.

Man kann einem alten Heim jahrelang nachtrauern, all den Dingen, die man im neuen Haus vermisst, ob es die Bäume sind, die man gepflanzt hat, oder das Spielen mit dem Hund des Nachbarn. Wenn Freunde oder Angehörige umziehen, mag es uns (und auch ihnen) so vorkommen, als hätten sie sich lediglich an einen anderen Punkt der Landkarte bewegt. Doch es braucht unter Umständen mehr als eine Straßenkarte, um ihnen bei der Neuorientierung beizustehen.

Es ist nicht so, wie du denkst

Die verborgenen Wunden eines Bankrotts

Fast keiner von uns kennt einen Bankrotteur. Was wohl daran liegt, dass aus Angst vor der Verurteilung der Mitmenschen nur wenige es wagen, darüber zu sprechen. Das heißt, wir wissen einfach nicht, wem es schon einmal passiert ist. Menschen gehen aus ganz unterschiedlichen Gründen Pleite, etwa durch tragische Fehlkalkulationen, überhöhte Ausgaben oder Betrug. Abgesehen davon ist es wichtig, ein Gespür für die besondere Situation zu entwickeln, mit der eine Familie während des Wiederaufbaus zu kämpfen hat.

»Nie hätte ich geglaubt, dass es uns treffen könnte«, sagte Andrea, als sie die Umstände schilderte, unter denen sie und ihr Mann Peter ihren privaten und geschäftlichen Konkurs erklären mussten. »Schwierig war unter anderem, dass einige unserer Freunde nichts mehr mit uns zu tun haben wollten, weil sie das Gefühl hatten, ›Wenn es die treffen kann, dann kann es auch mir passieren.‹«

> Wir waren Inhaber einer erfolgreichen Firma gewesen, die 65 Leute beschäftigte. Die Löhne und Gehälter wurden rechtzeitig bezahlt. Ebenso wie die Zulieferer. Wir arbeiteten zwölf Stunden am Tag und waren zufrieden. Der Betrieb war unsere Familie, und unsere Kunden konnten sich auf uns verlassen. Und plötzlich kam der Anruf von der Steuerbehörde, man habe unsere Steuererklärung geprüft, und wir hätten zwei Tage Zeit, um die ausstehende Schuld von 150 000 Dollar zu begleichen.

Wir wussten gar nicht, wie uns geschah. Während der ersten 24 Stunden standen wir buchstäblich unter Schock – als hätte man uns einen Schlag in die Magengrube versetzt; wir konnten keinen klaren Gedanken mehr fassen. Und dann mussten wir handeln, an einem Tag mit Hilfe unserer Ersparnisse unsere Angestellten entlohnen und am nächsten die Hälfte von ihnen entlassen. Erst später erfuhren wir, dass der Grund für unseren Bankrott die Veruntreuung von Firmenvermögen gewesen war. Doch da war es längst zu spät, und wir befanden uns bereits mitten im Konkursverfahren.

Einer der schlimmsten Momente war, als wir zusehen mussten, wie unser Inventar – das 750 000 Dollar wert war und für dessen Kauf wir hart gearbeitet hatten – verscherbelt wurde. Der Konkursverwalter hatte uns versichert, man werde es öffentlich versteigern. Doch aus irgendeinem unerfindlichen Grund wurde es für nur 25 000 Dollar an einen Privatmann verkauft. Es gab keine Auktion.

Kurz nachdem unsere Einrichtung verkauft war, veräußerte der Betreffende den Großteil davon erneut für 160 000 Dollar. Hätte man uns erlaubt, sie selbst zu verkaufen, statt dies dem Anwalt zu überlassen, wären wir sehr viel besser weggekommen. Doch sobald man Konkurs anmeldet, hat man nichts mehr unter Kontrolle.

Als wir merkten, dass uns alles entglitt, stellten wir gleichzeitig noch etwas anderes fest: Nun, da wir keine Firmeneigentümer mehr waren, hatten wir auch keinen Job mehr! Obendrein hatten wir das Gefühl, unsere Identität verloren zu haben. All dieser innere Aufruhr aber vollzog sich hinter den Kulissen, hinter den täglichen Bemühungen, auf irgendeine Weise unsere Zulieferer zufrieden zu stellen, die Miete zu bezahlen oder Lebensmittel zu kaufen.

»Was haben andere getan, um Ihnen nach dem Schock beizustehen?«, fragte ich Andrea.

> Eine Freundin hat mich einfach erzählen lassen. Wie entsetzt ich war. Wie wütend darüber, auf solche Weise von den zuständigen Beamten behandelt zu werden. Darüber, dass ich ja nicht einmal wusste, was wir falsch gemacht hatten. Wie beschämt wir uns fühlten. Ich erzählte ihr auch, wie schrecklich es war, sich als Opfer zu fühlen …
>
> Wie grässlich, dass irgendjemand Geld unterschlug und wir die Zeche dafür bezahlen mussten. Das Wichtigste dabei aber war, dass meine Freundin nicht versuchte, mich zu bedauern. Sobald ich losgeworden war, was ich dachte, konnte ich zuversichtlicher in die Zukunft blicken. Irgendwie wusste meine Freundin, dass ich genau das brauchte, und versuchte nicht, mir Lösungen zu unterbreiten oder mir zu versichern, dass mich keinerlei Schuld träfe.

Dann schilderte Andrea, dass es zu Beginn des Konkursverfahrens Wochen gegeben habe, in denen sie nicht wusste, woher sie das Geld nehmen sollte, um Lebensmittel für die Familie zu kaufen. Sie hatte damals zwei Kinder im Teenageralter. »Hat jemand angeboten, Ihnen Geld zu leihen?«, fragte ich und überlegte, ob eine solche Geste in einer derartigen Situation wohl eher hilfreich oder beleidigend war.

> Mehrere Leute meinten: »Falls wir irgendwas für euch tun können, sagt es uns bitte.« Also baten wir einen Freund um ein Darlehen von 10 000 Dollar, was uns geholfen hat, ein wenig zu Atem zu kommen und uns zu überlegen, wie wir diesen vermutlich langwierigen Prozess, auf den wir

> überhaupt nicht vorbereitet gewesen waren, durchstehen konnten. Das ist die andere Sache, die Freunde wissen müssen, wenn man ein Konkursverfahren durchzustehen hat. Es gibt keine Unterstützung.* Man ist nicht gefasst auf die Art und Weise, wie die zuständigen Beamten mit einem umgehen. Mir ist schon klar, dass manche Leute eine Insolvenz nutzen, um ihren Vorteil daraus zu ziehen; vielleicht sind die Beamten ja deshalb so streng. Trotzdem hatten wir nicht damit gerechnet, dass man uns wie Kriminelle behandelt.

Wie das Schicksal es wollte, fand mein Gespräch mit Andrea am Tag vor Thanksgiving statt. Drei Jahre zuvor waren sie und ihr Mann ebenfalls an Thanksgiving aus ihrer Heimatstadt weggezogen, um einen Neuanfang zu wagen.

> Fünf Jahre sind seit unserem Bankrott vergangen, und wissen Sie, was heute das Schlimmste ist? Nicht die Verlegenheit, wenn man einen Kredit beantragt. Nicht der Prozess, den wir durchlaufen mussten, um zu entdecken, wer wir eigentlich waren, als wir nicht mehr Firmeneigentümer waren. Nicht einmal die Freunde, die man unterwegs verloren hat. Sondern, dass unser Leben von außen betrachtet völlig normal aussieht. Wir haben an Thanksgiving zu essen. Wir haben ein Haus. Mein Mann hat eine neue Stelle. Das Schlimmste ist, dass die anderen nicht sehen, was immer noch in einem vorgeht. Das Schlimmste ist, dass man noch nach Jahren ein Kaufhaus betritt und sich denkt: »Ich kann mir keine Jeans leisten, nicht mal zum Super-Sonder-

* Inwieweit jemand im Falle einer Insolvenz Anspruch auf (staatliche) Unterstützung hat, ist abhängig von der (Sozial-)Gesetzgebung des einzelnen Landes oder Staates.

> preis.« Nicht, dass ich das Geld dafür nicht hätte. Ich denke einfach nur immer, dass es, wenn ich es heute ausgebe, vielleicht dann, wenn ich am wenigsten damit rechne, nicht reichen wird. Es ist das Gefühl der Panik, wenn wir daran denken, dass es uns noch einmal passieren könnte.

Worauf müssen wir noch achten, wenn wir jemandem helfen wollen, der einen Konkurs durchmacht oder hinter sich hat? Zunächst einmal sollten wir uns verkneifen, allzu rasche Folgerungen im Hinblick auf die Ursache des Finanzdesasters zu ziehen. Um mit den Worten von Mary Kay, einer anderen Freundin, zu sprechen, die ebenfalls einen Konkurs durchzustehen hatte: »Was ich rate? Bilde dir ja nicht ein, dass du – nur weil jemand noch immer ein schönes Auto oder Haus oder ein Kind hat, das Hochzeit feiert – die ganze Geschichte kennst. Ich kann dir gar nicht sagen, wie weh es mir getan hat, zu hören, was Freunde hinter meinem Rücken erzählt haben. Kurz nach unserem völlig unerwarteten Bankrott heiratete unsere Tochter, und auf der Hochzeit spielte eine Live-Band. Wir hörten, dass die Leute sich Gedanken darüber machten, wie wir uns das leisten konnten. Am liebsten hätte ich ihnen erzählt – was ich natürlich nicht getan habe –, dass ein lieber Freund uns die Musik geschenkt hat.«

Freunde müssen spüren, dass wir sie unabhängig von ihrem Besitz und ihrer sozialen Stellung schätzen. Wenn sie sich um ein Darlehen oder einen Kredit bemühen, können wir auch Jahre nach dem Konkurs unser Mitgefühl unter Beweis stellen, da wir ja wissen, dass die finanzielle Vergangenheit sie wie ein unsichtbares Gespenst begleitet. Am meisten schätzt ein Mensch, der einen Bankrott durchstehen muss, vielleicht das, was wir nicht sagen. Nämlich, dass wir all unsere Vermutungen und Vorurteile beiseite lassen.

Wer bin ich, wenn ich nicht mehr die bin, die ich war?

Nach einem lebensverändernden Ereignis

Es gibt Zeiten, in denen eine Diagnose, ein Unfall, der Verlust eines Arbeitsplatzes oder das Ende einer Ehe uns unserer Identität berauben können. Plötzlich ist man nicht mehr die Person, für die man sich hielt oder die man im Laufe seines Lebens noch werden wollte. Was sagen wir, wenn Freundinnen, Kollegen oder Angehörige eines Tages feststellen, dass sie nicht mehr wissen, wer sie sind? Von Barbaras Freundin können wir lernen, wie man Menschen unterstützt, die vor dieser Mauer aus Angst stehen.

Folgende Nachricht hinterließ Barbara auf dem Anrufbeantworter ihrer Freundin: »Ich rufe an, um dir zu sagen, dass ich schlechte Nachrichten habe. Es ist zwar keine Überraschung, aber auch nicht gerade das, was ich mir erhofft hatte. Ich weiß nicht, wie ich damit fertig werden soll. Ich versuche, es nach und nach zu begreifen. Der Krebs ist zurückgekehrt. Den Tests zufolge habe ich jetzt sogar mehr Metastasen als früher. Ich weiß nicht, was ich machen soll. Ich muss über vieles nachdenken. Ich würde gerne reden.«

Als die Freundin zurückrief, fragte sie nur: »Was ist los?«

»Der Krebs ist wieder da«, sagte sie. »Da sind neue Krebszellen, kleine Tumore. Ich bin zwar nicht überrascht – wir wussten, dass das passieren kann –, aber ich war so gesund! Ich sehe besser aus und fühle mich auch besser als vor dem Krebs. Ich kann es gar nicht recht glauben. Ich dachte schon, ich hätte ihn besiegt. Ich hab mich so wohl gefühlt, ich kann es einfach nicht fassen.«

Dann redete sie weiter, die Worte sprudelten nur so aus ihr heraus: »Ständig stelle ich mir die Frage: Wer bin ich, wenn ich nicht mehr die sein kann, die ich war? Wer bin ich, die frühere Tourismus-Managerin, wenn ich keine Unternehmerin mehr sein kann? Was, wenn ich meine Energie, meine Ausstrahlung nicht mehr habe? Wer bin ich, wenn ich nicht mehr unterwegs sein kann und monatelang im Bett liege? Ich habe noch nie so etwas erlebt; ich kann es mir einfach nicht vorstellen. Allein daran zu denken, macht mir Angst.«

Was sagen Sie einer Freundin, die Ihnen eben geschildert hat, dass sie sich derart verloren fühlt? Wie können Sie ihr bei der Wiederentdeckung ihrer Fähigkeiten helfen? Die ja immer noch vorhanden sind, aber jetzt vielleicht andere Ausdrucksmöglichkeiten erfordern? Wie könnten Sie Ihrer Freundin trotz ihrer momentanen Verwirrung helfen, die Bruchstücke ihres Lebens Stück für Stück wieder zusammenzusetzen?

Barbaras Freundin sagte erst einmal gar nichts, weil sie zunächst einfach nicht wusste, was sie sagen sollte. Sie dachte über all die vielen Dinge nach, die Barbara ihr erzählt hatte. Sie musste sich zuerst einmal selbst orientieren, ehe sie Barbara helfen konnte, einen neuen Weg einzuschlagen. Barbara klang, als stünde sie unter Schock. Und sie hatte vom Verlust ihrer Identität gesprochen, welche, wie bei so vielen von uns, restlos in ihrer Karriere aufging. Was brauchte die Freundin in diesem Augenblick wirklich von ihr, zumal sich der Krebs ja nicht wegreden oder ungeschehen machen ließ? Barbara hatte sich an die Hoffnung geklammert, dass sie in ihr altes Leben zurückkehren konnte, und plötzlich war alles anders.

»Anscheinend fürchtest du, ohne deinen Managerposten keine festen Ziele und keinen Sinn mehr in deinem Leben zu haben«, bemerkte sie schließlich und sprach dabei einige der von Barbara geäußerten Sorgen an. »Und es klingt auch, als wärst du auf der Suche nach neuen Lebensalternativen. Soll ich dir vielleicht dabei helfen, dich in einem neuen Licht zu sehen?«

»Das ist es!«, rief Barbara. »Ich suche eine neue Perspektive. Bitte, hilf mir dabei, denn zurzeit bin ich nicht mal fähig, einen klaren Gedanken zu fassen!«

»Da du mich ausdrücklich darum bittest, sage ich dir, was ich sehe«, meinte die Freundin. »Wenn ich dir vor einem Jahr erzählt hätte, Barbara, dass du dich im Laufe der nächsten zwölf Monate zur strengen Vegetarierin entwickelst und andere dazu bringst, sich endlich um ihre Gesundheit zu kümmern; dass du auch nach der Aufgabe deiner dir so wichtigen Managertätigkeit ein aktives, erfülltes Leben führst; dass du einen Urlaub nach dem anderen machst und mit sympathischen Leuten auf Reisen gehst; dass du lernst, dir von anderen helfen zu lassen; dass du eine außergewöhnliche Beziehung zu deinem Exmann entwickelst; dass du – als überaus zurückhaltender Mensch – öffentlich deine Geschichte erzählst und andere berätst; dass Ärzte in ganz New York dich als ihre Star-Patientin bezeichnen, die sich in beispielloser Geschwindigkeit von einer schwierigen Darmkrebsoperation erholt hat; und dass du ein weltweites Netzwerk von konventionellen und alternativen Krebsspezialisten ins Leben rufst, dann hättest du gesagt: ›Du bist ja nicht ganz bei Trost.‹«

»Da hast du Recht«, lachte Barbara. »Es ist erstaunlich, zu hören, wie viel ich trotz all der Schmerzen, des Frusts und der Angst gelernt habe. Ich glaube nicht, dass ich es so hätte zusammenfassen können. Danke, dass du mich daran erinnert hast, an welchem Punkt ich damals angelangt war, und an all die Leute, die mir geholfen haben. Es ist wirklich erstaunlich.«

Was würden Sie an dieser Stelle tun, um Ihrer Freundin zu einer neuen Lebensperspektive zu verhelfen? Wie können Sie dazu beitragen, ihren Blickwinkel so zu verändern, dass sie sich nicht mehr auf den vergangenen Lebenssinn konzentriert, sondern darauf, was in nächster Zukunft diesen Sinn ausmachen könnte? Wie können Sie Ihrer Freundin dabei helfen, ihre Ängste zu erkennen und sich von ihnen zu befreien?

Barbaras Freundin schlug ihr vor, ihre Ängste ganz praktisch anzugehen. »Du sagst, du kannst dir nicht vorstellen, wer du sein wirst, wenn du nicht mehr reisen kannst und keine Energie mehr hast. Gut, dann nimm dir doch einen Zettel und notier all die Dinge, vor denen du Angst hast. Frag dich: ›Was ist das Schlimmste, was passieren könnte?‹ Gegen Furcht ist im Grunde nichts einzuwenden, es sei denn, du hast nicht den Mut, sie dir einzugestehen. Furcht hilft dir, zu erkennen, was wichtig und was unwichtig ist. Also artikuliere sie!«

»So habe ich das noch nie gesehen«, meinte Barbara und lachte leise. »Du hast Recht. Ich hätte nie gedacht, dass ich den Übergang von der Managerin zur Arbeitslosen bewältigen und mir dabei noch ein völlig neues Leben aufbauen würde, das lebendiger ist, als ich es je hätte planen können. Nie hätte ich gedacht, dass ich nach der Operation noch mal meine alte Figur kriegen würde – von einer besseren ganz zu schweigen –, dass ich eine Anzeige aufgeben und fragen würde: ›Gibt es da draußen vielleicht noch so jemanden wie mich?‹ Nie hätte ich gedacht, dass ich mir von anderen helfen lassen beziehungsweise mich auf sie verlassen und es auch noch genießen würde. Nie hätte ich daran gedacht, so zu werden, wie ich heute bin, weil das einfach jenseits meiner Vorstellungskraft lag.«

Wie vermitteln wir Leuten, die sich in einem Panikzustand befinden, eine neue Perspektive? Indem wir sie daran erinnern, welche Hindernisse sie bereits genommen haben, um an diesen Punkt ihres Lebens zu gelangen. Indem wir würdigen, was sie auf ihrem bisherigen Weg gelernt haben. Dabei bagatellisieren wir nicht, was ihnen bevorsteht. Sondern rufen ihnen nur ins Gedächtnis, was sie bisher schon geschafft haben.

Was Barbara betraf, so fürchtete sie, nichts mehr mit sich anfangen zu können, wenn sie ihren Job, ihre Verantwortung, ihre Manager-Identität aufgeben musste. Als sie sich fragte, was das Schlimmste daran wäre, wenn sie diese Dinge verlöre, erkannte sie, dass sie ihr Organisationsgeschick auch einsetzen konnte, um Ressourcen für die Behandlung ihres Krebses zu mobilisieren, neue Behandlungsmethoden zu recherchieren und andere Menschen aufzuklären. Sie erkannte, dass sie sich neue Aufgaben schaffen konnte – allerdings erst, als sie in der Lage war, niederzuschreiben, wovor sie die größte Angst hatte: vor dem Verlust ihrer Identität.

Es ist aus

Eine Beziehung geht zu Ende

Wenn eine Beziehung zu Ende geht, versuchen viele Leute, die Betreffenden aufzuheitern, indem sie sagen: »Es liegt nicht an dir; es liegt an ihm. Mach dich doch nicht so fertig« oder »Wart's ab, du findest mit Sicherheit was Besseres« oder »Besser, geliebt und die Liebe verloren haben als niemals zu lieben« oder »Ich hab gewusst, dass sie nicht die Richtige für dich war. Du hast was Besseres verdient.«

Das Ärgerliche ist, dass solche Phrasen Stunden oder Tage nach dem Ende einer Beziehung so ungefähr das Letzte sind, was man gebrauchen kann. Wir müssen rasen, toben, uns selbst beschimpfen, uns fragen, was uns da passiert ist, der Liebe auf immer abschwören. Und wir brauchen jemanden, der sich unsere irrationalen, wütenden, traurigen, gereizten, frustrierten und chaotischen Ausbrüche anhört. Wir brauchen keine Leute, die uns mit ihren eigenen Geschichten nerven. Keine Freunde oder Verwandte, die uns erzählen, dass sie genau wissen, wie wir uns fühlen; sie wissen es nicht. Die Herausforderung für einen Freund oder eine Freundin in einer solchen Situation besteht darin, die erste Phase einer schmerzhaften Trennung einfach auszusitzen.

Als eine meiner Beziehungen jäh endete, wandte ich mich an einige Freunde, weil ich begreifen wollte, was falsch gelaufen war. Als mein Freund David anrief, durchbrach er die ganze »Ratschlags-Orgie«, die ich von meinen anderen Freunden vernommen hatte, indem er einfach meinte: »Ich weiß, dass es wehtut. Und all deine Bemühungen, es verstehen zu wollen, werden den Schmerz nicht zum Verschwinden bringen.« Später ermutigte er mich, es endlich aufzugeben, mich und mein Beziehungsverhalten ändern zu wollen. Erst als er in der Lage gewesen sei, sich so zu akzeptieren, wie er war – erzählte er mir –, als er nicht mehr so sein wollte, wie andere ihn haben zu wollen glaubten, habe er sich so weit entspannen können, dass er aufhören konnte, alles in sich hineinzufressen und wütend zu sein. Seine Kommentare halfen mir, weil ich mich völlig verrückt gemacht hatte und gierig jeden Veränderungsvorschlag aufsog.

In einer E-Mail an meinen Freund Andy Fleming schilderte ich den Frust, den mir Leute bereiteten, die mich mit gut gemeinten Plattitüden überhäuften. In seiner Antwort berichtete er von einem Erlebnis, das er an ebendiesem Wochenende gehabt hatte, als er auf einer eintägigen Bergtour der Einzige gewesen war, der die Strecke nicht geschafft hatte; an einem Klettersteig war er gescheitert. Es machte ihn schier wahnsinnig, dass alle ihn deswegen zu trösten versuchten. Schließlich ist er eins fünfundneunzig groß, war immer ein guter Athlet, und wenn irgendjemand es schaffen sollte, dann er.

Er wollte sich darüber aufregen, dass er es nicht geschafft hatte, doch das wollte ihm keiner zugestehen. Hier lag das Problem. Zu wenige von uns – auch ich – verstehen sich darauf, mit einem Menschen zusammen zu sein, der traurig, wütend oder durcheinander ist. Ich rede nicht von einem Menschen, der bedrohlich auf uns wirkt. Ich rede vom Zusammensein mit einem Menschen, bei dem man nicht versucht, alles gleich wieder zu richten und gerade zu biegen.

Im Zuge unserer E-Mail-Korrespondenz über die frustrierend-wohlmeinenden Ratschläge von Freunden schrieb Andy ein Gedicht. Er hat mir erlaubt, es hier wiederzugeben; seither wurde es auch in einer längeren Version in seinem Buch *Backing Down the Ladder* abgedruckt.

Gar nichts musst du

Teilen wir doch einen Augenblick der Kleingläubigkeit,
meinte der Pfarrer,
oder auch des Unglaubens,
wenn das dein gegenwärtiger Standpunkt ist.
Ich kann nur sagen,
dass du
hier und jetzt in diesem Augenblick gar nichts musst …
nichts tun
nichts denken
kein spirituelles Ju-Jutsu
um das Gute an deinen Ängsten und Tränen
zu erkennen …
Gar nichts musst du heute.
Nimm meine Hand
und lass uns eine Hymne anstimmen
auf die heilige Unvollkommenheit des Lebens.

Es ist schwer, etwas Hilfreiches zu einem Menschen zu sagen, der sich über eine kaputte Beziehung ärgert oder sich eines Fehlschlags schämt. Gleich nach dem endgültigen »Aus-und-vorbei« durchlebt der Betroffene vielleicht frühere Augenblicke der Verletzung und Enttäuschung aufs Neue. Der Verlust einer Beziehung ähnelt dem Verlust, den wir durch den Tod eines Menschen erleben. Deswegen erinnert sich die Person vielleicht an alle möglichen anderen Verluste – vom Verlust eines geliebten Haustiers bis zum Tod eines Elternteils, eines Freundes oder Lehrers – und natürlich an das Ende anderer Intimbeziehungen. Vielleicht braucht die Freundin oder der Freund uns vor allem als sicheren Ort, um diese Erinnerungen – ob bitter, oder mit der Zeit etwas abgemildert – Revue passieren zu lassen.

Während sich die betroffene Person mit dem Ende einer Beziehung abfindet, wird sie vielleicht von alten, unerfüllt gebliebenen Träumen heimgesucht und fragt sich: »Warum ist es nur so gekommen? Was habe ich falsch gemacht? Warum habe ich meine Intuition, meine Gefühle ignoriert?« Und während all diese »inneren Gespräche« ablaufen, sollte man als Zuhörer daran denken, dass der Mensch, den man zu trösten versucht, nicht viel von dem, was man ihm sagt, aufnehmen kann. Vielleicht hätten wir ja alle möglichen Ratschläge anzubieten – angefangen bei den Gründen für die Trennung bis zu den Dingen, die sich diese Person in Zukunft vornehmen sollte. Doch zunächst sollten wir bewusstes Zuhören praktizieren. Auch wenn es erst nicht viel zu helfen scheint, sollte man die Gefühle dieser Person, alles, was man an ihr wahrnimmt und aus ihrer Stimme herauszuhören meint, aufgreifen und ihr widerspiegeln. Diese Art von Feedback kann ihr helfen, das innerlich Aufgestaute loszulassen.* Erst wenn sie ihre Gefühle wirklich zulässt, wird sie sich wieder erholen, weiterleben und später vielleicht von unserer Sicht der Dinge profitieren.

* Es gibt viele Fachleute, vom Sozialarbeiter über den Priester bis zu den Eheberatern, die Menschen helfen können, die Folgen einer Trennung zu bewältigen. Es gibt auch jede Menge ausgezeichnete Bücher (siehe Quellen), die Sie Ihrer Freundin oder Ihrem Freund in die Hand drücken oder zunächst auch selbst durchlesen können, um sich zu vergewissern, dass sie auch wirklich hilfreiche Kapitel enthalten.

Zum Nachdenken

Hören Sie weniger auf Ihren Verstand und mehr auf Ihr Herz

Genauso wie ein Pferd Angst wittern kann, spüren Menschen die Schwingungen um sie herum. Früher oder später haben auch Sie sicher schon einmal gesagt: »Bei dem habe ich ein gutes Gefühl; er hat eine gute Ausstrahlung.« Man weiß eigentlich nicht, warum; es ist einfach so. Dasselbe gilt auch für Gespräche: Unsere Schwingungen werden von dem, den wir trösten oder unterstützen wollen, registriert.

Wir sollten niemals vergessen, dass wir die Heilungskapazitäten eines anderen Menschen durch die von uns ausgestrahlte Energie beeinflussen können. Diese Energie kann zerstreut sein (wodurch man nicht in der Lage ist, sich auf andere einzustellen), weil man das Gefühl hat, nicht helfen zu können. Oder aber, man weiß, wie man helfen kann, nicht aber, wie man dem anderen seine Hilfe anbieten oder ihn dazu bringen kann, sie anzunehmen. Diese inneren Streitgespräche können die tröstliche Gegenwart, die wir gerne bieten würden, untergraben. Haben wir nicht schon häufig festgestellt, dass wir im Geiste zu heftigen Erwiderungen ansetzen, wenn jemand über schmerzliche oder empörende Situationen spricht? »Nicht zu fassen, dass sie –«, denken wir, oder »Das ist ja die Höhe –«, »Nie hätte ich das …«, »Wie entsetzlich«, »Ich hab keine Ahnung, wie ich da helfen soll« oder »Nie hätte ich ihn so was gefragt!« So ähnlich klingen unsere inneren Einwände, und verständlicherweise sind sie häufig durch unsere Überzeugungen, unsere Ablehnung oder Zustimmung zu den Äußerungen des anderen, unsere Angst vor seinem Unglück oder unsere Befangenheit vor ihm beeinflusst. Es ist kaum zu verhindern, dass dieser innere Disput unsere Fähigkeit und unseren Wunsch, dem anderen zuzuhören, stört.

Eine Möglichkeit, die eigene Energie umzupolen, so dass wir einladender auf andere wirken, besteht darin, uns unsere eigenen, nicht geäußerten Gefühle wie Wut, Traurigkeit, Angst, Kritik oder Verwirrung vor Augen zu führen. Vielleicht müssen wir auch erkennen, dass andere, auf deren Hilfe wir zählen, Angst haben, uns zu enttäuschen, oder nur zögernd helfen, weil sie nicht wissen, ob sie angemessen auf unsere Gefühle reagieren können. Vielleicht müssen wir einmal innehalten, um uns und anderen unsere Gefühle zu offenbaren. Das macht es dann womöglich auch anderen leichter, über ihre Gefühle und Unsicherheiten zu sprechen.

Wie also reagieren Sie auf den kleinen Begleitdisput in Ihrem Oberstübchen? Und wie nehmen Sie wieder heilsamen Kontakt zu Ihrem Gesprächspartner auf? Sie könnten etwa Folgendes sagen: »Allen, während du mir erzählst, wie dein Vater immer kränker wird, und wie schwer du dich mit den anstehenden Entscheidungen tust, merke ich, dass ich dasitze, dir zuhöre und dabei ständig daran denke, wie es wäre, meinen eigenen Vater zu verlieren. Ich wollte dir einfach nur sagen, dass ich mich plötzlich und unerwarteterweise mit einer meiner eigenen Ängste konfrontiert sehe – nämlich was ich selbst in einem solchen Fall tun würde.«

Wenn wir anderen nicht sagen, was uns innerlich beschäftigt, können wir diesen Menschen, denen wir helfen wollen, unbewusst signalisieren, dass wir uns langweilen, ärgern, sie verurteilen oder nicht auf ihrer Wellenlänge sind. Haben wir aber den Mut, uns verletzlich zu zeigen, und lassen wir sie wissen, was in uns vorgeht – egal, ob es Selbstgespräche oder Gefühle sind –, so beseitigen wir die »Störgeräusche« und können auf eine wohltuendere Frequenz umschalten. Unsere Anwesenheit kann nur dann heilsam sein, wenn wir alle unsere Antennen aufs Zuhören ausrichten.

Wenn wir uns bewusst die folgenden Fragen stellen, ermöglichen sie uns die wichtige Erfahrung eines echten »Herzensaustauschs«, bei dem niemand dem anderen etwas vormacht:

- Was muss ich in einer unangenehmen oder unvertrauten Situation für mich selbst tun, um auf eine Weise zuhören zu können, die für die zu tröstende Person am hilfreichsten ist?

- Wie kann ich meine eigenen Fragen so lange zurückhalten, bis ich den Gefühlszustand der anderen Person verstanden habe; und wie spüre und verstehe ich, was sie in diesem Moment wirklich von mir braucht?

- Wie kann ich meinen Wunsch, dieser Person sofort zu größerem Wohlbehagen zu verhelfen, bezähmen?

- Wenn ich dieser Person weder einen Rat gebe noch ihr Problem löse, woher soll ich dann wissen, dass ich ihr etwas Gutes tue? Welche Anzeichen sprechen dafür, dass »bloßes Zuhören« genügt?

- Wenn ich selbst um Hilfe bitte und es nicht gewohnt bin, mich von anderen abhängig zu machen, welchen kleinen Schritt könnte ich dann das nächste Mal, wenn ich Unterstützung brauche, in diese Richtung unternehmen?

KAPITEL 2

In Gesundheit und Krankheit

Untersuchungsergebnisse

Nach dem Erhalt oder in Erwartung des Befundes

Vielleicht erhalten Sie oder ein Ihnen nahe stehender Mensch eines Tages einen Anruf vom Arzt, in dem er Ihnen einen beunruhigenden Befund mitteilt. Wie Jen eines Abends feststellen musste, ist es wichtig, dass Ärzte, Angehörige oder Freunde in diesem Augenblick die richtigen Worte finden:

»Ihre Werte sind nicht normal«, sagte die Ärztin und fuhr dann eilig in einem mir unverständlichen Fachjargon fort. Schließlich meinte sie, dass die Zahlen meines Untersuchungsergebnisses zwischen zwei und vier lägen.

»Und was ist normal?«, fragte ich.

»Eins«, erwiderte sie und hielt einen Augenblick inne, ehe sie mir die schlimme Mitteilung machte, dass einige der Zellen eine Vier hätten. »Sie müssen zu einem Spezialisten und eine Biopsie machen lassen«, erklärte sie und rasselte weitere Fakten herunter, wie sie es – das spürte ich – schon bei vielen anderen Frauen mit ähnlichen Ergebnissen getan hatte.

Inzwischen hatte ich nur noch den Wunsch, wie ein Mensch behandelt zu werden und nicht wie eine Nummer. Und mir schoss durch den Kopf: »Vielleicht ist es ja auch für sie nicht leicht.« Am meisten aber wünschte ich mir, dass die Ärztin es wieder zurücknähme. Wie gerne hätte ich geglaubt, dass das alles nur eine Verwechslung war. Dann wieder fragte ich mich, ob ich mir das Ganze nicht selbst zuzuschreiben hatte. Das Gespräch dauerte zwar nur wenige Minuten, aber es kam mir wie eine Ewigkeit vor, bis ich die Ärztin so weit hatte, dass sie Klartext redete.

»Sprechen wir über Krebs?«, fragte ich.

»Nun äh, ja«, meinte die Ärztin, als müsste mir das inzwischen doch wohl klar sein. Sie fuhr fort und meinte: »Diese Tests waren Krebs-Tests. Und nun werden wir eine Biopsie machen.« Das sollte wohl beruhigend klingen. Doch es beruhigte mich nicht. Es hatte etwas Mechanisches. Wir unterhielten uns über die Versicherung und welche Ärzte ich für die Folgeuntersuchungen aufsuchen sollte. Jetzt drehte sich alles um die Ärzte und wie ich auf meinem Weg durch das System am besten vorgehen sollte.

»Was ist das Best- und was das Schlimmstmögliche, das mir widerfahren kann?«, fragte ich die Ärztin.

»Das Beste wäre, wenn der Abstrich, den man bei Ihnen machen wird, sich als nicht bösartig erweist, und man die Zellen dann durch Vereisung abtöten kann. Das Schlimmste wäre, nun ja, eine größere Operation.«

Als ich aufgelegt hatte, fühlte ich mich wie ein Teil einer Statistik, wie eine unter Millionen, die derartige Mitteilungen erhalten und sich gedulden müssen, bis sie irgendeine Arztpraxis erreichen, wo sie niemanden kennen und wieder nur eine Neuüberweisung mit abnormalen Testergebnissen sind. Wir alle warten auf unseren Termin. Warten auf weitere Untersuchungsgebnisse. Fragen uns: »Und was ist, wenn …?«, und: »Wie konnte das nur passieren?« Fragen uns: »Und was kommt als Nächstes?« Ich fing an, mir zu überlegen, was wirklich wichtig war in meinem Leben, dachte: »Nicht viele von uns laufen herum und denken sich, dass dieser Tag, diese Woche oder dieser Monat womöglich ihr letzter sein könnte.« Wir tun es erst dann, wenn man uns mit abnormalen Befunden konfrontiert.

Ob ich jemanden anrufen sollte? Aber vielleicht musste ich mir ja gar keine Sorgen machen. Und bemitleidet wollte ich auch nicht werden. Vielleicht war ja doch nichts dran, und ich würde nur blinden Alarm schlagen? Ich beschloss, meine Schwester anzurufen. Wie sich herausstellte, war sie nicht zu Hause, doch ihr Mann versuchte, mich zu beruhigen, indem er ganz trocken meinte: »Hör mal, Untersuchungsergebnisse können fehlerhaft sein, also mach eine zweite.«

Da ich aber trotzdem jemanden brauchte, um all das, was mir im Kopf herumschwirrte, loszuwerden, rief ich zwei enge Freunde an, die wie Eltern für mich sind. In der ihnen eigenen, sehr bodenständigen Art schickten sie sich an, mich zu trösten. Zuallererst einmal machten sie aus ihrer Bestürzung und ihrer Besorgnis keinen Hehl: »Mit so was ist nicht zu spaßen«, meinten sie. »Erzähl uns mehr.« Zweitens verschonten sie mich mit falschen Beschwichtigungen der Sorte: »Ach, Liebes, das kommt schon wieder in Ordnung.« (Das wünschte ich mir zwar auch, aber da es niemand wirklich sicher wissen konnte, wollte ich es auch von niemandem hören, weil es meine Angst zu einem völlig albernen Gefühl degradiert hätte.) Drittens vergewisserten sie sich, ob ich auch wirklich Zutrauen zu meiner Ärztin hätte; wenn nicht, seien sie bereit, mir bei der Suche nach einer anderen zu helfen. Zuletzt sagten sie mir, dass es völlig normal sei, Angst zu haben.

Und dann erzählten mir meine Freunde, dass ich klänge, als hätte ich es hier mit der größten Unbekannten meines bisherigen Lebens zu tun. Sie hatten Recht. Was mich wirklich quälte, war nicht die Befürchtung, mit dem, was mir bevorstand, nicht umgehen zu können – das größte Problem war, nichts zu wissen. Sie halfen mir, dies zu erkennen, indem sie mir einfach sagten: »Es ist eine schlimme Sache, auf eine mögliche Krebsdiagnose zu warten, aber wir beide und ein paar andere werden dir dabei helfen, egal, was passiert.«

In den nun folgenden Tagen, in denen ich auf weitere Tests wartete, war es nicht leicht, die inneren Stimmen abzustellen, die bohrten: »Und was ist, wenn …?« Leise Stimmen, die flüsterten: »Es wird Zeit.« Von einem Augenblick auf den anderen hatte sich alles verändert. Ich dachte: »Es wird wirklich Zeit – nämlich, endlich zu leben.« Beim Warten aber half mir die Erinnerung an die Worte meiner Freunde, an ihr »egal, was passiert«. Für mich bedeuteten diese Worte, dass mich meine Freunde – egal, ob ich blinden Alarm schlug oder der schlimmstmögliche Fall eintrat – nicht im Nachhinein kritisieren oder lächerlich machen würden. Sie würden einfach für mich »da sein«. Und so schlicht das klingen mag, es bedeutete mir viel, denn es sollten Wochen vergehen, bis ich erfuhr, wie ernst die Sache tatsächlich war.

Alle unter uns, die selbst schon einmal auf ihre Untersuchungsergebnisse gewartet haben, können ihren Freunden und Angehörigen natürlich mehr Verständnis entgegenbringen, da ihnen Folgendes klar ist: Auch wenn die Tests letztlich ergeben, dass alles in Ordnung ist, wird die betroffene Person womöglich nie wieder ihre frühere Unbefangenheit zurückgewinnen. Sie hat mit der Möglichkeit eines anderen oder jäh verkürzten Lebens rechnen müssen. Auch wenn sie bei bester Gesundheit ist, wird ein verstärktes Gefühl der Sterblichkeit sie vielleicht vorübergehend oder auch für sehr lange bedrücken. Gegen ihren Willen wurde sie in einen Club aufgenommen, in dem alle eines gemeinsam haben: Sie haben eine Zeit durchgestanden, in der sie tagtäglich auf eine Nachricht warteten, die ihr Leben unwiderruflich verändert hätte. Für kurze Zeit haben sie in einem Zustand des »Scheintods« existiert, den Atem angehalten, das Beste gehofft und alles andere gefürchtet. Vielleicht müssen sie darüber sprechen, dass sie ihr Leben ändern wollen – oder ihren Beruf, ihre Einstellung, ihre Gewohnheiten, ihre Prioritäten oder die Art und Weise, wie sie mit ihren Mitmenschen umgehen. Das hat nichts mit Überreaktion zu tun. Es ist vielmehr ein Weg, mit den »Was ist, wenn«-Situationen des Lebens umzugehen, über die sie in den Tagen oder Wochen, die sie auf ihre Testergebnisse warteten, nachgegrübelt haben.

Falls Sie der Arzt oder die Schwester sind, die derartige Nachrichten telefonisch übermitteln müssen, nehmen Sie sich ein bisschen Zeit, um herauszufinden, ob der Patient allein ist. Sie können sich etwa erkundigen, ob jemand da ist, mit dem er sich nach dem Telefonat unterhalten kann. Für den Patienten ist es sehr schwer, sich plötzlich in einer Welt der Zahlen und medizinischen Wahrscheinlichkeiten wiederzufinden, vor allem, wenn er es dabei mit einem Fremden zu tun hat – dem Spezialisten, an den er zu weiteren Untersuchungen überwiesen wird. Sagen Sie Ihrem Patienten, welche Rolle Ihre Praxis bei der weiteren Behandlung spielen wird, sofern die vorgesehenen Tests den Krankheitsverdacht erhärten.

Mehrere Ärzte erzählten mir, dass sie, wenn sie derartige Anrufe zu tätigen haben, erleichtert sind, wenn sie »lediglich« abnormale Untersuchungsergebnisse mitzuteilen haben. Einer bekannte: »Wir vergessen dabei zuweilen, dass nicht lebensbedrohliche Ergebnisse ja nicht unbedingt heißen, dass das Leben des Patienten deswegen nicht aus allen Fugen gerät.« Ärzte oder Schwestern sind die Ersten, die – egal, worum es sich handelt – ihren Patienten einen gewissen Halt bieten können.

Falls Sie Ehe- oder Lebenspartner eines Menschen sind, der auf einen Befund wartet, so sind auch Sie mit schwierigen Herausforderungen konfrontiert. Nehmen Sie etwa die Erfahrung einer Frau, die einen Bescheid darüber erwartete, ob ihr Melanom wiedergekommen sei: »Ich fühlte mich so geborgen, als Joe mich endlich in die Arme nahm und mir sagte, welche Angst er habe, mich zu verlieren. Ich hatte ihn schon zwei-, dreimal darauf angesprochen, wie er sich dabei fühle; es kam mir vor, als sei ich die Einzige, die Angst hatte! Er sprach damals nicht viel, und als ich ihn fragte, meinte er, durch das Reden über seine Angst fürchte er, der Möglichkeit, dass ich vielleicht doch Krebs hatte, mehr Macht einzuräumen. Ich verstand durchaus, was er meinte, wünschte mir aber dennoch nur Mitgefühl und Liebe … Ich lerne immer besser, darum zu bitten.«

Stiller Kämpfer

Wenn Sie jemandem helfen wollen, seine Diagnose zu verkraften

Eines Nachts erhielt eine Gruppe von Freundinnen eine E-Mail von Elisabeth, die erfahren hatte, dass der angeblich gutartige Tumor ihres Mannes doch kanzerös war und eine sofortige Operation sowie Bestrahlungen erforderte. »Jede von euch«, schrieb sie, »die schon einmal mit Krebs zu tun hatte, bitte ich um ihren Rat. Welche Art von Unterstützung von Seiten eurer Ehemänner oder Partner war euch besonders wertvoll? Das alles erschüttert mich derart, dass ich es immer noch nicht fassen kann.« Was unternimmt man, wenn man erfährt, dass bei Freunden oder Bekannten eine schwere Krankheit diagnostiziert wurde und die Partner um Hilfe bitten?

Es gibt Zeiten, da wollen Leute, die sich in Schwierigkeiten befinden, nicht hören, wie andere eine schwere Zeit überstanden haben. Zuerst einmal müssen sie über ihre eigenen Gefühle und Sorgen sprechen. In diesem Falle allerdings bat Elisabeth ihre Freundinnen ganz ausdrücklich um Mitteilung ihrer persönlichen Erfahrungen, die ihr und ihrem Mann Ron vielleicht hilfreich sein konnten. Ich schrieb ihr folgenden Brief (der für die Veröffentlichung redigiert wurde):

> Elisabeth:
> Als man bei einer Freundin von mir Krebs diagnostizierte, habe ich von meiner Schwester, die damals in der Onkologie arbeitete, etwas Wertvolles gelernt. In all den Jahren, in denen sie Krebspatienten pflegte, hatte sie die Erfahrung ge-

macht, dass diese nach ihrer Diagnose das Gefühl hatten, jede Kontrolle über ihr Leben zu verlieren. Das Schlimmste, was den Kranken passieren kann, sind andere, die ihnen ihr Leben aus der Hand nehmen. Sie fordert uns auf, den Patienten stattdessen emotionalen Spielraum, »Luft« zu verschaffen, damit sie selbst wieder zu Entscheidungen über ihr Leben, ihre Betreuung und Behandlung in der Lage sind. Zuweilen widerstehen wir nur schwer der Versuchung, die Verantwortung für unsere Verwandten, Geschwister oder Freunde zu übernehmen. Es ist nicht leicht, Zeuge ihrer Qual und Unentschlossenheit zu sein. Doch wenn man ihnen hilft, sich zu informieren, können sie auch leichter gute Entscheidungen für sich treffen.

Vielleicht hat Ron ja Dan Millmans Buch *Der Pfad des friedvollen Kriegers* gelesen. Wenn nicht, so schlage ich ihm vor, es einmal damit zu versuchen. Es lehrt, wie man für seine Gesundheit kämpft, und nicht gegen irgendeine Krankheit oder Verletzung. Es handelt sich um eine simple Geschichte darüber, wie unsere Einstellung zu unserer Heilung beitragen kann. Was ich damit sagen will, ist wohl, dass es unter dem Ansturm überwältigender Lebensfragen – der Diagnose einer Krankheit, dem Umgang mit Ärzten, dem Herausgerissensein aus unseren Gewohnheiten – mitunter die Worte und Geschichten anderer sind, die durch all die Verwirrung zu uns durchdringen.

Wenn ich auch nicht weiß, wie es für dich und Ron nun weitergeht, so möchte ich dich doch ermutigen zur Lektüre und zum Gespräch, zum Tagebuchschreiben und zum Toben und und zum gemeinsamen Schweigen. Und wenn du auch mal zornig bist, so gesteh es dir zu. Ehepartner von Krebspatienten brauchen – nach aller Erfahrung – auch einen Menschen, an den sie sich wenden und dem sie sagen können: »Und was ist mit mir?« Das hat nichts mit Egoismus zu tun. Es ist einfach nur menschlich.

Wenige Wochen später schickte uns Ron eine Nachricht. Sie verrät uns allen eine Menge darüber, wie man Freunden während einer Krankheit beistehen kann und wie man als Betroffener offen mit ihnen kommuniziert:

Liebe Freunde,
ich hoffe, ihr verzeiht mir, dass ich euch ein Rundschreiben schicke, statt euch einzeln anzuschreiben, aber das fällt mir momentan einfach am leichtesten. Da ich mich in Bezug auf die Themen »Schmerzen, Beschwerden, Krankheiten« immer ziemlich bedeckt gehalten habe, ist mir eine derartige »Publicity« ein wenig unbehaglich. Da es mir aber andererseits auch gut tut, wenn meine Freunde wissen, wie es um mich steht, werde ich doch darüber reden.

Ich habe eine Menge über Krebs, Chemotherapie und lebensbedrohliche Krankheiten gelesen, und man kann verschiedene nichtmedizinische Dinge für sich tun, die überaus therapeutische Wirkungen zeigen können. Dazu gehört unter anderem, dass man die Gefühle ausdrückt, die all die einem widerfahrenden Dinge auslösen. Auch Nachrichten von Freunden und der Familie, Lachen und Dinge, die einem Spaß machen, sind überaus heilsam.

Einige von euch haben mir gebeichtet, dass es ihnen schwer fällt, mit mir über all das zu reden. Dafür gibt es verschiedene Gründe, die ich aber alle gut nachvollziehen kann. Ich will euch heute nur so viel sagen: Es macht mir nichts aus, das Wort »Krebs« in den Mund zu nehmen, und vor dem Tod habe ich keine Furcht (nicht zu leben, das heißt, womöglich auf eine gewisse Mindestlebensqualität verzichten zu müssen, schreckt mich weit mehr); ich blicke mit Optimismus in meine Zukunft, wie lang oder kurz sie auch sein mag. Wenn ihr euch also mit meinem gegenwärtigen Zustand abfinden könnt und mit mir darüber reden wollt, so bin ich gerne dazu bereit.

All diese Dinge tragen zu meinem Seelenfrieden bei. Ich danke euch allen für eure Unterstützung in diesem Prozess. Danke für das Golfspiel, bei dem ihr mich nach meiner Unterleibsoperation angefeuert habt; für die Witze, die ihr mir in E-Mails, auf Postkarten, beim Pokern und am Telefon erzählt habt; für die Besuche; für die Frühstücke und Mittagessen, zu denen ihr mich eingeladen habt; für eure Gebete und Gedanken, die mir sehr geholfen haben. Sie haben meine Stimmung gehoben, und dafür bin ich euch allen dankbar.

Im Moment bin ich wirklich glücklich. Mir ist bewusst, dass ich während meiner Behandlung und in meinem Alltag schlechte Tage haben werde, hoffe aber, dass sich das im Rahmen halten wird. Mit Freunden wie euch an meiner Seite bin ich zuversichtlich.

Manchen Menschen hilft es, wenn sie über ihre Gefühle in Bezug auf ihre Krankheit reden können. Zu ihnen gehört Ron. Es kann jedoch durchaus sein, dass Ihre Freunde oder Angehörigen sich auch bei schweren Erkrankungen weiterhin bedeckt halten – wie Ron vor seiner Krankheit. Nicht jeder ist so offen wie er und teilt seinen Freunden mit, dass es ihn nicht stört, über das Sterben zu sprechen. Er ließ sie jedoch auch wissen, dass sie nicht unbedingt darüber reden mussten.

Ist man unsicher, wie der Mensch, den man trösten will, unterstützt werden möchte, so kann man seine Liebe und Fürsorge zeigen, indem man sich über die betreffende Krankheit informiert:

- Gehen Sie in die Bibliothek oder ins Internet, und bringen Sie so viel wie möglich über die Krankheit in Erfahrung.
- Rufen Sie Organisationen wie die Deutsche Krebsgesellschaft und andere Einrichtungen an, die Informationen über die Krankheit bereithalten.
- Rufen Sie in der Praxis Ihres Hausarztes an, um herauszufinden, wo Sie weitere Informationen über diese Krankheit erhalten.

Sie müssen keine Expertin auf dem Gebiet dieser Krankheit oder dieses Leidens werden, doch so haben Sie wenigstens in etwa eine Vorstellung davon, was Ihrem Freund widerfährt. Sie können etwas über Forschungsansätze, Behandlungsmethoden und ihre möglichen Nebenwirkungen, über alternative Verfahren und über die Genesung in Erfahrung bringen. Sie können sich das Vokabular der Krankheit aneignen, um auf diese Weise besser verstehen zu können, was gute und was schlechte Neuigkeiten sind, so dass Sie weder falsche Hoffnung verbreiten noch voreilige Schlüsse ziehen. An Ihrem Bemühen, sich umfassend zu informieren, wird Ihr Freund oder Ihre Freundin erkennen, wie sehr er oder sie Ihnen am Herzen liegt.

Operationen

Vorher, währenddessen und danach

Manche von uns haben schon so viele Fernsehbeiträge über chirurgische Eingriffe gesehen, dass ihnen Operationen als ziemlich alltägliche Angelegenheiten erscheinen. Das ändert sich jedoch schlagartig, wenn es einen selbst betrifft. Freunde haben mich gelehrt, dass es viele Möglichkeiten gibt, dem anderen vor, während oder nach seiner Operation beizustehen.

»Ich wünschte«, meinte ein Freund eines Nachts, kurz vor einem schwer wiegenden Eingriff, »jemand könnte mir in aller Kürze zusammenfassen, was wirklich funktioniert.« Er fühlte sich bedrängt von all den wohlmeinenden Freunden, die ihn mit Artikeln, Empfehlungen von Koryphäen, Büchern und Ähnlichem überschwemmten. »Ich weiß, dass sie mir alle nur helfen wollen«, räumte er ein, »aber momentan kommt es mir vor, als hätte ich drei Vollzeitjobs – neben der Leitung eines Unternehmens muss ich Vorbereitungen für meine zeitweilige Abwesenheit treffen und auch noch all diese Informationen sichten, um die richtigen Entscheidungen für meine Gesundheit zu fällen.«

Ob Ihnen ein größerer oder kleinerer chirurgischer Eingriff bevorsteht – es kann überaus belastend sein, zu erkennen, wie viel man nicht weiß und wie viel Unterstützung man während der Genesung benötigen wird. Es ist, als müsse man sich schon lange vor dem Ereignis auf das »Vor«, »Während« und »Danach« vorbereiten. Hilfreich ist es, Menschen vor Operationen nur jeweils einen konkreten Rat oder eine konkrete Information zu geben, die sie auch verdauen können und die sich konkret auf ihre Bedürfnisse oder Befürchtungen bezieht. Beispiele dafür wären etwa die Suche nach einem geeigneten Arzt oder Heilpraktiker, die Wahl des Krankenhauses, Informationen über eventuelle Alternativen, Hilfsangebote für Daheim sowie zum Thema »Wie spricht man mit Angehörigen und Kollegen über den bevorstehenden Eingriff, den Genesungsprozess des Patienten und spezielle Hilfen, die er womöglich in Anspruch nehmen muss.«

Sie könnten dem Betreffenden auch anbieten, etwas ganz Spezifisches für ihn zu tun (etwa ihn ins Krankenhaus zu bringen und wieder abzuholen, Rasen zu mähen, Blumen zu gießen, die Kinder abzuholen oder das Haus zu putzen), statt nur zu fragen: »Womit kann ich dir helfen?« Häufig wissen die Leute einfach nicht – können nicht voraussehen –, was sie brauchen werden. Mit Sicherheit werden sie es schätzen, wenn man ihnen etwas ganz Schlichtes anbietet, das den Vorteil hat, auch durchführbar zu sein. Ein solches Hilfsangebot könnte etwa so lauten: »Ich kann mir meine Termine so legen, dass ich dich zur Operation fahre und wieder abhole. Ich bräuchte selbst jemanden dafür, wenn ich mich operieren ließe. Ich würde es wirklich gerne tun.«

Ich werde nie vergessen, was meine Freundin JoAnn für mich tat, als ich mich einer Laserbehandlung zur Entfernung krebsartig veränderter Zellen unterzog. Sie bot mir an, für mich zu beten. (Nie wäre ich auf die Idee gekommen, um so etwas zu bitten.) Und sie betete nicht nur für mich, sondern auch für den Arzt, die Krankenschwester und die Hilfsmittel. Ja, Sie haben sich nicht verlesen. Am Tag der Operation erzählte ich dem Arzt und seiner Assistentin, dass meine Freundin für uns alle einschließlich der medizinischen Gerätschaften bete. Der Arzt blickte auf und lächelte. »Ihre Freundin liegt da nicht einmal falsch«, meinte er. »Wir benutzen dieses neue Gerät heute zum ersten Mal, und die OP-Schwester, die mir hilft, assistiert mir bei diesem Eingriff normalerweise nicht. Außerdem ist heute Freitag, der 13te!«

Manchmal versuchen wir, unseren Freunden ein besseres Gefühl zu geben, indem wir rasch sagen: »Ach, das wird schon wieder« oder »Du schaffst das – nach allem, was du schon durchgestanden hast.« Solche Bemerkungen sollen beruhigend klingen – Menschen, denen eine Operation bevorsteht, müssen aber auch Gelegenheit haben, Panik, Wut oder Furcht zu empfinden. Sie wollen nicht, dass ihnen jeder sagt: »Wird schon wieder.« Gut möglich, dass sie am liebsten zurückbrüllen würden: »Ach ja, und woher willst du das wissen?« Oder sie wollen sich gar keine zu großen Hoffnungen machen. Wenn sie sich auch den Erfolg der Operation wünschen, so brauchen sie dennoch jemanden, mit dem sie über ihre gegenteiligen Befürchtungen reden können. Wenn die Menschen um sie herum aber solch ein Gespräch blockieren, manifestieren sich die Ängste der Patienten im eigenen Kopf, aus dem sie sie nicht mehr herausbekommen. Hilfreich könnte dann sein, wenn wir behutsam nachfragen: »Machst du dir wegen etwas Sorgen, und möchtest du darüber sprechen?« Oder wir könnten sagen: »Es muss ganz schön belastend sein, nicht recht zu wissen, wie das Ganze letztendlich ausgeht.« Dann sollte man eine Pause machen, so dass der Freund in der eintretenden Stille Gelegenheit zum Nachdenken hat.

Es ist völlig normal, dass sich Menschen vor ihrer Operation Gedanken über die Betäubung, postoperative Schmerzen, mögliche Nebenwirkungen von Schmerzmitteln und über Rehabilitationsmaßnahmen machen. Sie können ihnen dabei helfen, indem Sie entweder die benötigten Informationen einholen oder gemeinsam mit ihnen darüber nachdenken, wie sie sich diese selbst beschaffen können. Ich erinnere mich daran, wie ich mich bereits vor einer kleineren Fußoperation verrückt machte, welches Narkosemittel wohl bei mir angewendet werden sollte. Ich hatte damals die Wahl zwischen drei Krankenhäusern. Meine Schwester, eine Fachkrankenschwester für Anästhesie, drängte mich, in allen drei Krankenhäusern anzurufen und dann meine Wahl aufgrund der Auskünfte der Narkoseärzte zu treffen. Ich selbst wäre nie im Leben auf eine solche Idee gekommen, aber meine Schwester erklärte mir, dass ein ruhiger, gelassener Patient die Operation sowohl für das Operationsteam als auch sich selbst erleichtert.

Am Ende wählte ich die betreffende Klinik tatsächlich deswegen, weil mir der Anästhesist das Verfahren geduldig beschrieben hatte. Und, was noch wichtiger war, weil er meine Gefühle respektierte. »Wissen Sie, Nance«, meinte er, »wenn andere operiert werden, handelt es sich immer um einen kleinen Eingriff; wenn es einem selbst passiert, ist es eine große Sache.« Ich war sofort beruhigter, als ich merkte, dass der Anästhesist begriff, warum ich mir Sorgen machte, anstatt mir das Gegenteil einreden zu wollen. Unser Gespräch dauerte ganze fünf Minuten, aber es hatte zur Folge, dass ich dem Eingriff sehr viel entspannter entgegensah. Ich weiß, dass es für ihn keine große Sache war. Für mich aber schon.

Einige meiner Freunde haben eine Möglichkeit entdeckt, für den Tag der Operation um Unterstützung zu bitten. Dabei teilt man allen, die es gut mit einem meinen, seinen Operationstermin mit und bittet sie, zur betreffenden Zeit eine Pause einzulegen und positive Energie zu schicken, sich etwa vorzustellen, dass im Operationssaal alles glatt läuft und das Gewebe zu heilen beginnt. Die Idee stammt aus dem überaus praktischen Buch *Prepare for Surgery: Heal Faster* von Peggy Huddleston. Sie schlägt darin vor, seine Freunde zu bitten, einen in »eine pinkfarbene Decke heilender Gedanken zu hüllen«. Mehrere Ärzte fanden diese »heilende Energie-Decke« so beruhigend, dass sie ihre Patienten zur Lektüre des Werkes verpflichteten. Eine meiner Freundinnen hatte sich ihre pinkfarbene Decke im Operationssaal um die Füße gewickelt. Als die Schwestern sie entfernen wollten, meinte der Arzt: »Bitte, lassen Sie sie da. Sie ist in eine Unzahl guter Wünsche eingewickelt, und wir können alle positive Energie gebrauchen, die sie auf diese Weise bekommt!«

Manchmal erscheint uns – wie eine Freundin von mir es ausdrückte – der Operationstag vielleicht wie der »Tag X«. Aber am Tag vor der Operation dieser Freundin beschlossen wir, ihn in »Tag B« umzutaufen, den Tag nämlich, an dem bestimmte Teile ihres Körpers, die sie nicht mehr brauchte, »befreit« wurden.

Wie bittet man um Hilfe?

Legen Sie sich eine Wunschliste an

Wie kann man Leuten sagen, dass man ihre Hilfe braucht? Eines der schönsten Beispiele dafür, wie man jemanden um Hilfe bitten kann, traf eines Tages mit der Post ein und stammte von einer Frau, die eine ungewöhnliche, nichtkommerzielle Gruppe gegründet hatte – eine Truppe speziell ausgebildeter Clowns! Jeannie trainiert, organisiert und unterstützt ein ganzjähriges Freiwilligenprogramm, das Clowns in Kreiskrankenhäuser schickt, um dort Kinder zu besuchen. Als sie erfuhr, dass sie Krebs hatte, musste sie ihren Clowns (und Freunden) mitteilen, dass sich einiges ändern würde, anderes aber beim Alten bliebe. Sie schrieb uns allen einen Brief, in dem sie um ganz bestimmte Dinge bat und klar zum Ausdruck brachte, was ihr in dieser Phase helfen konnte und was nicht.

> Liebe Clowns,
> es fällt mir nicht leicht, diesen Brief zu schreiben. Am 7. Dezember, einen Tag vor meinem Geburtstag (ihr habt mir alle wunderschöne Karten geschickt), erhielt ich die Mitteilung, dass ich an Brustkrebs erkrankt bin. Am 1. Dezember hatte ich mich einer Operation unterzogen, um einige atypische Zellen entfernen zu lassen. Bei der Biopsie fanden sich zufällig auch bösartige Zellen. Ich hatte großes Glück! Ich weiß, ihr denkt jetzt: »Jeannie spinnt«, aber diese Zellen, so sagte man mir, wären auf einem Mammogramm nicht aufgetaucht! Der Arzt, der es mir mitteilte, meinte: »Wenn wir

das in einem Jahr gefunden hätten, wäre es vielleicht nicht so gut gewesen.«

Deshalb kann ich mein Glück kaum fassen. Und möchte euch alle wissen lassen, dass ich bald wieder gesund sein werde! Das Ganze hat im September begonnen, und während der letzten drei Monate habe ich mich gefühlt wie auf einem schlingernden Schiff.

Verzeiht, dass ich euch diesen Brief schicke. Ursprünglich wollte ich jeden von euch persönlich anrufen, aber eine Bekannte meinte: »Oh, nein, Sie können jetzt unmöglich 35 Anrufe machen. Sparen Sie sich Ihre Energie für etwas anderes. Schreiben Sie einen Brief.« Und sie hatte Recht.

Im letzten Sommer las ich ein Buch über Nonprofit-Organisationen, in dem es hieß: »Eine erfolgreiche Führungskraft erkennt man daran, dass das Unternehmen auch ohne sie weiterläuft.« Ich weiß, wenn ich eine »Auszeit« von den Clowns nehme, wird die Truppe auch ohne mich gut weiterarbeiten. Ich will mich nicht verabschieden, aber ich brauche ein bisschen Zeit, um mich zu erholen und notwendige Entscheidungen zu treffen.

Und ich weiß, dass ich einiges delegieren muss! Ich brauche Zeit, um mich über mögliche Behandlungen zu informieren, Zeit zum Träumen, Tagebuchschreiben, Ausruhen und Regenerieren. Manche von euch fragen sich vielleicht: »Kann ich da irgendwie helfen?« Ihr könnt, und zwar folgendermaßen:

- Hilfe bei der Büroarbeit: Schreibt mir E-Mails, wenn ihr mal Zeit habt, mir dabei unter die Arme zu greifen.
- Tipps für gute Filme, Musik und aufbauende Zitate. Ich liebe schöne Zitate!
- Eure positiven Gedanken, eure Gebete, eure Liebe.

- Über Anrufe würde ich mich sehr freuen, aber wenn ich euch nicht wirklich dringend zurückrufen muss, werde ich es höchstwahrscheinlich nicht tun. Ich würde gerne eure Stimmen hören, aber man hat mir auch gesagt, dass ich mit meiner Energie haushalten muss und nicht zu viel telefonieren darf.

Ich liebe euch, meine lieben Clowns!

Jeannie

Jeannie tat uns, ihren Freunden und Angehörigen, einen Gefallen, indem sie uns wissen ließ, was sie brauchte und was nicht. Sie äußerte ganz konkrete Wünsche – die wir ihr erfüllen konnten. Durch ihr Schreiben vor der Operation ersparte sie uns endlose Anrufe und Nachfragen. Sie übernahm die Verantwortung für sich, äußerte klare Bitten, statt zu warten, bis die Anrufe oder Besucher über sie hereinbrachen. Sie machte uns deutlich, dass ihre Wiederherstellung eine Zeit lang all ihre Kräfte in Anspruch nehmen würde, dass sie ihre Energie auf ihre Genesung konzentrieren musste – und nicht auf die Beantwortung von Genesungswünschen. Sie sagte uns sogar, wie wir an sie denken sollten – indem sie uns aufforderte: »Schickt mir eure Gebete und eure Liebe, aber nicht eure Ängste.«

Paciencia

Depressionen überwinden

Hat schon einmal ein Freund oder Angehöriger von Ihnen unter Depressionen gelitten, und Sie wussten nicht, wie ernst Sie die Sache nehmen mussten, oder was Sie tun sollten? Einem Menschen durch eine depressive Phase hindurchzuhelfen, erfordert Geduld – von seiner und von Ihrer Seite. Manchmal ist es am besten, er wendet sich an einen Arzt oder Psychotherapeuten, vor allem, wenn er Schwierigkeiten hat, morgens aus dem Bett zu kommen, arbeiten zu gehen, sich um die Familie zu kümmern oder überhaupt im Alltag zu funktionieren. Denn hier handelt es sich um eine ernst zu nehmende Erkrankung, bei der Ihre Unterstützung vielleicht am ehesten darin besteht, ihm bei der Suche nach fachlichem Beistand zu helfen.

Manchmal jedoch, und vor allem in der Anfangsphase, brauchen Menschen, die sich bedrückt fühlen, einen guten Zuhörer. Unter Umständen kann man ihnen einen neuen Blickwinkel auf ihr Problem vermitteln, indem man sie an eigenen Erfahrungen teilhaben lässt. Dies erlebte ich eines schönen Tages, als mich die Angst beschlich, nie wieder gehen zu können. Zwei Monate zuvor war ich am Fuß operiert worden. Nach monatelangen Schmerzen und Behandlungen wollte mein Fuß immer noch nicht heilen, ja, es wurde sogar schlimmer.

Als das unerwünschte und unerwartete träge Gefühl der Hoffnungslosigkeit und Depression einsetzte, fragte mich mein Masseur, ob ich hören wollte, wie er seine depressiven Schübe zu überstehen gelernt habe. Es tat mir gut, dass er eine Pause machte, um sich zu vergewissern, ob ich weiter über mich reden wollte oder bereit war, die Sache aus einem anderen Blickwinkel zu betrachten. Indem Bill mich entscheiden ließ, was ich brauchte, machte er es mir leichter, seine Geschichte anzuhören:

> Zunächst einmal will ich etwas über meine Großmutter erzählen: Als sie aus Portugal einwanderte, war sie dreizehn Jahre alt. Sie sprach kein Wort Englisch. Und sie hatte keinen Job. Ihre Familie war in Portugal zurückgeblieben. Sie war nach Massachusetts gekommen, um hier ein neues Leben zu beginnen. Das war keine Kleinigkeit. Englisch lernte sie in ihrem Job als Hausangestellte in New Bedford. Sie lernte, vieles zu ertragen.
>
> In meiner Kindheit war sie die Person, an die sich alle wandten, wenn sie Rat und Zuversicht brauchten. Wenn das Leben nur noch düster und bedrückend aussah, dann ging man zu meiner Großmutter. Denn sie hatte den Menschen mehr zu bieten als Worte; es war ihre ganze Lebenseinstellung. Auf Portugiesisch sagen wir von Leuten wie meiner Großmutter, dass sie *paciencia*, Geduld, haben.
>
> Zuallererst einmal hörte sie den Ratsuchenden zu. Tatsächlich war sie eine so gute Zuhörerin, dass anno dazumal die »Fräuleins vom Amt« zum Hörer griffen und die Telefonierenden zum Auflegen aufforderten, weil die Anrufer meiner Großmutter den Gemeinschaftsanschluss blockierten, den wir uns mit den Nachbarn teilten. Sie ermunterte die Menschen, Vertrauen zu haben – letztendlich werde alles gut. Und stets setzte sie noch hinzu: »Du musst Geduld haben.«
>
> Als ich dann diese Verletzung hatte, und kein Arzt mein Problem diagnostizieren, geschweige denn heilen konnte,

> verlor ich allmählich die Hoffnung. Immer wieder hatte ich geglaubt, dass der nächste Arzt, den ich konsultierte, mich wieder hinkriegen könnte. Der Schmerz schoss mir durch Bein und Rücken hinauf und hinunter; manchmal war es unerträglich. Schlimmer war nur noch, dass ich nicht wusste, wann oder ob er jemals enden würde.

Bill erkannte, dass er mehr als einen gewöhnlichen Arzt brauchte, um wieder gesund zu werden. »Ich brauchte jemanden, der mir dabei half, mit dieser erdrückenden Depression fertig zu werden«, erklärte er. »Ich wusste, dass es allmählich Zeit wurde, mich nach einem Psychotherapeuten umzusehen, was ich auch tat. Eines Tages empfahl mir dieser ein Büchlein, in dem ich alles zusammengefasst fand und mit dessen Hilfe ich begriff, dass die einzige Chance, über meine Depression hinwegzukommen, darin bestand, sie durchzustehen. Sie auszuhalten. Aber nicht störrisch oder taub gegen den Schmerz. Sondern sie zu ertragen, wie es meine Großmutter getan hatte. Indem ich mich geduldete. Darauf vertraute, dass, auch wenn mir momentan nicht klar war, wie sich die Dinge entwickelten, sie sich doch – wenn ich nur durchhielt – zum Besseren wenden würden. Der ganze Trick dabei war, die Hoffnung nicht aufzugeben, wenn ich auch nichts und niemanden hatte, an dem ich meine Hoffnung festmachen konnte.«

Nachdem er seine eigenen düsteren Zeiten geschildert hatte, meinte Bill: »Mir wurde klar, welche große Bedeutung meine Großmutter für ihre Freunde und ihre Familie gehabt hatte. Sie war eine Heilerin, die den Menschen half, indem sie sie daran erinnerte, auf sich selbst und etwas zu vertrauen, was sie noch nicht sehen konnten. ›*Paciencia*‹, sagte sie nur, ›*paciencia*‹.«

Danach gab mir Bill ein Exemplar des Buches, das ihm in seiner schweren Zeit so sehr geholfen hatte. Es war *How to Heal Depres-*

sion von Harold Bloomfield und Peter McWilliams, den Ko-Autoren des beliebten und hilfreichen Buches *Liebeskummer ist so schön.* Auch die Art, wie Bill mir das Buch ans Herz legte, zeugte von großer Sensibilität. Er überreichte es mir nicht so, als werde es alle meine Probleme lösen oder alle meine Fragen beantworten. Sondern eher als Angebot, meine Probleme aus einem anderen Blickwinkel zu betrachten. Ein Buch zu schenken, um jemandem dabei zu helfen, seinen Schmerz zu verstehen, ist eine Möglichkeit, Freunde in einer schwierigen Situation zu unterstützen.

Depression kann viele Formen annehmen. Sie kann schwer oder leicht sein. Sie kann sich schleichend entwickeln oder plötzlich über einen hereinbrechen. Sie kann ohne erkennbaren Grund auftauchen oder regelmäßig, sobald man einen bestimmten heiklen Punkt erreicht. Und es ist auch nicht nur eine Frage unserer Einstellung oder Willenskraft. Grundsätzlich hat es damit zu tun, wie unser Gehirn die täglichen Geschehnisse aufnimmt und verarbeitet. Verständlicherweise wollen viele von uns Menschen, die deprimiert sind, aufheitern. Aber nur selten ist es das, was diese Menschen brauchen. Sie wollen, dass wir begreifen, wie es in ihnen aussieht; ihnen ist zumute, als lebten sie in einem Raum ohne Türen und Fenster, einem Raum ohne Ausgang. Ehe wir sie davon zu überzeugen versuchen, dass es doch einen Weg aus der Dunkelheit gibt, sollten wir uns an die heilsame Wirkung des Schweigens und Nachdenkens erinnern. Lassen Sie sich einige Minuten Zeit, um in der Stille nachzuvollziehen, wie eingesperrt diese Menschen sich fühlen. Und wie sehr sie sich wünschen, dass wir Geduld mit ihrer Ungeduld haben.

Etwa zur selben Zeit, in der ich diese Lektion über *paciencia* und Depression erhielt, sprach ich mit einer alten Freundin über ihren – überraschenden – Wunsch, ihr Mann möge doch einen Psychiater aufsuchen. Sie hatte das Gefühl, dass er bei all seinen Problemen, die ihr über den Kopf wuchsen, Hilfe von einem Fachmann brauchte. Drei Wochen zuvor hatte ich eine Gruppe von Angestellten getroffen, die einen ihrer Kollegen davon zu überzeugen versuchten, dass er professionelle Hilfe benötigte; die Gruppe fühlte sich von ihm und seinen Problemen überfordert.

Sowohl meine Freundin als auch die Angestellten hatten zu einem Menschen, der ihnen am Herzen lag, gesagt: »Schau, ich kann dir nicht helfen; du brauchst einen Therapeuten.« Ich empfehle Ihnen, sich in die Lage der anderen Person zu versetzen, ehe Sie ihr das sagen. Wenn ein Mensch zu einem anderen sagt: »Schau mal, du brauchst Hilfe, und ich kann dir nicht das geben, was du brauchst«, so ist das ein Alarmzeichen. Es kann den anderen irritieren oder erschrecken oder auch in dem bestätigen, was er schon die ganze Zeit ahnte, aber nicht akzeptieren wollte. Problematisch dabei ist, dass der Hilfsbedürftige vielleicht nicht in der Lage ist, sich aufzumachen und den geeigneten Therapeuten zu finden. Oder wie meine Freundin über ihren Mann bemerkte: »Er hat Angst, dass sich das Ganze, wenn er erst einmal damit anfängt, zu einer unendlichen Geschichte entwickelt.« Durch mitfühlende Anerkennung der Sorgen, die unsere Freunde und andere geliebte Menschen im Hinblick auf eine Therapie hegen, sowie durch diskretes Einholen der benötigten Empfehlungen ermöglichen wir ihnen einen wichtigen Schritt auf dem Weg zur Heilung.

Einen geeigneten Therapeuten zu finden, ist oft leichter gesagt als getan. Sind Sie mit keinem persönlich bekannt, so könnten Sie zunächst Freunde um Auskünfte bitten. Darüber hinaus kann man auch seinen Hausarzt konsultieren oder sich an psychologische Beratungsstellen wenden, um zu hören, was man einem Menschen empfiehlt, der vielleicht zum ersten Mal die Hilfe eines Therapeuten in Anspruch nimmt.

Ist der Arzt auch wirklich ganz Ohr?

Wie man als Patient und als Arzt seine Zeit optimal nützt

Die meisten von uns gehen zum Arzt, weil sie krank sind und sich wieder besser fühlen wollen. Manchmal ist es nur eine Routineuntersuchung; manchmal haben wir ernsthafte Beschwerden. Häufig jedoch hängt die Heilung nicht allein von einem Medikament, einer Therapie oder Operation ab. Sie kann bereits mit den richtigen Worten beginnen, wenn sich Arzt und Patient Zeit füreinander nehmen.

»Puh, ist das hier kalt«, murmelte Dr. DiSciullo, während er seine erste Patientin an diesem Morgen verlegen anlächelte. »Lassen Sie mich die Heizung aufdrehen«, meinte er und zwängte sich zwischen Untersuchungsliege und Heizkörper, der sich in Bodennähe befand, um unbeholfen am Thermostat zu drehen. »Tut mir wirklich Leid. Ich muss kurz telefonieren, bin gleich wieder da.«

Einige Minuten später kam der Arzt zurück und fragte seine Patientin, ob sie irgendwelche Beschwerden habe. Sie hatte keine, wenigstens nicht dort, wo er welche suchte – er überprüfte, ob sich die präkanzerösen Gewebsveränderungen in ihrem Gebärmutterhals zu einem ernsthaften Problem entwickelt hatten. »Keine Beschwerden«, sagte sie und fragte sich, ob sie die Gewichtszunahme von fünf Kilo, ihre Mattigkeit und Unsicherheit angesichts der ersten Anzeichen des Älterwerdens erwähnen sollte. Schließlich war er ihr Gynäkologe und nicht ihr Internist oder Therapeut. Dann aber dachte sie: »Aber es scheint ihm wichtig zu sein, dass ich nicht friere; weshalb sollte ich es ihm nicht erzählen?« Und so fragte sie ihn, ob womöglich ein altes Schilddrüsenproblem wieder aufgetaucht sei und zu der Gewichtszunahme, der Depression und der Lethargie beigetragen habe oder ob das alles nur Unsinn sei.

Der Arzt führte zunächst seine Untersuchung durch und konnte nichts unmittelbar Besorgniserregendes feststellen. Ein paar Minuten später befanden sie sich wieder in seinem Büro neben dem Untersuchungszimmer. Behutsam erkundigte er sich bei seiner Patientin, ob sie mit ihrem Leben zufrieden sei. »Ist es denn besser geworden?« Sie erzählte ihm, dass sie sich an all die Unfälle, Verletzungen und Veränderungen in ihrem Körper offenbar gewöhnt hätte. Sie sei sich nie sicher, womit sie als Nächstes zu rechnen habe. Er dankte ihr lächelnd, als sie ihn fragte, wie sich seine Frau von der Entfernung der Geschwulst erholt habe, einem Eingriff in letzter Minute, bei dem er sich, als Ehepartner einer Patientin, auf der anderen Seite des ärztlichen Schreibtisches wiedergefunden hatte.

Dr. DiSciullo begann darüber zu sprechen, wie schwer es Ärzten fällt, sich die Zeit zu nehmen oder die Mühe zu machen, ihren Patienten in dieser Welt der »Organisierten Gesundheitsfürsorge« noch zuzuhören. Die Patientin wusste, dass Dr. DiSciullo an diesem Morgen einen vollen Dienstplan hatte und dass er seine Patienten nur selten warten ließ. Sie wusste das zu schätzen. Und sie wusste auch, dass er allmählich zum Ende kommen musste, aber auch sichergehen wollte, dass sie ihm wirklich alles gesagt hatte. Plötzlich begann er ihr die einzelnen Schritte zu erläutern, die er und sein Team einhielten, um dafür zu sorgen, dass sich seine Patienten gut aufgehoben fühlten.

»Wir haben bei der Renovierung der Räume in diesem Gebäude ein besonderes Augenmerk darauf verwendet, dass sich keine Waschbecken im Zimmer befanden«, meinte Dr. DiSciullo. »Wenn man sich nämlich umdreht, um sich die Hände zu waschen, kehrt man den Patienten den Rücken zu. Das wollten wir nicht. Wir hielten es für besser, dafür in einen anderen Raum zu gehen. Das Sprechzimmer ist für die Patientinnen da. Einzig und allein für sie. Darüber hinaus haben wir darauf geachtet, dass die Untersuchungszimmer keinen Telefonanschluss haben. Wenn ein Arzt einen Anruf zu erledigen hat, sollte er sich entschuldigen, kurz den Raum verlassen und sich nach seiner Rückkehr wieder voll der Patientin zuwenden. Es wird immer schwieriger, das auch durchzuziehen – alle neu entstehenden Praxen haben Telefonanschluss und Waschbecken. Die Leute begreifen einfach nicht, wie wichtig es ist, sich Zeit zum Zuhören zu nehmen, auch wenn es nur fünf Minuten sind.«

»Wir hatten einmal eine Arzthelferin, die eine echte Begabung dafür hatte«, sinnierte Dr. DiSciullo. »Sie konnte einfach mit den Patientinnen umgehen. Immer wieder erzählten mir Patientinnen, dass sie es gar nicht fassen konnten, nur wenige Minuten mit ihr verbracht zu haben, weil es ihnen viel länger vorkam. Ich habe sie einmal an der Anmeldung beobachtet – nur vier Minuten, in denen sie allerdings einer Patientin ihre ungeteilte Aufmerksamkeit schenkte. Sogar mir erschien es, als hätten sie sich viel länger unterhalten. Ich wünschte, wir könnten mehr Leuten in unserem Beruf beibringen, die ihnen zur Verfügung stehende Zeit optimal zu nützen.«

Wenn Sie Arzt sind und sich auch nur für wenige Minuten – ohne an andere Patienten oder anstehende Pflichten zu denken – auf einen Patienten konzentrieren, geben Sie ihm das Gefühl, als hätten Sie viel mehr Zeit mit ihm verbracht. Und für den Patienten in der knapp bemessenen Zeit ganz Ohr zu sein, bedeutet genau das.

Es war über ein Jahr her, dass Dr. DiSciullos Patientin ihn zum letzten Mal gesehen hatte. Sie war – wenn er auch nichts davon ahnte – schon nahe dran gewesen, den Termin wegen eines hässlichen Schneesturms platzen zu lassen. Tatsächlich aber hatte sie nicht kommen wollen, weil sie keine Lust hatte, sich mit dem Älterwerden und dem Näherrücken der Menopause auseinander zu setzen oder sich nach Zellen untersuchen zu lassen, die sie nicht sehen konnte und die womöglich ihr Leben veränderten. Sie wusste nicht, ob sie ihrem Arzt etwas Wichtiges mitgeteilt hätte, wenn er sie nur mit dem Stethoskop abgehört hätte und nicht auf ihre Worte eingegangen wäre. Und wie fühlte sie sich nach diesem Arztbesuch? Ein bisschen menschlicher. Denn genau das geschieht, wenn der Arzt wirklich ganz Ohr ist.

Worin unterscheiden sich Therapie und Heilung?

Mit chronischen Schmerzen leben

Was sagt man Menschen, die unter chronischen Schmerzen und Beschwerden leiden? Viele Menschen leben mit Arthritis, Rückenschmerzen, chronischer Erschöpfung, multipler Sklerose, Fibromyalgie und anderen Beschwerden, für die es zwar Behandlungen gibt, aber offenbar keine Heilung. Wie begrüßt man einen Menschen oder verbringt Zeit mit ihm, der permanent mit unterschwelligen Beschwerden lebt? Spricht man das Thema an oder ignoriert man es?

Eines Tages erkannte ich, dass es etwas ganz anderes ist, auf vollständige Wiederherstellung zu hoffen, als beispielsweise eine Möglichkeit zu entdecken, das Leben mit allem, was dazu gehört, zu leben, auch wenn es ein Leben mit chronischen Schmerzen bedeutet. Ich teile diese Gedanken über mich und mein Leben nicht deswegen mit Ihnen, weil mein Leben eine tagtägliche Qual wäre. Das ist es nicht. Ich schildere sie als Beispiel dafür, wie man mit sich selbst tröstende Gespräche führen kann. Vielleicht lernen Sie dabei, die Hindernisse und Wege zur Heilung besser einzuschätzen – ob für sich selbst oder einen anderen, von dem Sie wissen, dass er mit chronischen Schmerzen lebt.

REFLEXIONEN

Haben Sie manchmal Tage, an denen Sie am liebsten alles hinwerfen würden? So erging es mir während der letzten Jahre. Am liebsten hätte ich nur noch kapituliert. Lange befand ich mich am Rande der Resignation, der völligen Selbstaufgabe. Ich wollte aufgeben, mich in mein Schicksal ergeben und dem Leben nichts mehr entgegensetzen.

Der Grund für meine Schwierigkeiten war, dass ich lernen musste, wie man mit chronischen Schmerzen lebt. Lange Zeit war mir überhaupt nicht bewusst, dass ich Schmerzen hatte. Wurde ich enttäuscht, biss ich mich durch, war immer die Starke. War diejenige, die die Verantwortung übernahm. Tat stets mein Bestes, um das Leben anderer schöner zu machen. Das Problem bei einer derartigen Lebensauffassung besteht darin, dass man eigentlich gar nicht das eigene Leben lebt. Man lebt um es herum, lebt durch andere.

Es ist nicht so, dass ich meine Probleme vor meinen Freunden, Angehörigen, Kunden, Heilern und mir selbst nicht zugegeben hätte. Nur suchte ich eben nach Heilung. Nach etwas, das mir Schmerzfreiheit bescheren sollte. Aber offenbar hatte ich mir da den falschen Berg vorgenommen. Es gibt eine Frage, die ich meinen Klienten stelle und die ihnen hilft, sich auf anstehende Probleme zu konzentrieren. Sie lautet: »Wenn unsere gemeinsame Zeit vorbei ist, was würden Sie als einen Erfolg ansehen?«

Was betrachtete ich, ich selbst, als Erfolg? Die Abwesenheit des Schmerzes. Doch irgendetwas geschah in jener Woche als ich eine seltsame Kehlkopfentzündung oder Grippe bekam. Seit Jahren breche ich buchstäblich zusammen wegen eines Leidens, bei dem meine Bänder es nicht schaffen, meine Glieder an Ort und Stelle zu halten, so dass sie sich lockern und verschieben, und die Muskeln sich versteifen, um sie zusammenzuhalten. Richtig krank werde ich dagegen nur selten. In dieser Woche jedoch, als eine hartnäckige Grippe mich umwarf, meinen Rücken in Zement und meinen Körper in Blei verwandelte, erkannte ich mit einem Mal, dass ich meine Genesung völlig verkehrt anging: Seit Jahren hatte ich diese Heilung zum Kampfschauplatz gemacht, zu einer Kampagne gegen meinen Körper – wenn man so will. Mit Massagen, elektrischem Strom, Akupunktur, Entzündungshemmern, Wärmepackungen, Eisbeuteln, chiropraktischen Behandlungen, Spritzen, Operationen und physikalischer Therapie hatte ich versucht, die Verknotungen und die Steifigkeit zu lösen.

In endlosen Selbstgesprächen fragte ich mich, warum ich mit Gelenken gestraft war, die nachgaben, statt meinen Kleinkinderkörper aufrecht zu halten? War ich schwach auf die Welt gekommen, damit ich lernte, um Hilfe zu bitten? War ich schwach geboren, um zu lernen, wie man stark wird? War ich mit einem gebrechlichen Körper gestraft, damit ich begriff, dass es meistens eines Zusammenbruchs bedarf, um den Durchbruch zu schaffen?

Offenbar hatte man es mir schon früh im Leben zur »Aufgabe« gemacht, den Schmerz zu ignorieren und – im wahrsten Sinne des Wortes – meinen Weg zu mehr Kraft zu ertanzen. Im Alter von drei Jahren schickte mich der Arzt in den Tanzunterricht, damit meine Gelenke gekräftigt wurden. Mit sechs ritt ich und vollführte mit einem Pferd namens Major, das bereits fünfzehn Vorbesitzer gehabt hatte, mehr als meterhohe Sprünge. Mit sieben fuhr ich Wasserski. In der High School wurde geturnt. Mit achtzehn kamen Bergsteigen und Klettern dazu. Ich liebte physische Herausforderungen, ohne mir der Grenzen meines Körpers bewusst zu sein, dem (wie ich später erfuhr) offenbar von vornherein der Zusammenbruch bestimmt war; meine Bänder waren so elastisch, dass sie die Glieder einfach nicht an Ort und Stelle halten konnten. So schnallte ich mir eben meine Gelenkbandagen um, würgte meine Schmerztabletten hinunter, legte meine verletzten Knorpel und Bänder »auf Eis« und marschierte weiter. Was wollte mein Körper mir wohl mitteilen?

Was nach Stärke aussah – meine natürliche Flexibilität –, entwickelte sich zu einem Handikap, als ich mich in meinen mittleren Jahren nicht mehr darauf verlassen konnte, dass mein so überaus flexibler Körper alles zusammenhielt. Jetzt verstand ich. Ich breche zusammen oder falle vielmehr auseinander – damit ich erkenne, dass es im Leben nicht nur ums Zusammenhalten geht. Leben heißt auch, mit Enttäuschungen, Grenzen, Misserfolgen, schmerzendem Rücken, kaputten Knien und Gelenken fertig zu werden. Im Leben geht es nicht darum, so flexibel zu sein, dass wir es – ohne Rücksicht auf unsere eigenen Bedürfnisse – allen recht machen können. Es geht darum, uns auf uns (und andere) einzulassen – und nicht nur darum, uns allein durchzukämpfen.

So habe ich mich auf der Schwelle zum so genannten mittleren Alter entschlossen, mich auf ein Forschungsprojekt einzulassen. Meine Frage lautet: »Was ist Heilung?«

Ich glaube, dass viele von uns Heilung mit endgültigem Geheiltsein verwechseln.

Was, wenn Heilung bedeutete, sich mit dem Leben zu arrangieren? Was, wenn es hieße, zu akzeptieren, wozu man (nicht) geboren ist? Wenn es hieße, sich selbst von seinen angeborenen und erworbenen Fesseln zu befreien? Was wäre, wenn Heilung bedeutete, anderen, die vielleicht zu diesen Handikaps beigetragen haben, zu verzeihen?*

Vielleicht bedeutet Heilung aber auch, dass wir aus unseren Gebrechen lernen – auch wenn wir nicht verstehen, warum wir mit ihnen geschlagen sind. Vielleicht sollen wir erkennen, dass andere unter noch viel schlimmeren Schmerzen leiden, und dass unser

* Carolyn Myss bietet uns in ihrem Buch *Mut zur Heilung. Wie Sie Ihre Energien nutzen, um gesund zu werden* aufschlussreiche Einsichten in diese Problematik. Ich empfand es als überaus hilfreich und habe es an Klienten und Freunde weiterempfohlen.

Schmerz eigentlich gar nicht unser Schmerz ist. Sondern Teil eines Lebenskontinuums, das uns mit anderen Menschen verbindet, die wie wir mit ihren Schmerzen und Beschwerden leben.

Viele Menschen aller Altersklassen, aller Glaubensrichtungen und Weltanschauungen leben am Kreuzweg zwischen Heilung und Schmerz. Leben an der Grenze zwischen Hoffnung und Hoffnungslosigkeit. Deswegen habe ich mich – obwohl ich mich für eine Expertin in Sachen »Vom Zusammenbruch zum Durchbruch« hielt – beschlossen, noch einmal von vorne anzufangen und die Frage zu stellen: »Was ist Heilung?« Angesichts so vieler Menschen, die sich an der Schwelle zum mittleren Alter und jenseits davon befinden, scheint es mir eine angemessene Frage. Vielleicht können mehr von uns den Schmerz als Kompass benützen, der ihnen hilft, sich durch den Strom des Lebens zu navigieren.

Hier einige Richtlinien, die Ihnen helfen, einem Menschen mit einem chronischen Leiden beizustehen:

- Erkundigen Sie sich nicht als Erstes nach unserer Gesundheit. Wir bestehen schließlich nicht nur aus unserem Leiden. Sollten wir es für nötig halten, unser Befinden kundzutun, werden wir das schon machen.
- Haben Sie neue Informationen über unsere Krankheit entdeckt, so seien Sie nicht beleidigt, wenn wir sie nicht sofort dankbar aufgreifen oder befolgen. Nachdem wir schon Unmengen von Behandlungsmethoden ausprobiert haben, sind wir vielleicht (vorübergehend) erschöpft; wir sind es einfach leid, uns immer wieder Hoffnungen zu machen. Ein paar Tage oder Monate später aber könnten diese Informationen genau das Richtige für uns sein.
- Wenn es auch Dinge gibt, die wir nicht mehr mit Ihnen unternehmen können, so gibt es vielleicht anderes, was wir zusam-

men genießen können: Fahren wir auch nicht mehr Ski, so können wir vielleicht am Kamin sitzen und lesen; paddeln wir nicht mehr selbst, so können wir Sie in einem Zweierkajak begleiten; und wenn wir nicht tanzen können, genießen wir nichtsdestoweniger die Musik!

- Und nie sollte man vergessen, dass es auch bei unheilbaren Leiden hilfreich ist, so viel wie nur möglich aus seinem Leben zu machen, anstatt sich auf Dinge zu versteifen, die nicht mehr möglich sind.

Und was ist mit mir?

Unterstützung für die Helfer

Meist konzentrieren wir unsere Aufmerksamkeit und unsere Bemühungen, Trost zu spenden, auf den Kranken. Diese Geschichte über den Umgang eines Paars mit einer schweren Gesundheitskrise jedoch ruft uns in Erinnerung, dass es immer noch eine andere Seite gibt.

Als bei Wyllys unerwartet Prostatakrebs diagnostiziert wurde, erhielt er jede Menge Aufmerksamkeit. Von seiner Lebensgefährtin Marianne. Von seinen Kindern. Von Ärzten und Freunden.

Und es gab vieles, worüber er nachdenken musste. Für welche Behandlung sollte er sich entscheiden? Wie sein Liebesleben gestalten? Welche Lebensqualität konnte er noch erwarten?

Manchmal war Wyllys traurig, manchmal wütend, und manchmal versuchte er, möglichst viel über seine Krankheit in Erfahrung zu bringen. Er rang mit Entscheidungen, mit einem Überangebot an Informationen und mit der Tatsache, dass letztendlich alles seine Entscheidung war.

Marianne verbrachte viele Stunden mit ihm, mit den Ärzten, Experten und Therapeuten, in denen sie lernte, wie sie gemeinsam den Prostatakrebs bekämpfen und später mit ihm leben konnten. Sie mussten sich beispielsweise Gedanken machen über Impotenz, Inkontinenz, Sex, Selbstwertgefühl, postoperative Komplikationen, aber auch über die Möglichkeit, dass der Krebs nach der Bestrahlung zurückkehrte.

Stunden-, tage- und wochenlang lachte und weinte Marianne

mit dem Mann, den sie liebte. Versuchte für ihn da zu sein auf eine Art und Weise, wie sie es sich nie hatte vorstellen können. Eines Tages dann schrieb sie einer Freundin, dass sie plötzlich erkannt habe, dass sie selbst trauern müsse. Sie habe das Gefühl, dass sie etwas verliere – dieses Leben, das sie drei Jahre lang genossen hatte. Plötzlich hatte sich alles verändert. Wenn es ihr auch wichtig war, die liebevolle, pflichtbewusste und loyale Freundin und Liebhaberin zu sein, wurde ihr mit einem Mal klar, dass sie sich allein fühlte. An wen konnte sie sich nun wenden und sagen: »Und ich? Was ist mit mir?«

Marianne brauchte eine neutrale Anlaufstelle zum Nachdenken über ihre eigene Zukunft, ihr eigenes Leben und darüber, wie lange sie wohl noch für ihn da sein konnte. Was nicht hieß, dass sie ihn weniger liebte; doch sie wusste einfach nicht, wie sie es ihren Freunden und Angehörigen beibringen konnte, ohne egoistisch zu klingen. Schließlich stand sein Leben auf dem Spiel; für sie aber ihr Herzens- und Seelengefährte.

Es ist sehr wichtig, auf die Bedürfnisse des Partners, der Angehörigen und Freunde des vom Schicksal geschlagenen Menschen zu achten. Auch sie brauchen andere, die sich nach ihrem Befinden erkundigen. Jemanden, bei dem sie sich beklagen können, der mit ihnen fühlt und ihnen nicht unterstellt, dass sie deswegen weniger rücksichtsvoll und liebevoll wären. Jemanden, dem sie sagen können »Noch nie im Leben habe ich solche Angst gehabt«, ohne dass der Betreffende sie mit einer beruhigenden Phrase abspeist und etwa sagt: »Ach, du bist doch stark. Du schaffst das schon.« Einen Menschen, der sie nicht verurteilt, wenn sie die schlichte Frage stellen: »Und was ist mit mir?«

Wenn Sie eine Person kennen, die einen geliebten Menschen pflegt, so denken Sie daran, ihr eine »aufmunternde« Karte oder ein Geschenk zu schicken, ihr Ihre Hilfe anzubieten oder sie einzuladen. Wenn man anruft, sollte man nicht sofort nach dem Patienten fragen; sondern sich zunächst erkundigen, wie sich diese ganze Situation auf die pflegende Person auswirkt.

Sie können etwa sagen: »Ich mache mir Sorgen um dich. Bekommst du denn, was du brauchst?« Die betroffene Person, die sich von der Last ihrer Aufgaben erdrückt fühlt, wird Ihr Angebot, sich gemeinsam Gedanken zu machen und sich vielleicht nach einer zusätzlichen Unterstützung zu erkundigen, zu schätzen wissen. Wenn es angebracht ist, und man sich der Sache gewachsen fühlt beziehungsweise lernwillig ist, kann man auch anbieten, sie zu vertreten, so dass Ihr Freund oder Ihre Freundin einmal – für ein paar Stunden, einen Tag oder ein Wochenende – Atem schöpfen kann. Zögern Sie auch nicht, banale Dinge wie Einkaufen, Kinderabholen oder sonstige Erledigungen vorzuschlagen.

Helfer haben Tage, an denen sie sich Gesellschaft wünschen, um sich nicht ganz so allein zu fühlen. Vielleicht wollen sie auch, dass man ihnen bei Dingen hilft, die sie früher mit ihren Lieben getan haben und jetzt nicht allein schaffen. So stellte Mary Kay etwa fest, dass der Versuch, mit ihrem Mann den Weihnachtsbaum zu schmücken, nach dem Ausbruch seiner Alzheimerkrankheit unsäglich frustrierend für beide geworden war. Sie hatte es schon ganz aufgeben wollen, als sie ihrer Freundin Kelly davon erzählte. Kelly wohnte zwar nicht in ihrer Nähe, doch sie wollte ihnen gerne helfen. Sie überlegte kurz und sagte dann zu Mary Kay: »Warum lädst du dir nicht ein paar Leute dazu ein? Sie könnten deinen Mann mit etwas anderem beschäftigen – falls er das braucht; dann ist er nicht allzu frustriert und fühlt sich trotzdem einbezogen.«

»Nie wäre ich auf diese großartige Idee gekommen«, erklärte Mary Kay, »weil ich einfach meinte, ich müsste das Problem allein lösen.« Es gibt Tage, da brauchen Helfer unsere Gesellschaft, und Tage, wo sie einfach rausmüssen – nicht um einen Film zu sehen,

Besorgungen oder Besuche zu machen, sondern einfach, um mit ihren Gedanken allein zu sein. Unser Angebot, ihnen eine solche Pause zu verschaffen, bedeutet ihnen umso mehr, je weniger Gedanken sie sich um die Verwendung dieser Zeit zu machen brauchen.

Auf den zweiten Blick

Wenn sich eine Schwäche als Stärke erweist

Ich muss dir etwas Schlimmes sagen«, meinte Santina und kam ohne Umschweife auf den Anlass ihres Anrufs zu sprechen. »Aus völlig unerfindlichen Gründen sehe ich auf dem rechten Auge immer schlechter – alles verschwimmt. Die Ärzte haben mich untersucht, aber bis jetzt haben sie weder eine Ursache noch eine Therapie dafür gefunden. Das passiert mir doch nicht wirklich; ich kann es einfach nicht akzeptieren. Mein Mann meint, ich soll aufhören, mich da so reinzusteigern und das Schlimmste zu befürchten. Aber das kann ich einfach nicht, ich denke ständig: ›Und was ist, wenn …?‹ Ich sollte wohl einfach nicht mehr darüber nachdenken.«

Zuerst wusste ich nicht, was ich sagen sollte. Etwa, dass ich mir nicht vorstellen konnte, wie es war, wenn man so etwas durchmachte. Oder sollte ich einfach eine Weile zuhören, um herauszufinden, was sie brauchte. Wir sprachen über die Ärzte, die Santina aufgesucht hatte, und über ihre Prognosen. Dann fragte ich sie, was sie sich denn jetzt, in diesem Gespräch, von mir wünschte. »Ich will mich mit dir darüber unterhalten, was passieren könnte«, meinte sie, »und ich will nicht um den heißen Brei herumreden!«

»Dann lass uns das tun«, sagte ich. »Was ist das Schlimmste, was dir passieren könnte?«, fragte ich sie. »Dass du für immer erblinden würdest?«

»Oh, nein«, sagte sie. »Den Gedanken habe nicht mal ich mir bisher erlaubt. Das Schlimmste, was passieren könnte, wäre, dass ich auf einem Auge blind würde.«

»In Ordnung«, fuhr ich fort, »und was wäre das Schlimmste, wenn das wirklich einträte?«

»Na ja«, überlegte sie, »ich könnte wohl immer noch lesen und Auto fahren, da ich ja mit dem anderen Auge noch sehen kann. Offenbar habe ich da zwei verschiedene Betrachtungsweisen. Wo wir schon dabei sind, vorgestern habe ich folgendes Experiment gemacht: Ich habe mir die Hand vor das gesunde Auge gehalten, um zu gucken, was ich mit dem schlechten Auge noch sehen kann. Und weißt du was? Es ist, als ob die Gegenstände keine Konturen mehr hätten.«

»Dann lass mich doch mal sehen, ob ich verstehe, was dich bedrückt«, sagte ich und beschrieb ihr in meinen Worten, was ich den ihren zu entnehmen glaubte. »Du hast Angst, womöglich dein Augenlicht zu verlieren, und die Aussicht auf die damit verbundenen Konsequenzen macht dich nervös. Anderseits bist du dadurch in der Lage, die Welt ohne Konturen und Kanten wahrzunehmen, wodurch wohl alles in einem etwas milderen Licht erscheint?«

»Ja, genau«, unterbrach sie mich. »Ich dachte mir schon: ›Was wäre, wenn ich anderen Leuten helfen könnte, die Dinge so wie ich zu sehen – weich und verschwommen?‹ Vielleicht könnten sie sich diese neue Betrachtungsweise zu Eigen machen. Wie das wohl wäre?«

Santina und ich hatten uns lediglich die Zeit genommen, ihr Problem neu zu formulieren, so dass sie es aus einem anderen Blickwinkel betrachten konnte. Denn, wie das Sprichwort so schön sagt, »Wenn du denkst, es geht nicht mehr – kommt von irgendwo ein Lichtlein her«. Manchmal allerdings brauchen die Menschen Hilfe, um das Lichtlein zu entdecken.

Nachdem ich Santina eine Zeit lang zugehört hatte, fragte ich sie, ob sie hören wolle, was ich gelernt hatte, als ich vor Jahren nach einer Gehirnerschütterung meinen Geruchs- und Geschmackssinn verlor. »Ja, gerne«, meinte sie. Damals, erzählte ich ihr, hätten mir viele gesagt: »Oh, Gott, das muss ja schrecklich sein.« Oder gefragt: »Geht Ihnen der Geschmack von Schokolade nicht ab?« Sie konnten nicht begreifen, dass der Verlust dieser Sinne auch unerwartete Vorteile mit sich brachte. Zwar konnte ich diese Aromen nicht mehr schmecken, registrierte aber plötzlich ihre Beschaffenheit und Frische. Den Duft konnte ich zwar nicht mehr wahrnehmen, genoss es dafür aber sehr, bestimmte Dämpfe und Körperausdünstungen nicht mehr riechen zu müssen. Ist das nicht verwirrend? Nicht nur das, sondern sogar gefährlich. Vermisste ich die Schokolade? Und wie. Schärften sich meine anderen Sinne? Absolut – was mir zuweilen einen kleinen Extra-Genuss verschaffte, den ich anderen voraushatte. Ich lebte in einer Art »Fundbüro«.

Das Augenlicht zu verlieren, ist nichts, was man sich freiwillig aussuchen würde. Für meine Freundin war es besonders verheerend, wenigstens glaubte sie das zunächst. Denn Santina ist Künstlerin – eine begabte Aquarell-Malerin. Nach unserem Gespräch jedoch gelangten wir zu dem Schluss, dass sie vielleicht ihr Sehvermögen, wie sie es bisher gewohnt war, verloren hatte, dafür aber womöglich das zweite Gesicht gefunden hatte.

Diese Botschaft – anzuerkennen, dass mit einem Verlust womöglich auch ein Gewinn verbunden ist – wird in dem auf einem Buch von Oliver Sacks basierenden Film *Auf den ersten Blick* auf wunderbare Weise vermittelt. Es handelt sich dabei um die wahre Geschichte von Shirl Jennings, der mit drei Jahren sein Augenlicht verlor und es nach einer gewagten Operation vorübergehend wiedererhielt. Die Wirkung der Operation war nur temporär, und schon bald war er wieder blind. Allerdings beruht Sehen, wie er bei einer Ärztekonferenz darlegte, auf weit mehr als dem bloßen physischen Sehen – was man stets im Auge behalten sollte, wenn ein nahe stehender Mensch eine Fähigkeit verliert, ohne die man sich sein Leben nicht vorstellen kann: »Als Blinder sehe ich meiner Ansicht nach besser als zu der Zeit, in der ich wirklich sah. Weil ich eigentlich gar nicht glaube, dass wir mit den Augen sehen. Wir leben im Finstern, wenn wir das, was an uns selbst, an anderen und am Leben real ist, nicht erkennen können. Und solches Erkennen kann keine Operation bewirken. Wenn man sieht, was real an einem selbst ist, dann sieht man eine ganze Menge, und dazu braucht man keine Augen.« Der Film verdeutlicht etwas sehr Wichtiges: Menschen wollen sich nicht immer festlegen lassen. Manchmal ist es ihnen einfach ein Bedürfnis, so, wie sie sind, akzeptiert zu werden.*

Im Gespräch mit einem aufgebrachten und verwirrten Menschen können Sie versuchen, behutsam für ihn zusammenzufassen, was er Ihnen erzählt hat. Danach lassen Sie ihm etwas Zeit und sagen dann etwa: »Ich spüre, wie aufgebracht du bist, und würde dir gerne helfen, aber ich weiß nicht so recht, was du von mir erwartest.« Atmen Sie ein-, zweimal durch, ehe Sie dies weiter erläutern: »Ich fände es hilfreich, wenn du mir sagen könntest, wie ich dir richtig zuhören kann. Möchtest du dir vielleicht mal richtig Luft machen? Brauchst du etwas ganz Konkretes? Möchtest du einen Ratschlag, oder willst du nur reden?« Beachten Sie dabei, dass diese Worte nichts Drängendes oder Schroffes haben und nicht der Eindruck entsteht, als versuche man, den anderen zu durchschauen. Versuchen Sie der anderen Person zu verdeutlichen, dass Sie nur innehalten, um sich auf sie einzustellen.

* *Auf den ersten* Blick ist ein Spielfilm, der auf einer klinischen Fallbeschreibung aus Oliver Sacks' Buch *Eine Anthropologin auf dem Mars* beruht.

Wenn alles zu viel wird

Wenn man den Schmerz nicht mehr wahrnimmt

Es ist zwar nur ein gebrochener Arm«, sagte Roberta, »aber durch ihn hat sich alles verändert.« Sie war in ihrer Wohnung ausgerutscht, als sie sich die Strümpfe anzog. Als sie sich während der Valentinsparty mit einer Frau unterhielt, die sie erst kurz zuvor kennen gelernt hatte, wirkte sie müde. Aufgekratzt, aber erschöpft – als ob sie den eingegipsten Arm, den sie in einer schweren Lederschlinge vor der Brust hielt, kaum tragen könne. Irgendwie schaffte sie es, mit der linken Hand zu essen, und machte kein großes Tamtam um etwas, das ja auch wirklich keine Katastrophe war. »Es ist schließlich nur ein gebrochener Arm«, erklärte sie, »und kein gebrochenes Herz.«

Robertas Schmerz hatte nicht nur mit ihrem gebrochenen Arm zu tun, doch wie hätten wir das auf den ersten Blick erahnen können? Egal, ob wir Menschen gut kennen oder sie zum ersten Mal treffen – nur selten wissen wir, was sich nach einem Unfall in ihnen abspielt. Nach einem Unfall sind wir oft gezwungen, in einen niedrigeren Gang zu schalten, wodurch wir bewusster aufnehmen, was andere uns unvoreingenommenen Zuhörern zu offenbaren haben.

Wie sich herausstellte, verdient sich Roberta ihren Lebensunterhalt tatsächlich mit dem »Reparieren« gebrochener Herzen und kaputter Leben. Das macht sie seit Jahren, tagaus, tagein. Die Leute bezahlen sie dafür, dass sie sich ihre Geschichten von Verlust und Hoffnung, Trauer, Angst und Schmerz anhört. Es sind Patienten, die ihre Schmerzen so lange zurückgehalten hatten, bis es nicht mehr ging. An Roberta wenden sie sich, um über ihre Ängste zu sprechen, weil sie ihre Therapeutin ist.

Da saß sie nun am Vorabend des Valentinstages und plauderte höflich mit einer Fremden über ihre Arbeit. Dann gestand sie plötzlich, dass sie nicht ganz auf dem Damm sei. Nein, es sei nicht die Sangria. Nicht einmal die Schmerzen. Es sei wohl der Schock – bedingt durch den Unfall. Die Tatsache, dass sie, die normalerweise anderen half, wieder auf die Beine zu kommen, dass sie, die Heilerin, sich so deprimiert fühlte. Der Schock löste in ihr Gefühle aus, deren Existenz sie bereits vergessen zu haben glaubte. Ängste vor dem Alleinleben. Ängste, sich zu verletzen und dann niemanden zu haben. Ängste, sich um sich selbst kümmern zu müssen, wo sie sich doch meistens um andere kümmerte.

Sie wurde sich bewusst, dass ihr Leben – so wie sie es lebte – sie gegenüber einem Großteil des gewöhnlichen, alltäglichen Schmerzes abgestumpft hatte. Etwa gegen einen Schmerz, den sie normalerweise nicht durch ihre unbewusst geschaffenen Abwehrmechanismen hindurchgelassen hatte. Bis zu diesem Unfall. Bis sie ihn nicht mehr zurückhalten konnte. Bis sie eine Fremde traf, die ihr unvoreingenommen und mitfühlend zuhören konnte.

»Merkwürdig«, meinte Roberta, »nie habe ich mich miserabler und unprofessioneller gefühlt, und trotzdem behaupten meine Freunde und Klienten, dass ich ihnen besser helfen kann und sie besser mit mir reden können als je zuvor.«

»Weil Sie menschlicher geworden sind, und Probleme haben wie wir alle«, fügte die Fremde hinzu. »Mir ist es auch einmal so gegangen – je mehr mein Leben damals in die Brüche ging, umso näher fühlten sich mir die Menschen. Meinen Sie das?«

»Ja, genau das, und es ist hilfreich zu wissen, dass es mir nicht allein so geht«, meinte Roberta mit einem schwachen Lächeln.

Es gibt Zeiten, in denen wir endlich erkennen, dass unsere

Freunde nur darauf gewartet haben, auch uns einmal etwas geben zu können, oder zu erleben, dass auch wir nur Menschen sind und nicht immer alles unter Kontrolle haben. Und offenbar muss etwas in uns buchstäblich zerreißen und zerbrechen, ehe wir bereit sind, andere an unserem Leben teilhaben zu lassen. Manchmal müssen wir uns sogar selbst in unser Leben hineinlassen, denn wir sind die Ersten, die wir aus dieser so sorgfältig errichteten Lebenskonstruktion aussperren.

In jener Nacht erkannte die Psychotherapeutin, wie lange sie ihr Leben schon krampfhaft zusammengehalten hatte und wie leicht das Ganze in einem Augenblick der Unachtsamkeit auseinander brechen konnte. Und sie erkannte, dass sie endlich einmal andere bitten musste, ihr dabei zu helfen, es wieder in den Griff zu bekommen.*

Wenn Menschen Unfälle haben, können Dinge zum Vorschein kommen, von dem weder sie noch wir eine Ahnung hatten. Sogar eher harmlos wirkende Missgeschicke können Erinnerungen an die liebevolle Pflege wachrufen, die sie in der Vergangenheit genossen haben (oder auch nicht). Wenn es einem Menschen schwer fällt, um Hilfe zu bitten, so können wir sein Unbehagen womöglich dadurch mildern, dass wir sein Unabhängigkeitsstreben anerkennen. Danach können wir ihm etwas anbieten, das uns keine Umstände bereitet, wodurch er den Gefallen vielleicht leichter akzeptieren kann. Sind jedoch Sie diejenige, die sich nur ungern von anderen helfen lässt, so könnten Sie damit anfangen, um etwas zu bitten, das Sie im umgekehrten Falle auch gerne für die andere Person erledigen würden – etwa Bücher in die Leihbücherei zurückbringen, ein Video abholen, Blumen gießen, den Chauffeur spielen oder ihr etwas kochen. Mit kleinen Gefälligkeiten fängt man an.

---

* Richard Carlsons Buch *Alles kein Problem!* ist ein hilfreicher Ratgeber für den verantwortungsvollen Umgang mit unserem eigenen Stress ebenso wie zur Unterstützung von Menschen, die an ihre Grenzen gestoßen sind.

Der Bär

Noch einmal davongekommen

Als mein Bruder zu seinem zwanzigsten High-School-Treffen fuhr, wäre er fast nicht mehr lebend zurückgekehrt. Mit Hilfe seiner Geschichte können wir uns Gedanken darüber machen, wie man einen Menschen unterstützt, der dem Tode gerade noch einmal entronnen ist. Auch wenn die Betreffenden ihr Erlebnis ohne sichtbare Kratzer überstanden haben, stellen wir immer wieder fest, dass jene Momente sich auf ihr – und unser – ganzes Leben auswirken.

Als mein Bruder mich anrief, um mir zu sagen, dass er wieder da sei, fragte ich ihn: »Wie war euer Treffen?«

»Gut, gut«, meinte er und wechselte schnell das Thema, um über die Tage zu reden, die er allein in den Blue Ridge Mountains verbracht hatte. Vom Treffen erzählte er praktisch nichts.

Es kam mir merkwürdig vor, dass er so viel Zeit darauf verwandte, mir seine Wanderungen durch die Wälder zu schildern. Schließlich war der Hauptgrund für die Reise doch das Klassentreffen gewesen und nicht das Wandern. Aber mein Bruder hatte mich dazu erzogen, keine neugierigen Fragen zu stellen, wie ältere Schwestern das so gerne tun, sondern ihn einfach reden zu lassen, worüber er reden wollte. Und so ließ er sich weiter über seine Wanderungen aus. Und dann erwähnte er den Bären.

»Ein Bär?«, fragte ich, um noch unbeeindruckt nachzuschieben: »Na ja, du warst ja schließlich in den Blue Ridge Mountains.« Als Kinder hatten wir oft gesehen, wie sie entlang des Blue Ridge Parkways den Verkehr zum Stocken brachten, wenn wir zu einem Picknick in die Berge fuhren.

»Was ist passiert?«, fragte ich, weil er schwieg und offenbar nicht so recht wusste, wie viel er mir erzählen sollte. »Alles in Ordnung mit dir?« Große Schwestern können nämlich ganz schön energisch werden, wenn sie hören, dass ihrem »kleinen« Bruder etwas zugestoßen ist. Und dies war seine Geschichte:

Nachdem ich etwa fünf Kilometer den Grat unterhalb des Gipfels entlanggewandert war, bekam ich allmählich Hunger. Ich beschloss, mich – wegen der Aussicht – auf einen flachen Felsvorsprung zu setzen. Ehe ich jedoch meinen Proviant auspackte, wollte ich erst noch ein Bild von mir knipsen. Ich war der einzige Mensch hier oben. Also bereitete ich den Selbstauslöser vor, platzierte die Kamera auf einem alten Baumstumpf und stellte den Timer. Ich bewegte mich, während ich den Rucksack abnahm, mit dem Rücken zur Kamera Richtung Felsvorsprung. Genau in dem Augenblick, in dem ich mich umdrehte und auf die Kamera zuzugehen begann, entdeckte ich ihn. Einen richtig fetten Schwarzbären – der gut zweieinhalb Zentner wog.

Langsam kam er auf dem Felssims auf mich zu und versperrte mir den Weg zurück zum Pfad. Ich erstarrte und stand vielleicht vierzig Sekunden, die mir aber wie zehn Minuten vorkamen, unbeweglich da. Ich konnte nicht mehr denken. Die Zeit stand still. Auf den Bären hab ich wohl einen ganz ruhigen Eindruck gemacht, aber ich glaube nicht, dass ich es war. Mein Herz hämmerte wie wild; ansonsten herrschte ringsum tiefste Stille. Keine Panik, schärfte ich mir immer wieder ein. Sieh ihm in die Augen. Ganz ruhig, und rühr dich nicht von der Stelle. Und dann kam er auf mich zu. Ich hatte nichts, um mich zu verteidigen, außer der Kamera vielleicht, die einen Tragriemen hatte.

> Er war etwa sechs Meter von mir entfernt und versperrte mir nach wie vor den Weg zum Wanderpfad, so dass ich mir dachte: »Was soll's! Ich mach noch zwei Schritte, schnapp mir vorsichtig die Kamera und mache ein Foto, sonst glaubt mir das keiner.« Als ich die Kamera nahm, erhob sich der Bär witternd auf die Hinterbeine. Ich schoss mein Foto und noch ein zweites, während er sich wieder auf alle viere niederließ und erneut begann, Beeren zu futtern.

»Da kannst du wohl von Glück reden«, bemerkte ich.

Die Geschichte war jedoch noch nicht zu Ende. Entkommen konnte mein Bruder nur, indem er von dem Vorsprung herunter- und zum Pfad zurückgelangte. Dazu musste er sich der Stelle, wo der Bär seine Beeren verspeiste, auf etwa fünf Meter nähern. Es gelang ihm, an dem Bären vorbeizukommen, weiter den Berg hinaufzusteigen und die Stelle hinter sich zu lassen. Noch eine ganze Weile blickte er immer wieder über die Schulter zurück, um sich zu vergewissern, dass ihm der Bär auch nicht folgte. Für alle Fälle aber bewaffnete er sich mit einem Stein und einem Stock.

Dass der Bär seine Spur verfolgte, wusste er da noch nicht. Denn er konnte ihn noch nicht sehen. Dann drehte er sich um und sah ihn hinter sich den Berg hinauftrotten. Der Bär beschleunigte sein Tempo. Und mein Bruder fühlte sich in der Falle. Mutterseelenallein. Niemand wusste, wo er war. Nur dass er in den Bergen zum Wandern war, wie er es früher so oft getan hatte. Um wieder einmal von allem wegzukommen. Über das Leben nachzudenken. Mit niemandem reden zu müssen. Nur er, die Luft, die Aussicht – und der Bär.

Plötzlich erhob sich der Bär auf die Hinterbeine, schnupperte, schoss jäh bergauf, blieb nur drei Meter von meinem Bruder entfernt stehen und schlug die Tatzen in den Staub. In der Linken den Stock, in der Rechten den Stein, nahm mein Bruder eine Kauerstellung ein. Er zeigte dem Bären, dass er bereit war, sich zu verteidigen, doch das Tier zuckte nicht einmal mit der Wimper. Aus unerfindlichen Gründen gelangte der Bär nach kurzer Musterung offenbar zu der Auffassung, er habe meinen Bruder davon überzeugt, dass der Beerenplatz ihm gehöre, und trollte sich zufrieden.

Erst danach, erzählte mein Bruder, sei ihm richtig klar geworden, dass er dem Tod noch nie so nahe gewesen sei. Zwar hatte er schon einmal einen Orkan von fast 300 Stundenkilometern erlebt. Einen Autounfall gehabt. Und beides überlebt. Doch dies, dies war so langsam geschehen, dass er seine nächsten Schritte bedenken konnte – und sich dessen, was da geschah, genau bewusst war.

»Und wie geht es dir jetzt?«, fragte ich, wobei ich mir überlegte, dass er ja schon seit mehreren Tagen zurück war. Vielleicht brauchte er etwas Zeit, um das Erlebte zu verdauen.

»Ich will es mal so sagen«, meinte er. »Seit ich wieder von diesem Berg herunter bin, bin ich sehr viel netter zu den Leuten. Ich nehme mir Zeit, um auch kleine Dinge zu genießen. Und Sachen, die mich normalerweise nerven, irritieren mich nicht mehr so sehr. Viele Dinge, die mir unüberwindbar schienen, sind jetzt nur noch Kleinigkeiten für mich. Nachdem ich einen Bären in die Flucht geschlagen habe, sind das alles nur noch Kinkerlitzchen.«

Menschen reagieren nach solchen Begegnungen ganz unterschiedlich – egal, ob es sich um einen Unfall, eine Bombendrohung, einen vereitelten Überfall oder ein anderes Verbrechen, einen Beinahe-Sturz von einer hohen Leiter oder die Möglichkeit einer schlimmen ärztlichen Diagnose handelt. Manche verleugnen das Geschehene und gehen sofort zur Tagesordnung über. Bei anderen jedoch bewirkt solch eine Erfahrung, dass sie ihr Leben schlagartig aus einer anderen Perspektive betrachten. Es ist hilfreich, sie erzählen zu lassen, wie sie ihr Leben nun sehen. Auch wenn ihnen durch die Begegnung mit dem Tod kein Haar gekrümmt wurde, fühlen sie sich vielleicht auf eine Weise verändert, die für uns nicht offensichtlich ist. Möglicherweise dient ihnen dieses Erlebnis als Warnsignal und als Mahnung, ihre Prioritäten neu zu setzen. Sie wollen nicht, dass wir ihre Erfahrung auf die leichte Schulter nehmen. Sie wollen auch nicht, dass wir über unsere eigenen Grenzerfahrungen sprechen. Vielmehr sollen wir begreifen, dass ihnen das Erlebte noch Wochen, Monate, ja sogar Jahre später ganz deutlich vor Augen steht und sie sich fragen, warum es gerade ihnen passiert ist.

Eine neue Sicht in Bezug auf das Erlebte gewann mein Bruder zwei Wochen nach seinem knappen Entkommen, als Gordon, ein Wildhüter, Folgendes bemerkte: »Sag deinem Bruder, dass er ungeheures Glück hatte. Nicht deswegen, weil er nicht getötet oder verstümmelt wurde. Er ist ein Glückspilz, weil nur wenige die Gelegenheit haben, einem solchen Tier in freier Wildbahn zu begegnen. Das ist eine seltene und kostbare Erfahrung, die man nicht hoch genug einschätzen kann.« Allein diese Bemerkung, sagte mein Bruder, habe ihm zu einer ganz neuen Bewertung seiner Erfahrung verholfen.

Einige Wochen später dachte ich über die Familien nach, die gerade von einem Moment auf den nächsten ihre Liebsten verloren hatten, als der Swissair-Flug 111 in die Gewässer von Nova Scotia stürzte. Ich überlegte, wie es wohl für uns gewesen wäre, hätte uns jemand angerufen und erzählt, dass mein Bruder unerwartet ums Leben gekommen sei. Flugzeugabstürze, Beinahe-Zusammenstöße auf der Straße, Begegnungen mit gefährlichen Tieren in freier Wildbahn – all das erinnert uns daran, dass wir niemals wissen, wann oder wie die Menschen, die wir lieben, uns verlassen werden. Und mir wurde bewusst, dass auch wir uns Zeit nehmen müssen, uns über unsere Gefühle klar zu werden, wenn wir hören, dass ein Angehöriger oder Freund gerade noch einmal davongekommen ist. Denn ohne dieses In-sich-Gehen sind wir kaum in der Lage, anderen Trost zu spenden – da auch wir unter Schock stehen.

Nach dem Unfall

Ängste, die bleiben

»Du bist ein gebranntes Kind«, meinte meine Freundin, als ich ihr sagte, dass ich den von uns beiden seit Monaten herbeigesehnten Besuch absagen wollte. Ich konnte es selbst kaum fassen, dass ich noch immer so nervös war. Nach all den Jahren, dachte ich, sollte man doch wirklich meinen, dass es wieder gehen müsste. Die meisten glauben, dass uns die Zeit über schlimme Erfahrungen hinweghilft. Meine Geschichte erinnert uns daran, dass sich diese Ängste bei einigen Leuten auch nach Jahren nicht verringern:

Der Boden ist heute schnee- und eisbedeckt. Was mich an den Abend erinnert, an dem mein Wagen auf einer Eisfläche ins Schleudern geriet und von einem entgegenkommenden Lastwagen zu Schrott gefahren wurde. Das ist nun vier Jahre her. Den anderen traf keine Schuld. Ebenso wenig wie mich. Eine Laune der Natur. Wer hätte in einer so trockenen mondhellen Nacht mit einer vereisten Stelle gerechnet? Der Wagen war ein Wrack und ich selbst mit einem lebenslänglichen Schleudertrauma geschlagen. Angst verspürte ich keine, wenigstens damals nicht. Ich setzte mich sofort wieder hinter das Steuer. Unfälle können immer passieren.

Als ich fast ein Jahr später einen zweiten Frontalzusammenstoß erlebte, meinten meine Freunde, ich solle mal ein bisschen kürzer treten und über mein Leben nachdenken. Wieder hatte ich ein Schleudertrauma. Macht nichts, dachte ich und marschierte vom Unfallschauplatz direkt in die nächste Klientenberatung. Meine Freunde allerdings begannen mich zu fragen: »Was brauchst du eigentlich noch, damit du diese Abwehrhaltung endlich aufgibst? Dir dein Leben und deine verkorkste Ehe mal genauer anguckst? Damit du mehr auf dein Herz als auf deinen Verstand hörst? Damit du endlich mal aufwachst und ein Gefühl zulässt?«

Vielleicht zum ersten Mal in meinem Leben hatte ich Angst. Ein Gefühl, das mir kaum vertraut war. Vermutlich deshalb, weil ich mich jedes Mal, wenn etwas Schlimmes passierte, sofort in Aktivitäten stürzte. Mich um irgendetwas, um meine Klienten oder andere Leute kümmerte. Keine Zeit hatte, um etwas zu fühlen, und folglich furchtlos war.

Wenn ich heute zurückblicke, glaube ich, dass diese Unfälle geschehen mussten, damit ich mehr wie andere Leute werden konnte. Furcht ist etwas Normales. Keine Furcht zu haben ist dagegen unnormal, obwohl wir in einer Welt leben, in der uns alle ständig einreden wollen »Hab keine Angst«. Folglich wachsen wir in dem Glauben auf, stark zu sein und allem und jedem trotzen zu können.

Unfälle werfen viele Fragen auf. Diejenigen unter uns aber, die schon einmal in einen Unfall verwickelt waren, würden immer davon abraten, als Erstes zu fragen: »Sind Sie gefahren?« Denn diese Frage impliziert eine andere: »War es Ihre Schuld?« Und wie würden Sie auf das Eingeständnis, dass der andere gefahren beziehungsweise schuld ist, reagieren? Die Beantwortung dieser Frage kann zu einer peinlichen Angelegenheit werden. Oft wird auch gefragt: »Waren Sie verletzt?« Als wären die Furcht und der Schmerz eines unverletzt Davongekommenen weniger real! Hilfreich dagegen kann die Frage sein: »Wie geht es dir inzwischen?« oder »Kann ich dich irgendwo hinfahren?« Oder: »Möchtest du darüber reden? Wenn du aber keine Lust hast, geht das auch in Ordnung.«

Es gibt eine ganze Reihe von Möglichkeiten, Menschen, die in Autounfälle verwickelt waren, konkret zu helfen, zum Beispiel folgende:

- Empfehlen Sie eine gute Werkstatt oder einen guten Mechaniker, wenn der Betreffende seinen beschädigten Wagen reparieren lassen muss.
- Bieten Sie ihm an, gemeinsam Dinge aus dem Autowrack zu holen. Wahrscheinlich glaubt er, auf Ihre Begleitung verzichten zu können. Aber wer es schon einmal allein gemacht hat, kann bezeugen, dass man nicht darauf gefasst ist, das Ganze noch einmal zu durchleben. Das geschieht leicht, wenn man mit Fremden vor den Resten seines Wagens steht. Unerwartet steigen Gefühle auf, und man fragt sich, wie oder warum man den Unfall eigentlich überlebt hat.
- Fragen Sie den Betreffenden, ob Sie mitkommen sollen, wenn er vorhat, einen neuen Wagen zu kaufen, zu mieten oder zu leasen. Unter Umständen hilft es ihm, Sie dabeizuhaben, um verschiedene Optionen abzuwägen oder aber mit dem Verkäufer zu verhandeln, da er womöglich selbst keine große Lust dazu verspürt.
- Bieten Sie ihm an, seine Kinder abzuholen oder Besorgungen zu machen, falls er nicht Auto fahren möchte oder kann.

Ich unterhielt mich mit meinen Nachbarn darüber, dass ich mir albern vorkam, weil ich mich an einem Tag – an dem niemand sonst Probleme damit hatte – nicht hinter das Lenkrad getraute. Ich versuchte, mich damit abzufinden, dass ich älter wurde, versuchte, ein wenig weiser zu sein, so dass ich es gar nicht mehr nötig hatte, mich so zu schinden wie früher.

Mit erhobenem Zeigefinger schilderte mir meine Nachbarin, wie sie knapp einem Frontalzusammenstoß entronnen war, und sagte: »Sehen Sie mal, wenn wir älter werden, erkennen wir, dass unser Bedürfnis nach Sicherheit womöglich größer ist, als es das mit zwanzig oder dreißig war. Damals gab es überhaupt keine Einschränkungen; damals waren wir unbesiegbar.«

»Vor ein paar Jahren wäre ich gar nicht auf die Idee gekommen, mir ums Fahren Gedanken zu machen«, sagte ich.

»Genau«, gluckste meine Nachbarin. »Damals wäre Ihnen das im Traum nicht eingefallen. Und nun denken Sie darüber nach, und das ist auch in Ordnung so; es ist nichts daran auszusetzen, wenn ein Mensch erwachsen wird und seinen Gefühlen Ausdruck verleiht.«

Meiner Nachbarin verdanke ich es, akzeptieren zu können, dass Erinnerungen an schwere Zeiten nicht einfach verschwinden; sie verblassen lediglich mit den Jahren. Indem sie locker, aber gleichzeitig mitfühlend mit meiner Befangenheit umging, machte sie mir meinen Argwohn, dass sich das Geschehene wiederholen könnte, annehmbarer.

Ein Hilfeschrei

Wie reagiert man auf einen Selbstmordversuch?

Die Botschaft auf dem Anrufbeantworter klang rätselhaft: »Ich brauche Hilfe. Weil ich nicht weiß, was ich sagen soll. Bitte ruf zurück.«

Als ich meine alte Freundin schließlich erreichte, klang sie entschlossen. »Was soll ich meinem Neffen erzählen?«, fragte sie. »Vorgestern Nacht hat er einen Selbstmordversuch unternommen.«

Ich holte tief Luft und sagte, dass ich keine Expertin für so etwas sei. »Das weiß ich«, meinte sie, »ich hab auch schon mit der Samariter-Selbstmord-Hotline telefoniert, aber ich will trotzdem mit dir reden.«

Meine Freundin hatte genau das getan, was professionelle Berater vorschlagen: Holen Sie sich Hilfe, um mehr über Selbstmord wie auch diesbezügliche Hilfsangebote in Erfahrung zu bringen – Angebote, die sich sowohl an den Selbstmordgefährdeten als auch die Unterstützer richten.

Es geht hier nicht um die Möglichkeiten professioneller Beratung oder Behandlung eines Menschen, der sich umbringen will oder einen Selbstmordversuch unternommen hat. Sondern darum, sensibel zu sein für Gefühle, die wir vielleicht nie erwartet hätten. Ich bin keine professionelle Beraterin auf dem Gebiet der Selbstmordverhütung; ich weiß jedoch, dass wir aufgrund unserer Fähigkeit zum Zuhören, aufgrund des Wunsches zu verstehen, alle das Potenzial haben, Menschen, die uns nahe stehen, zu trösten und ihnen zu größerer Klarheit zu verhelfen. Falls Sie Zweifel haben, wie

Sie jemandem in dieser Situation beistehen können, so schlagen Sie in den Gelben Seiten unter »Selbsthilfe und Beratung« (Selbstmordverhütung) nach, und rufen Sie die Telefonseelsorge oder ein Psychiatrisches Krankenhaus an. Ehe Sie jedoch eingreifen, sollten Sie sich vergewissern, dass Menschen mit Selbstmordgedanken von professionellen, auf Selbstmordverhütung spezialisierten Helfern versorgt werden.

Im Falle meiner Freundin erklärte ihr der Berater von der Telefonseelsorge, wie sie ihrem Neffen besser zuhören konnte.

Sie hatte einen Brief aufgesetzt, den sie ihrem Neffen schicken wollte. Sie hatte erfahren, dass der Jugendliche unter all den Problemen, die er hatte, vor allem darunter litt, dass er von Gleichaltrigen tyrannisiert wurde. Momentan war er in einer speziellen Jugendeinrichtung untergebracht, in der er und seine Familie wegen des Selbstmordversuchs psychologisch betreut wurden. Meine Freundin wollte sich nicht in die therapeutische Beratung einmischen, sondern wollte von mir wissen, wie sie ihm wohl am besten zeigen konnte, dass er ihr am Herzen lag.

Ich las ihren Briefentwurf, der größtenteils ganz wunderbar war. Besorgt und liebevoll. Sie war bekümmert über das Unglück ihres Neffen. Doch sie betonte auch, wie sehr sie und ihre Töchter ihn – wäre er denn erfolgreich gewesen – vermissen würden. Ich befürchtete aber, dass dies, ohne dass sie es beabsichtigte, bei ihrem Neffen Schuldgefühle auslösen könnte. Nachdem ich darüber nachgedacht hatte, beschloss ich, ihr einige vorsichtige Fragen zu stellen, die ihr dies zu Bewusstsein bringen sollten.

Ich hätte ihren Brief gelesen, sagte ich meiner Freundin. Dann atmete ich noch einmal tief durch und fragte sie, wie sie sich momentan fühle. Sie klang zornig, fand ich. Sie gab zu, dass es tatsächlich so war. Aber nicht auf ihren Neffen war sie wütend, sondern auf die Lebensumstände, die ihn dazu gebracht hatten, seinem Leben ein Ende setzen zu wollen. »Es ist wichtig«, sagte ich, »dass du mit dir selbst im Reinen bist, ehe du Kontakt mit ihm aufnimmst. Du musst dir über deinen Zorn im Klaren sein, den du vermutlich nicht nur seinetwegen, sondern auch wegen anderer Dinge empfindest, die dich selbst in Verzweiflung gestürzt haben – wenn du auch nie versucht hast, dir das Leben zu nehmen.«

»Ja«, meinte sie, »kann gut sein.«

Dann erklärte ich ihr, dass unsere erste instinktive Reaktion im Gespräch mit Menschen, die einen Selbstmordversuch unternommen haben (oder sich umbringen wollen), meistens die ist, ihnen zu sagen, wie sehr wir sie vermissen würden oder wie viel ihnen das Leben noch zu bieten habe. In den frühen Planungsstadien eines Selbstmordes beziehungsweise kurz nach dem missglückten Versuch ist man – meiner Erfahrung nach – jedoch nicht bereit, sich von anderen sagen zu lassen, was man noch alles vor sich hat. Da man selbst nicht an die Zukunft glaubt, will man darüber auch nichts von anderen hören! Und wenn sie einem dann auch noch erzählen, wie sehr sie einen vermissen würden, fühlt man sich entweder schuldig oder völlig in die Defensive gedrängt. Ist doch dein Problem, denkt man sich, schließlich und endlich geht es um mein Leben. Ich bin nicht dazu da, dir dein Leben angenehmer zu machen.*

Möglicherweise haben Menschen, die – aus welchen Gründen auch immer – an Selbstmord denken, einen Punkt erreicht, an dem sie kein Licht am Ende des Tunnels mehr erkennen können. Auch wenn wir anderen das nicht verstehen. Wir wissen, dass sie eine Lebensaufgabe haben, dass sich das Leben lohnt, dass sie geliebt werden. Dennoch gilt: Sogar wenn sie uns rein verstandesmäßig zu-

---

Es gibt viele Möglichkeiten, mehr über die Motive von Selbstmordkandidaten zu erfahren, unter anderem die Bücher *The Enigma of Suicide* von George Howe Colt und *Suicide. Prevention, Intervention, Postvention* von Earl Grollman. (Für weitere Informationen siehe *Quellen*.)

stimmen, hat dies keine Bedeutung mehr für sie. Sie fühlen sich innerlich so stumpf und tot, dass unsere Worte nur schwer zu ihnen durchdringen.

Einrichtungen für die Suizidprävention bemühen sich vor allem, ihren Freiwilligen ein Konzept nahe zu bringen, das auch bei Geiselnahmen Anwendung findet. Hierbei wird nach folgenden Anweisungen verfahren: »Versuche, einen Kontakt herzustellen! Versuche, zu trösten, stelle Vertrauen her, versetze dich in deinen Gesprächspartner hinein, hör zu, ohne zu werten, zeig ihm, dass du ihn verstehst. Sei einfach ein Mensch, mit dem er darüber sprechen kann, wie hoffnungslos und verzweifelt ihm sein Leben erscheint. Zeig ihm, dass du ihn in seinem Bemühen, sich zu besinnen, unterstützt.« Man muss sich über seine eigenen Reaktionen im Klaren sein und sie im Griff haben, um zu erkennen, dass es für manche Menschen nicht darum geht, niemanden zu haben, an den sie sich wenden oder den sie um Hilfe bitten könnten. Sie haben schlicht und einfach das Gefühl, dass nicht einmal du, ihr bester Freund, ihre Frau, ihr Geliebter oder ihr Kind – dass niemand ihnen mehr helfen kann, wenn ihnen selbst ihr Leben nicht mehr lebenswert erscheint.

Am Ende unseres Telefonats sagte ich zu meiner Freundin: »Überleg dir, was dein Neffe momentan verkraften kann. Versuche nicht, ihm all das zu sagen, was du ihm im Augenblick sagen willst. Sag ihm das, was er dir momentan wirklich abnehmen kann. Vielleicht ist es der erste Schritt zu einem Stück mehr Selbstachtung und so auch zu dem Wunsch, doch noch ein wenig weiterleben zu wollen. Mach ihm keine Schuldgefühle, und wenn auch nur dadurch, dass du ihm auf nette Weise sagst, wie sehr er dir gefehlt hätte. Jetzt noch nicht. Sag es ihm später.«

Hier ein Auszug aus dem überarbeiteten Brief, den sie an ihren Neffen schickte:

Lieber…,
Ich wünschte, ich könnte jetzt deine Gedanken lesen. Und wissen, was in dir vorgeht. Was du fühlst. Ich wünschte, du hättest jemanden zum Reden, der dich nicht verurteilt. Der sich alles, was du zu sagen hast, ohne Wenn und Aber anhören kann. Ich wünschte, ich könnte dieser Jemand sein.

Ich habe gehört, dass du dir vorgestern die Pulsadern aufgeschnitten hast. Ich habe dir nie gesagt, was du tun oder lassen sollst; und ich will auch jetzt nicht damit anfangen. Ich frage mich allerdings, ob eine derart endgültige »Lösung« in deiner Situation die einzig denkbare ist. Ich muss darauf hoffen, dass die Zeit Veränderungen in deinem Leben und hoffentlich auch in unserer Kultur bewirkt.

Du weißt, wie sehr ich die repressiven Züge unserer Kultur hasse. Aber ich weiß auch, dass es sogar für Menschen wie dich und mich die Möglichkeit gibt, Schikanen nicht einfach hinzunehmen. Solch eine repressive Kultur nicht einfach zu akzeptieren. Auch wenn ich dir nicht genau sagen kann, was sich alles dagegen unternehmen lässt, weiß ich, dass ich Leute wie dich brauche sowohl als Freunde wie als Mitarbeiter.

Darüber hinaus bist du meinen Töchtern immer ein wunderbarer Cousin gewesen. Sie haben ja keine Brüder. Ich hoffe, du entschließt dich zum Weiterleben. Auch wenn man diese Entscheidung tagtäglich aufs Neue treffen muss, hoffe ich, dass du dich dazu durchringst. Und falls du je wieder mit dem Gedanken an Selbstmord spielst, hoffe ich, dass du mich vorher anrufst und mit mir sprichst. Ich werde dir zuhören, das verspreche ich dir. Wenn du dich für andere Optionen als die nahe liegendste interessierst, dann

> setz dich mit mir in Verbindung. Ich bin verdammt gut im »Nicht-Schubladen-Denken.« Es ist immer leichter, hinaus- als hineinzuschauen. Wenn du mich fragst, werde ich dir eine Antwort geben. Ich will mich aber nicht aufdrängen. Ich weiß nicht, was du willst oder brauchst. Aber du sollst wissen, dass ich für dich da bin.
>
> Ich liebe dich.

Meine Freundin begriff den Selbstmordversuch ihres Neffen als Hilferuf und nicht als Todeswunsch. Inzwischen erhält er diese Hilfe auch. Wäre seine Tante davon ausgegangen, dass seine Handlungen eher vom Wunsch zu sterben als vom Versuch, Hilfe zu bekommen, getrieben waren, wäre es ihr viel schwerer gefallen, ihrem Neffen das zu sein, was er brauchte – eine vorurteilslose Zuhörerin.

Zum Nachdenken

Wie man einem Leidenden beisteht

Wie verhalten wir uns angesichts der Leiden anderer?

Anderen in ihrem Schmerz beizustehen, ist eines der größten Geschenke, die wir ihnen machen können. Da jeder von uns schon einmal gelitten hat, wissen wir, dass es viele Arten von Schmerz gibt. Körperlichen. Seelischen. Die Furcht vor dem Unbekannten und die Angst, dass das Leiden nicht mehr aufhört. Eine Art Taubheitsgefühl, das vom Schmerz der völligen Isolierung begleitet wird. Und die Befürchtung, dass unser Schmerz auch anderen Schmerz zufügen könnte.

Was können wir tun, wenn wir jemandem in schweren Zeiten beistehen wollen? Atmen. Ganz richtig, wir müssen atmen, tief durchatmen. Man denke nur an die Hebammen, Ehemänner und Krankenschwestern, die einer Frau in den Wehen beistehen – in Schmerzen, die zu den größten physischen Schmerzen überhaupt zählen. Was tun all diese Helfer? Sie atmen mit der künftigen Mutter, um ihr über die Schmerzwellen hinwegzuhelfen. Viel leichter ist es, angesichts von Leiden und Schmerz genau das Gegenteil zu tun. Egal, ob es sich um körperlichen oder emotionalen Schmerz handelt, halten wir – ohne uns dessen bewusst zu sein – den Atem an. Wir spannen die Muskeln an. Wir versuchen, uns zu beherrschen und uns zusammenzureißen. Genau dasselbe tut womöglich auch die Person, die Sie zu trösten versuchen – auch sie will den Schmerz verbergen.

Wenn wir den Atem anhalten, fühlen wir nichts mehr. Je weniger Sauerstoff wir aufnehmen, umso weniger steht uns zur Erfrischung unserer Zellen und zur Aufrechterhaltung unseres Blutkreislaufs zur Verfügung. Wir verspannen; nicht nur die Muskeln verkrampfen, sondern auch das Hirn – daher der alte Rat angesichts schwieriger Situationen: »Tief durchatmen!« Denn dies bringt uns buchstäblich wieder zur Besinnung. Ruhiges und tiefes Atmen beruhigt, und die dadurch bewirkte Entspannung kann bei der Person, der man helfen möchte, ein Gefühl von Frieden erzeugen.

Einem Menschen – der in seinem Schmerz am verletzlichsten ist – auch geistig beizustehen, heißt, dass wir bereit sein müssen, uns von seinem Schmerz berühren zu lassen, ohne Angst, davon irritiert oder überwältigt zu werden. Eine verbreitete tröstende Meditationsübung fordert uns auf, »bereit zu sein, den Schmerz des anderen ein- und unsere Liebe und unser Wohlwollen auszuatmen.«*

Menschen in ihrem seelischen oder körperlichen Schmerz beizustehen, heißt unter anderem auch, ihre Tränen zuzulassen. Natürlich wollen wir ihren Tränenfluss stoppen, indem wir etwa sagen: »Wird schon wieder. Nun weine doch nicht!« Es kann uns sehr schwer fallen, hilflos zusehen zu müssen, während sie schluchzen oder ihre Tränen lautlos fließen. Aber jeder Körper versucht, sich von seinen Emotionen zu befreien – um jene Heilung herbeizuführen, die mit Tränen einhergeht. Der Schmerz wird buchstäblich verflüssigt. Versuchen Sie – wenn Sie es irgendwie schaffen –, nicht gleich ein Taschentuch zu zücken oder die Leute in den Arm zu nehmen. Zeigen Sie ihnen nur, dass Sie da sind; und berühren Sie sie dann nach ein paar Minuten leicht an der Schulter, ohne ihnen damit suggerieren zu wollen, dass ihr Schmerz auch der Ihre ist.

---

* Diese buddhistische Meditationspraxis, auch als »tonglen« bezeichnet, wird in Pema Chödröns Buch *Geh an die Orte, die du fürchtest* wunderbar beschrieben.

Sie oder die Menschen, die Sie trösten, mögen den Schmerz zu verschiedenen Zeiten als bittere Lektion, Fluch, Strafe, Unrecht oder selbstverständlichen Bestandteil des Lebens empfinden. Egal, wie der Schmerz betrachtet wird, es hilft, wenn Sie die Sicht der Betroffenen akzeptieren können. Man kann sich auch immer wieder bei den Betroffenen oder ihren professionellen Helfern erkundigen, wie man zur Besserung ihres Befindens beitragen kann. Zuweilen aber lässt sich der Schmerz nicht lindern, und man kann ihnen nur helfen, ihn zu ertragen.

Es ist nicht unsere Aufgabe, den Schmerz zum Verschwinden zu bringen, sosehr wir uns das auch wünschen mögen. Mitunter wollen wir unsere Betroffenheit unter Beweis stellen, indem wir sagen: »Ich wünschte, es wäre mir passiert« oder »Wenn ich nur an deiner Stelle wäre.« Diese Worte sind zwar gut gemeint, klingen in den Ohren der Betroffenen aber ein bisschen hohl, denn sosehr wir uns auch wünschen mögen, mit ihnen zu tauschen oder ihnen den Schmerz zu ersparen, es ist gänzlich unmöglich.

Vielleicht können wir stattdessen etwas anderes sagen, wie es eine Freundin von mir kürzlich tat. Die Tränen standen ihr in den Augen, als sie verzweifelt nach einem Ausweg für mich suchte. Zunächst erzählte sie mir, wie hilflos sie sich fühlte und wie sehr sie sich wünschte, mir helfen zu können. Mir war nicht klar gewesen, dass es sie schmerzte, meine seelischen Qualen mitzuerleben. Und dann machte sie mir, ohne dass sie sich damals darüber im Klaren war, ein großes Geschenk. »Das klingt beinahe so, als ob der Schmerz Giftstoffe in deinem Körper freisetzen würde, die du vielleicht gerne loswerden möchtest«, sagte sie langsam und zögerte ein wenig. »Ob es dir wohl helfen würde, das zu tun, was ich damals gelernt habe, um die Nebenwirkungen der Chemotherapie von meinen gesunden Organen fern zu halten und loszuwerden?«

Warum nicht, könnte ja vielleicht ganz hilfreich sein, räumte ich ein. Und sie erzählte mir, wie sie mit den quälenden Nachwirkungen der Chemotherapie umgegangen war: »Ich stellte mir dabei vor, wie die Chemo meine Krebszellen erreicht und gleichzeitig die gesunden Organe wie meine Leber oder meine Nieren in Ruhe lässt. Ich sitze ruhig da, meditiere und sage meinem Körper, was er zu tun hat – nämlich die Krebszellen zu bekämpfen und die Giftstoffe aus den gesunden Zellen auszuscheiden.«

Das Tröstliche und Heilende an diesem Gespräch war, dass die Freundin, die mir von ihrer Meditation erzählte, nicht sagte, was ich tun sollte. Sie stand mir in meinem Schmerz bei, indem sie mich ahnen ließ, wie verletzlich sie sich in ihrem eigenen Schmerz gefühlt hatte.

Stellen Sie sich vor, einen Moment lang die Plätze zu tauschen: Was wäre, wenn Sie die Person wären, die Trost benötigt, aber nicht weiß, wie sie darum bitten soll? Engen Freunden oder Angehörigen kann man zum Beispiel sagen, dass uns ihr verlegenes Ignorieren der Tatsache, dass uns etwas zugestoßen ist, irritiert und man eigentlich nur gefragt werden will: »Wie war dein heutiger Befund?« oder »Ich weiß nicht, was ich für dich tun kann; ich fühle mich so hilflos« oder »Hast du Angst vorm Sterben?« Wir können so perfekt darin werden, die Starke oder den Starken zu spielen oder mit unseren Schmerzen »fertig zu werden«, dass Freunde nicht mehr wissen, ob wir sie brauchen oder ob wir überhaupt Bedürfnisse haben. Solange wir nicht offen über unsere Ängste sprechen oder sagen können, was wir wirklich benötigen, halten wir andere auf Distanz, so dass sie uns das für uns Entscheidende, das von uns Ersehnte nicht sagen und auch nicht an unserem Leben teilhaben können.

- Welche Hilfe würden Sie sich von anderen wünschen, wenn plötzlich eine schwere Krankheit bei Ihnen diagnostiziert würde? Würden Sie die Sache weitgehend für sich behalten, oder hätten Sie den Wunsch, dass bestimmte Freunde wüssten, wie sie Sie und Ihre Familie unterstützen können?

- Was würden Sie von Ihren Freunden, Kollegen oder Angehörigen erwarten, wenn Sie eine Zeit lang nicht für sich selbst sorgen könnten? Wen würden Sie um Hilfe bitten? Was würde es Ihnen erleichtern, um die benötigte Hilfe zu bitten und sie zu akzeptieren?

- Woran würden Sie den Unterschied zwischen Kuriertsein und Heilung festmachen?

KAPITEL 3

Tröstende Gespräche am Arbeitsplatz

Ihr seid doch alle unfähig

Wie man aus wütenden Kunden treue Fans macht

Was tun Sie, wenn einer Ihrer besten Kunden Sie am Telefon herunterputzt – wegen eines Fehlers, von dem Sie nicht einmal wissen, ob er wirklich Ihrer Firma anzulasten ist? Lassen Sie zu, dass er seinem Ärger Luft macht? Beruhigen Sie ihn? Legen Sie die Sache notdürftig bei, nur damit das Gebrüll aufhört? Verteidigen Sie das Recht Ihres Unternehmens, die Sache einer Prüfung zu unterziehen? Sagen Sie, dass es Ihnen Leid tut, und tun Sie alles, um den Anrufer zufrieden zu stellen?

Egal, wie viel Erfahrung Sie besitzen – mit wütenden Kunden umzugehen, ohne die verbalen Angriffe persönlich zu nehmen, ist immer schwierig. Doch genau damit musste sich Donna, Leiterin der Reservierungsabteilung eines wichtigen Hotelunternehmens, eines Morgens auseinander setzen. Die Schilderung ihrer Auseinandersetzung und wie sie es schaffte, einem Kunden mit Rat und Tat zur Seite zu stehen, anstatt nur zu reagieren und eine defensive Haltung einzunehmen, bietet wichtige Einsichten in den Umgang mit verärgerten Kunden:

> Einer unserer größten Kunden, ein Reiseunternehmen, hatte für einen seiner Kunden in einem unserer beiden Hotels reservieren lassen. Das zumindest behauptete George, der Leiter des Unternehmens, als er mich am Apparat hatte. Von Anfang an brüllte er auf mich ein. Offenbar hatte Tom, sein Kunde, versucht, in unserem Drei-Sterne-Hotel

einzuchecken. Man sagte ihm, dass es keinen Beleg für eine Reservierung gäbe. Tom bestand darauf, dass er eine Reservierung habe, und wenn er auch keine Bestätigungsnummer von uns hatte, so konnte er doch ein Papier der Reisegesellschaft vorweisen, das die Buchung bestätigte. Um das Ganze noch schlimmer zu machen, war unser Hotel völlig ausgebucht.

George tobte am Telefon, wie inkompetent wir doch alle seien: Ob wir denn nicht wüssten, wie man ein Hotel führt? Wie könnten wir einem Gast sagen, dass nicht für ihn reserviert worden sei? Wussten wir nicht, dass das ein schlechtes Licht auf Georges Unternehmen warf? Was dachten wir uns eigentlich dabei? »Ihr Hotel wird dem Gast durch zwei freie Übernachtungen in den beiden gebuchten Zimmern Schadensersatz leisten.«

Am liebsten hätte ich gesagt: »Hören Sie mal, Sie hatten doch noch nie Probleme mit uns. Also können Sie auch nicht einfach davon ausgehen, dass es unsere Schuld ist. Es gibt keine Bestätigungsnummer, warten Sie doch erst mal ab …« Doch statt die üblichen Floskeln abzuspulen und das Hotel zu verteidigen, schwieg ich zunächst und erinnerte mich an das Seminar, das ich eine Woche zuvor besucht hatte. Wir hatten einige Rollenspiele zum Umgang mit zornigen Kunden gemacht. Als Erstes lernten wir dabei, zuzuhören. Als Zweites, dass Rechtfertigungen oder Erklärungen von Gründen die Kunden meist nur noch ärgerlicher machen – auch wenn sich das Unternehmen nichts vorzuwerfen hat! Ich beschloss, diese neuen taktischen Mittel anzuwenden, anstatt lediglich zu reagieren und die Sache persönlich zu nehmen.

Ich ließ George toben. Er war wirklich wütend; nichts,

was ich hätte sagen können, hätte geholfen oder wäre auch nur von ihm zur Kenntnis genommen worden. Nachdem er sämtliche Beschwerden losgeworden war, atmete ich ein paar Mal tief durch und sagte: »George, ich werde mich um Ihren Kunden kümmern, die Sache aufklären und mich wieder melden, sobald ich weiß, was geschehen ist. Wir kriegen das schon hin.«

»Die Mühe können Sie sich sparen – schreiben Sie ihm die Zimmer einfach gut«, erwiderte er und legte auf.

Aber eins nach dem anderen. Ich vergewisserte mich, dass der Gast ein erstklassiges Zimmer in unserem Vier-Sterne-Hotel um die Ecke erhielt. Dann forschte ich nach den möglichen Ursachen des Problems. Mir fiel ein, dass die Angestellte des Reisebüros vielleicht ein benachbartes Hotel mit ähnlichem Namen für den Kunden gebucht haben könnte. Und tatsächlich stellte ich Folgendes fest: Die Reisegesellschaft hatte in einem Hotel mit ähnlichem Namen für den Gast reserviert. Hier nun fragte ich meine Kollegin in dem anderen Hotel, ob sie uns einen Gefallen tun könnte, indem sie dem Gast keine Stornogebühr in Rechnung stellte.

Mit diesen neuen Erkenntnissen gewappnet, beschloss ich, noch einmal alles zu überdenken, ehe ich George zurückrief. Ich wusste, dass wir Recht gehabt und uns nichts hatten zu Schulden kommen lassen, aber ich wollte nicht, dass sich das in meinem Ton niederschlug. Außerdem wollte ich etwas ausprobieren, das ich in meinem Seminar in der Vorwoche gelernt hatte: Nämlich mich an die Stelle des anderen zu versetzen. Und so überlegte ich mir einen Moment lang, wie sauer ich wohl wäre, wenn ich eine Reservierung für jemanden aus meiner Familie gemacht hätte, genau wüsste, dass ich gebucht hätte, dann mit jemandem im Hotel spräche und erfahren müsste, dass es keine Reservierung gab. Auch ich wäre wütend. Und vielleicht auch peinlich berührt. Und mit dieser Einstellung rief ich George zurück.

Ich wollte ihm mitteilen, dass sein Kunde inzwischen in unserem Vier-Sterne-Hotel in zwei schöneren Zimmern bestens untergebracht war. Anschließend erzählte ich ihm, was ich in Erfahrung gebracht hatte. Zunächst wollte er mir nicht glauben und fragte: »Sind Sie sich wirklich sicher?« Ruhig erwiderte ich, dass ich die Unterlagen des anderen Hotels vor mir liegen hätte und sie ihm faxen würde. Ich erwähnte, dass er ja nicht selbst für seinen Kunden reserviert habe – einer seiner Angestellten hatte im Hotel angerufen. Plötzlich begann George sich zu entschuldigen, es täte ihm Leid, dass er mich wegen eines Versehens seiner eigenen Firma so angebrüllt habe. Sie hätten einfach zu wenig Personal, und er selbst versuche, die Arbeit von vier Leuten zu erledigen. Allerdings, fügte er hinzu, sei dies keine Entschuldigung für seinen rüden Ton.

»Fehler passieren überall«, sagte ich. »Ich bin jedenfalls froh, dass wir Ihren Kunden in unserem anderen Hotel unterbringen konnten und der Sache auf den Grund gegangen sind. Danke für die Entschuldigung. Ich weiß das zu schätzen.«

Was ich aus dem Umgang mit George und seinem Kunden lernte, war, dass man nie wissen kann, was ein anderer um die Ohren hat. Früher hätte ich viel mehr Zeit damit verbracht, darauf zu bestehen, dass uns keinerlei Schuld trifft.

»Und was wäre aus eurem Gast geworden?«, fragte ich.

»Wahrscheinlich hätten wir ihm ein Zimmer in einem anderen Hotel besorgt, aber eben nicht in unserem eigenen, und er wäre nicht wiedergekommen.«

»Und der Reiseveranstalter?«

»Oh, der hätte seine Buchungen anderweitig getätigt«, erklärte sie. Recht haben habe eben seinen Preis. Wie sich herausstellte, schrieb der Reiseveranstalter dann einen Brief an den Hotelbesitzer, in dem er ihm schilderte, wie sehr ihn der Umgang der Angestellten mit dem Buchungschaos beeindruckt habe. »Ich werde Ihnen alle meine Gäste schicken«, schrieb er.

Hier einige Punkte, die Angestellte sich merken sollten, wenn sie ihre Reaktionen gegenüber verärgerten Kunden unter Kontrolle halten wollen:

- Es ist wichtiger, die Situation zu verstehen, als Recht zu behalten.
- Nehmen Sie sich die Zeit, sich in andere hineinzuversetzen, wenn Sie verstehen wollen, was falsch gelaufen ist.
- Auch wenn Sie Recht haben ... Haben Sie lieber Recht oder einen guten Kunden?
- Halten Sie inne, und atmen Sie tief durch, wenn jemand Sie anbrüllt, weil man zunächst nur den Impuls verspürt, zurückzubrüllen, zu erklären oder das Problem schnell zu erledigen. Ein paar tiefe Atemzüge verschaffen Ihnen »Spielraum«, um eine andere Perspektive zu gewinnen.
- Wenn jemand sich bei Ihnen abreagiert, können Sie nur zuhören. Ein erregter Gesprächspartner ist erst dann bereit, Ihnen zuzuhören, wenn er selbst gehört wurde und sich verstanden fühlt.
- Sie müssen nicht zugeben, dass Ihre Firma Schuld hat, aber Sie können sagen, dass Ihnen die Sache Leid tut.

- Tun Sie Ihr Möglichstes, um die Wünsche Ihres Kunden zu erfüllen, indem Sie seine Würde wahren und dabei trotzdem die Kosten und Prinzipien Ihrer Firma im Auge behalten.
- Sobald Sie wissen, wo der Fehler liegt, erläutern Sie liebenswürdig die Ursache des Problems, wobei Sie dem Kunden gestatten, sein Gesicht zu wahren, und einräumen, dass wir alle nur Menschen und folglich fehlbar sind.

Was war das Schwierigste, das Donna beim Umgang mit einem schwierigen Kunden lernen musste? »Oh, das ist leicht zu beantworten«, meinte sie. »Den Mund halten. Zuhören, wie jemand Dampf ablässt, ohne sofort die Firma zu verteidigen. Seit wir gelernt haben, auf diese Weise mit Kunden umzugehen, sind unsere diesbezüglichen Verluste stark zurückgegangen. Heute hören wir zunächst zu, gehen anschließend der Sache auf den Grund, versetzen uns in die Lage des Kunden und räumen dann das Missverständnis aus.«

Wenn Angestellte nicht miteinander auskommen

Die Kraft des Zuhörens

Wenn ich mit Roger arbeiten muss, kündige ich!«
Wenn Angestellte nicht miteinander auskommen, kann das die Firma mehr als nur Geld kosten. Persönliche Konflikte am Arbeitsplatz können das Selbstwertgefühl der Beteiligten untergraben und leitende Angestellte in eine Zwickmühle bringen. Logans Geschichte zeigt, dass durch die bewusste Anwendung der Prinzipien tröstender Gespräche konstruktive Beziehungen zwischen Menschen gefördert werden, die glauben, sich nichts zu sagen zu haben.

Eines Abends kam Mark in mein Büro und verkündete, dass er jetzt die »Nase voll« habe von Roger. Roger hatte uns selbst gewarnt, dass es nicht leicht sei, mit ihm zusammenzuarbeiten, doch wir stellten ihn trotzdem ein, weil wir in einer Branche, die stetem Wandel unterworfen ist, auf seine Kompetenz angewiesen waren. Als Mark mich so direkt damit konfrontierte, wollte ich instinktiv reagieren, wie ich es normalerweise tue – nämlich das Problem einräumen, zugeben, dass die Zusammenarbeit mit Roger eine Zumutung war, und Mark überreden, sich auf die Hinterbeine zu stellen und weiterzumachen. Ich war wie so viele Manager – das Letzte, mit dem ich behelligt werden wollte, waren persönliche Unstimmigkeiten.

Obwohl ich das Problem eigentlich direkt in Angriff nehmen wollte, was man – wie ich glaubte – als Boss von mir erwartete, beschloss ich, diesmal etwas anderes auszuprobieren. Ich sagte zunächst etwas ganz Schlichtes: »Du scheinst ziemlich sauer zu sein, Mark.«

»Da hast du verdammt Recht«, erwiderte Mark. »Roger behandelt mich wie einen Fünfjährigen!«

Ich zögerte und fragte mich: »Was will er mir eigentlich damit sagen? Wenn er meint, dass man ihn wie ein Kind behandelt, hat er vielleicht das Gefühl, dass man ihm nicht genug Achtung entgegenbringt.« Also sagte ich zu Mark: »Klingt ganz so, als hättest du das Gefühl, nicht genug respektiert zu werden.«

Mark überlegte und sagte langsam: »Mmm, nein, nicht ganz. Er respektiert mich. Er begreift nur nicht, wie viel ich inzwischen gelernt habe.«

Sein Ton hatte sich verändert. Er war nun entspannter. Und das verhalf mir zu einer wertvollen Einsicht. Allein der ehrliche Versuch, ihn zu verstehen, beruhigte ihn. Zum ersten Mal wurde mir klar, wie sehr wir uns alle wünschen, verstanden zu werden. Falls ich mich dabei irrte, würde er mir erklären, was er meinte. Anstatt noch etwas hinzuzufügen, beschloss ich, Mark weiterreden zu lassen.

»Sieh mal«, fuhr er fort, »ich habe viel Geld für diese Firma verdient. Du hast meine Verkaufszahlen gesehen. Oder bist du etwa anderer Meinung?«

Ich fühlte mich versucht, ihm beizupflichten, doch ich wollte verstehen. »Mark, das klingt, als wärst du der Ansicht, du hättest schon genug gelernt und könntest nun wieder los und Kunden besuchen, statt im Büro zu sitzen.«

»Richtig«, sagte er, »und Roger hat viel zu viel um die Ohren, um überhaupt zu registrieren, wie viel ich mittlerweile gelernt habe!«

Mark begann, Roger in einem neuen Licht zu betrachten. Und ich begann, das Problem aus einer neuen Perspektive zu sehen. Wir näherten uns dem Kern der Sache, und der lag zu meinem Erstaunen nicht in Rogers Charakter. »Roger scheint also derart in seine Arbeit vertieft zu sein, dass er gar nicht bemerkt, dass du längst bereit bist, wieder loszulegen und die neuen Produkte an den Mann zu bringen.«

Mark überlegte erneut. Dann sagte er: »Ganz genau, Logan. Er hatte keine Zeit, meine Fortschritte zu registrieren. Es ist wohl an mir, ihm das klar zu machen. Ich glaube, ich rede mal mit ihm über die Planung einer Geschäftsreise für mich und finde heraus, ob er mir bei der Vorbereitung hilft. Ich bin fest entschlossen. Am liebsten würde ich sofort mit ihm reden. Wärst du damit einverstanden?«

Logans Gespräch mit seinem Mitarbeiter dauerte nur wenige Minuten, doch es war eine Offenbarung für ihn. Das, was er für das Problem gehalten hatte – dass ein schwieriger, aber sehr fähiger Angestellter nicht mit einem anderen umgehen konnte –, war gar nicht das Problem. Nur weil er dem verärgerten Angestellten nicht übereilt beigepflichtet beziehungsweise dem schwierigen Angestellten nicht sofort die Leviten gelesen hatte, konnte er erkennen, dass das eigentliche Problem der beiden die mangelnde Kommunikation war. Roger merkte nicht, welche Fortschritte Mark machte, und Mark sah nicht, dass Roger einfach zu beschäftigt war, um mitzubekommen, dass Mark schon alles Notwendige wusste und bereit war, wieder zu seiner gewohnten Aufgabe zurückzukehren (wo er in der Tat weiter Rekordverkäufe erzielte).

Von Managern wird erwartet, dass sie handeln; Zuhören erscheint den meisten als zu passiv. Die Geschichte jedoch zeigt, dass das Wahrnehmen der Gefühle, die hinter den Worten stecken, zunächst einmal die beste Reaktion auf Konflikte sein kann. Logan entdeckte dabei, dass Menschen, denen man zuhört, eine erstaunliche Fähigkeit entwickeln, ihre Probleme selbst zu lösen.

Was, wenn Führungskompetenz hieße, für die Qualität von Beziehungen zu sorgen – zwischen Angestellten, Kunden, Verkäufern und strategischen Partnern? Was, wenn die Aufgabe eines leitenden Angestellten sich nicht darin erschöpfte, stets die richtige Antwort parat zu haben – sondern er im Stande sein sollte, die Widersprüche in den Reaktionen und Missverständnissen der Angestellten bewusst wahrzunehmen? Was, wenn die Führungsaufgabe darin bestände, die Differenzen der Angestellten auszuräumen und eine angenehme Umgebung zu schaffen, von der sowohl die Belegschaft als auch die Firma profitieren? Was, wenn Führen hieße, tröstende Gespräche zu führen – sogar am Arbeitsplatz?

Sich an die Stelle des anderen versetzen

Mit einem Kollegen reden, ehe man voreilige Schlüsse zieht

Wenn Menschen nicht wissen, was sie eigentlich stört, wie können wir ihnen dann helfen, es zu erkennen? Mit diesem Problem sehen sich vermutlich viele von uns im Arbeitsalltag konfrontiert, wo es uns als außen stehenden Beobachtern zwar völlig klar ist, was falsch läuft, der Kollege aber nur sieht, dass er Recht hat und alle anderen sich irren. Wie immer, wenn Menschen sich aufregen, stellt sich die Frage, wie man ihnen zu einer neuen Sicht der Dinge verhilft, ohne ihnen vorzuschreiben, was sie tun sollen. Wenn Sie nun in ein Coaching-Seminar eines Managers »hineinhören« dürften, sollten Sie versuchen festzustellen, welche der Richtlinien aus dem Leitfaden für heilsame Gespräche (aus dem Kapitel »Ein guter Anfang«) sich in einer ähnlichen Situation anwenden lassen.

David war dafür verantwortlich, dass die Angestellten mehrerer wichtiger Abteilungen des Hotels, das er gemeinsam mit anderen leitete, optimal arbeiteten. Optimal hieß für ihn, so gut, wie er selbst an ihrer Stelle arbeiten würde. Es war nicht ungewöhnlich, dass ihm der Geduldsfaden riss beziehungsweise dass er richtig aus der Haut fuhr, wenn ein Angestellter seinen Maßstäben nicht genügte. Eines Tages entdeckte er, dass einige Angestellte bei der Arbeit Turnschuhe trugen. »Turnschuhe!«, meinte er angewidert. »Das ist ja wohl ein Witz. Was bilden die sich eigentlich ein?«

Ich wies ihn darauf hin, dass die Angestellten mit den Turnschuhen den ganzen Tag hinter dem Rezeptionsschalter standen (wo sowieso keiner die Schuhe sah). Volle acht Stunden lang. Ohne sich auch nur ein einziges Mal hinsetzen zu dürfen.

»Aber es verstößt gegen unsere Unternehmensrichtlinien«, erklärte er mir. »Nie im Leben hätten wir unsere vier Diamanten* erhalten, wenn die Kommission festgestellt hätte, dass unsere Rezeptionisten während ihrer Arbeitszeit Turnschuhe tragen.«

»Verstehe. Was haben Sie also vor?«, fragte ich.

»Ihnen sagen, dass sie das vorgeschriebene Schuhwerk zu tragen haben, und damit basta«, meinte er ziemlich genervt.

»Ja, aber ist Ihnen nicht klar, warum einige von ihnen Turnschuhe tragen, obwohl sie wissen, dass es nicht erlaubt ist?«

»Nein, und es ist mir auch egal«, sagte er, irritiert von der Vorstellung, sich auch noch Gedanken darüber machen zu müssen, was seine Angestellten zur Missachtung von Firmenregeln veranlasste. »Stellen Sie sich mal vor, Sie seien Rezeptionist«, begann ich und entwickelte mein Szenario. »Den ganzen Tag stehen Sie sich die Beine in den Bauch. Das vorgegebene Unternehmensziel lautet, jeden Gast mit Wärme und Herzlichkeit zu umsorgen. Sie sind den ganzen Tag auf den Beinen. Und sind freundlich. Können Sie es sich vorstellen?«, fragte ich.

»Sicher«, erwiderte er.

»Nun«, begann ich wieder, »versetzen Sie sich in die Lage der Angestellten; warum könnten sie dabei Turnschuhe tragen?«

»Ich würde keine tragen«, meinte er verärgert. »Das ist doch genau der Punkt. Wenn ich diesen Job hätte – und ich hab ihn schon gemacht –, dann würde ich einzig und allein die vorgeschriebenen Schuhe tragen. Derartige Regelverstöße sind mir einfach unbegreiflich.«

»So ist es«, meinte ich, »weil Sie sich nicht an die Stelle der Kol-

* »Vier Diamanten« entsprechen nicht den deutschen »Vier Sternen«, sondern eher der Luxusklasse.

legen versetzt haben. Sie betrachten das Ganze so, als würden Sie, Sie und kein anderer, diesen Job machen. Sie haben sich nicht die Mühe gemacht, die Sache aus der Perspektive der Angestellten zu betrachten.«

»Genau«, sagte er, »und ich wüsste auch nicht, warum ich es tun sollte.« Und dann dämmerte es ihm. Als hochrangiger Manager dieses Unternehmens war es ihm gänzlich unmöglich, das Problem wirklich zu erfassen, wenn er sich weiterhin einbildete, es müsse alles nach seinen Vorstellungen gehen. Solange er darauf beharrte, Recht zu haben, und alle anderen des Irrtums bezichtigte, konnte er im Grunde nicht erfahren, was seine Leute zu diesem Regelverstoß motivierte.

Schließlich stellte er fest, dass sie Turnschuhe trugen, weil der Boden, auf dem sie standen, zu hart war und Fuß- und Rückenschmerzen verursachte – was es ziemlich erschwerte, beim Bedienen nervöser Reisender »herzlich und freundlich« zu bleiben. Die Lösung? Statt wütend die Turnschuhe zu verbieten, bestellte er einen neuen, dickeren Bodenbelag. Seine Angestellten trugen wieder die vorgeschriebenen Schuhe und hatten das Gefühl, dass er sich die Mühe gemacht hatte, die Dinge aus ihrem Blickwinkel zu betrachten. Endlich hatte er sich einmal an ihre Stelle versetzt – beziehungsweise war »in ihre Schuhe geschlüpft«!

»Ich dachte, sich an die Stelle eines anderen zu versetzen, hieße, einen Job so zu machen, wie ich selbst es täte. Allerdings probierte ich dadurch gar keine neue Betrachtungsweise aus, sondern verteidigte lediglich meine eigene und war immer noch blind für die des anderen.«

Welche Art von Mensch sollten Sie für Ihre Mitarbeiter sein, damit diese etwas entdecken können, für das sie vorher blind waren?

- Ein Mensch, der sie nicht gefühllos verurteilt.

- Jemand, der sie nicht ständig kritisiert und nicht selbst schon immer alle Antworten parat hat.
- Ein Mensch, der begreift, dass es immer irgendwelche (wenn auch nicht immer offensichtliche) Gründe gibt, die es uns schwer machen, eine Situation zu durchschauen.
- Ein Mensch, der Verständnis aufbringt für unsere Frustration. (David beispielsweise konnte nicht erkennen, was er übersah, bis er sich sicher genug fühlte, zuzugeben, dass man ihm beigebracht hatte, Dinge anders anzugehen. Sobald er dies sagen konnte, ohne sich im Unrecht zu fühlen, war er auch bereit, die Sache aus einer neuen Perspektive zu betrachten – und zumindest neugierig zu sein auf das, was ihm vorher entgangen war. Wenn man als Zuhörer Menschen, die sich ungerecht behandelt fühlen, sein Mitgefühl schenkt, sind diese häufig auch in der Lage, es für sich selbst zu empfinden und es an andere weiterzugeben.)

Wenn Sie die Person sind, der es schwer fällt, die Zusammenhänge zu durchschauen, und Sie niemanden haben, mit dem Sie die Dinge besprechen können, sollten Sie sich vielleicht ein paar Minuten Zeit nehmen, um sich in die Person hineinzuversetzen, die Ihren Ärger verursacht. So erkennen Sie unter Umständen, dass Ihnen einige Informationen fehlen. Sie könnten Ihr Gespräch etwa folgendermaßen beginnen: »Vielleicht ist mir hier ja etwas entgangen … – So sehe ich die Sache. Können Sie mich vielleicht aufklären?« Wenn Sie sich Zeit nehmen, um innezuhalten und Ihre Informationslücken einzuräumen, erleichtern Sie es Ihren Angestellten, gemeinsam mit Ihnen das Problem zu lösen und keine Energie mehr darauf zu vergeuden, sich gegen Ihre Verdächtigungen zu verteidigen.

Das soll wohl ein Scherz sein!

Problematisches Feedback erhalten und geben

Alex hatte ein Problem, das er seit Monaten zu verdrängen versuchte. Das Problem hieß Madeline, eine ehrgeizige Karrierefrau, die nicht davor zurückschreckte, ihre Ellbogen einzusetzen, und die von der Firmenleitung für eine Beförderung vorgesehen war. Der Geschäftsführer drängte ihn, sie rasch zu befördern, da er Angst hatte, sie an die Konkurrenz zu verlieren, was er sich nicht leisten konnte.

Madeline rechnete ganz fest mit ihrer Beförderung. Die Kunden bewunderten sie. In der Tat war ihre Arbeit häufig fast zu gut. Die Kollegen hatten das Gefühl, es nicht mit ihr aufnehmen zu können. Sie beklagten sich über ihre spitze Zunge, über ihre beißende Kritik und ihre unerreichbar hohen Ansprüche. Man hatte den Eindruck, dass sie, wann immer jemand bei einer Besprechung den Mund auftat, bei sich dachte: »Ach bitte, bitte, fass dich doch kurz!«

Als mehrere Angestellte sich weigerten, in Madelines Team zu arbeiten, musste Alex schließlich etwas unternehmen.

ALEX: »Ich habe Monate gebraucht, ehe ich mich zu dem Gespräch mit Madeline durchringen konnte. ›Und wenn ich mich nun hinsichtlich ihrer Probleme täusche?‹, dachte ich mir. Und sie sich dann auf mich stürzt und mir all die Dinge an den Kopf wirft, die ich ihrer Meinung nach als Vorgesetzter falsch mache? Oder wenn sie sagt: ›Wie kommst du eigentlich dazu, mich zu kritisieren?‹ oder ›Ich kündige!‹«

MADELINE: »Als mein Vorgesetzter mir ohne Umschweife mitteilte, was man mir schon eine ganze Weile anzudeuten versuchte, konnte ich es kaum fassen. Ich war überzeugt, dass ich großartige Leistungen brachte und mit einer Beförderung rechnen durfte. Stattdessen erfuhr ich, dass mehrere Kollegen nicht mit mir zusammenarbeiten wollten. Es war niederschmetternd! Plötzlich drängte man mich, mich einem intensiven Training zu unterziehen, um meine Arbeitsweise zu verändern. Zunächst einmal musste ich mich aber selbst fragen: ›Wollte ich mich denn überhaupt ändern?‹«

ALEX: »Das Schwerste für mich war, Madeline sagen zu müssen: ›Du hast da ein Wahrnehmungsproblem. Deine Kollegen finden es sehr schwierig, mit dir zusammenzuarbeiten. Ihrer Einschätzung zufolge bildest du dir ein, etwas Besseres zu sein als der Rest der Welt. Und deswegen delegierst du auch nicht – weil du nicht glaubst, dass es irgendjemand so erledigen kann, wie du es haben willst. Du glaubst vielleicht nicht, dass du so auf andere wirkst; Tatsache aber ist, dass Wahrnehmung Realität erzeugt. Und die Frage ist, ob du bereit bist, daran zu arbeiten?‹«

MADELINE: »Als mein Vorgesetzter meinen Führungsstil zum ersten Mal thematisierte, wollte ich nichts davon hören. ›Gib mir eine Chance. Niemand macht den Job so gut wie ich. Ich habe keine Zeit, mich mit so etwas abzugeben. Ich bin zu beschäftigt.‹«

ALEX: »Ich fragte mich auch, ob die Probleme, die wir mit

dieser überaus tüchtigen Angestellten hatten, an ihrer Persönlichkeit oder an ihren Führungsqualitäten lagen. Ich wusste, dass es irgendwie nicht fair war, wenn ich von ihr verlangte, sie solle sich ändern – um mehr so wie wir anderen zu werden; doch um der Firma und unserer Unternehmensmoral willen musste ich ihr sagen, dass sie sich um einen kommunikativeren und verbindlicheren Führungsstil bemühen musste und einfach nicht mehr so egozentrisch sein durfte.«

MADELINE: »›Ich höre auf‹, dachte ich. Das wäre leichter gewesen, als mich zu ändern. ›Aber‹, dachte ich mir dann, ›ist an dem, was meine Chefs über meinen Umgang mit Menschen sagen, denn etwas dran? Bin ich ungeduldig gegenüber meinen Freunden? Meiner Familie? Verurteilend? Habe ich da wirklich ein Problem, oder nehmen meine Vorgesetzten zu viel Rücksicht auf Leute, die einfach nichts wegstecken können?‹ Ich war sprachlos, als Freunde und nahe Angehörige meinten, ihnen ginge es genauso mit mir.

›Mach dir nichts vor‹, sagte ich mir. ›Dann wirst du wohl in Zukunft nicht mehr so ungeduldig und direkt sein dürfen, damit nicht der Eindruck entsteht, als hättest du gar kein Interesse an den Vorschlägen der anderen.‹ Meine Chefs wollten, dass ich begriff, wie sich mein Verhalten auf die Entwicklung anderer auswirkte. Die größte Herausforderung für mich war nicht, dass ich lernen musste zuzuhören; zunächst einmal musste ich ihnen überhaupt zuhören wollen.«

Madelines Vorgesetzte stellten sie vor die Wahl: Ob sie wohl im Hinblick auf ihre Beförderung zur Direktorin bereit war, sich einer noch mächtigeren Erfolgsmethode zu bedienen, indem sie sich rücksichtsvoller gegenüber anderen verhielt? Sie gaben ihr bestimmte kommunikative Fähigkeiten vor, die sie entwickeln sollte – etwa sich die Ideen anderer anzuhören, ohne vorschnell zu entscheiden, dass ihre eigenen besser seien, geduldiger und rücksichtsvoller auf Mitarbeiter zu reagieren, Nachwuchskräfte zur korrekten Durchführung einer Aufgabe anzuleiten, statt sie selbst zu erledigen, und ihr Ego hintanzustellen, um andere zu ermutigen, selbst öfter die Initiative zu ergreifen.

ALEX: »Zu den wichtigsten Dingen, die wir dabei lernten, gehörte, dass wir – die Manager – zum Teil selbst für die unangenehmen Arbeitsbedingungen verantwortlich waren, die Madelines Probleme verstärkten. Sie brauchte einen Vorgesetzten, der geübt darin war, jungen Führungskräften Delegieren und Team-Arbeit beizubringen.«

MADELINE: »Meine Vorgesetzten sagten mir, dass meine Mitarbeiter, ja, im Grunde jeder, hin und wieder Schulterklopfen und eine Chance, etwas dazuzulernen, brauchten. Aber das ging auch mir so. Allerdings boten mir meine Chefs nicht gerade das beste Vorbild, und ich guckte mir auch einige ihrer schlechten Gewohnheiten ab. Ich wusste es zu schätzen, dass sie auch einige außerhalb meiner Person liegende Gründe für mein Verhalten einräumten, um mir nicht das Gefühl zu geben, der Fehler läge einzig und allein bei mir, man müsse mich nur entsprechend zurechtbiegen.«

Nach monatelangem Coaching durch junge Managerkollegen sowie »intensive Gewissenserforschung«, wie sie es nannte, eine Art radikaler Selbstbeobachtung, bei der das Interesse an anderen und das Zuhörenlernen an erster Stelle standen, stellte Madeline allmählich einen Unterschied fest. Dieser entging auch ihren Kollegen und ihrer Familie nicht.

MADELINE: »Wir hatten einen Termin für die Einreichung eines teuren Grafik-Pakets. Die Team-Kollegin, die die Arbeit gemacht hatte, brachte sie mir vorbei, damit ich sie mir noch mal ansah. Sie war schrecklich – sie blieb weit unter meinen Erwartungen. Früher hätte ich die Angestellte weggeschickt, die Arbeit selbst noch einmal gemacht und mich gefragt, wie sie nur so unfähig sein konnte. Dieses Mal dachte ich kurz nach und fragte sie dann: ›Haben Sie schon einmal ein solches Projekt bearbeitet?‹ Sie verneinte und meinte, sie sei froh, dass ich danach frage. Wir verbrachten einige Zeit damit, uns über die notwendigen Änderungen zu unterhalten und warum sie nötig waren. Sie meinte, das habe ihr geholfen zu sehen, wie man es richtig macht, und dass sie es beim nächsten Mal gleich so machen werde. Den vielleicht befriedigendsten Beweis dafür, dass ich mich wirklich verändert habe, erhielt ich vor kurzem, als ich mich mit meinem Vater über seine beruflichen Enttäuschungen unterhielt. Nach unserem Gespräch sah er mich an und meinte: ›Vor einiger Zeit noch hättest du – glaube ich – nicht hier sitzen und mir zuhören können. Du hättest versucht, an mir rumzudoktern oder mein Problem zu lösen. Du hast dich verändert, Madeline, und es gefällt mir, wie du mir jetzt zuhören kannst.‹«

Als man ihr sagte, dass sie ihre Arbeitskollegen zu streng behandelte, war das ein Warnsignal für Madeline. Sie musste erkennen, dass das, was sich zunächst nur als berufliches Problem darstellte, in Wirklichkeit ihr ganzes Leben betraf – am Arbeitsplatz, aber auch außerhalb davon. Sie musste lernen, dass Aufgaben zu erledigen nicht nur hieß, sie gut und schnell zu erledigen, sondern auch, dass man dabei die Gefühle anderer respektieren muss. Und dafür hatte sie sich niemals zuvor bewusst Zeit genommen.

ALEX: »Das Wertvollste aber, was ich dabei gelernt habe, ist, dass man diese Art von heilenden Gesprächen bereits während der ganz frühen Karrierephasen der Mitarbeiter führen sollte. Ich habe festgestellt, dass sich die Leute nicht wütend gegen einen wenden, sondern einen eher dafür respektieren, wenn man ihnen die Problematik und mögliche Verbesserungsvorschläge aufzeigt. Ich sehe den Leuten nicht mehr zu und hoffe, dass sich das alles schon irgendwie einrenken wird. Heute sehe ich die Menschen, wie sie sind; wollen sie sich verändern, dann verändern sie sich auch; und wenn nicht, ist es für alle am besten, wenn sie weiterziehen.«

Wenn Sie Ihren Mitarbeitern »Schwerverdauliches« mitzuteilen haben, das diese sich aber trotz anfänglichen Grolls anhören, können Ihnen folgende Richtlinien für heilsame Gespräche weiterhelfen:

- Sprechen Sie die Dinge an, auch wenn es peinlich ist, und räumen Sie Ihr diesbezügliches Unbehagen ein.
- Warten Sie ab, und seien Sie sich darüber im Klaren, dass Sie womöglich nicht alles über die Situation und das Verhalten des Angestellten wissen.
- Seien Sie für lange Zeit verfüg- und ansprechbar, denn es dauert Monate, bis sich neue Gewohnheiten eingeschliffen haben.
- Seien Sie ein hilfreicher Ratgeber, bieten Sie dem Mitarbeiter Beratung und neue Perspektiven an.

Werkschließungen und Entlassungen

Wie man einem Menschen die Arbeit, aber nicht die Würde nimmt

Einem Menschen sagen zu müssen, dass seine Stelle – aus welchem Grund auch immer – abgebaut wird, gehört zu den schwierigsten Gesprächen, die manche von uns zu führen haben. Woher nimmt man den Mut, den Leuten die schreckliche Wahrheit mitzuteilen und sie gleichzeitig zu respektieren? Eds Firma machte ihre Zukunft von der Beantwortung dieser Frage abhängig:

> Vor Jahren war ich leitender Angestellter einer Firma, die im Laufe ihrer Expansion ihre Maßstäbe verlor. Als wir anfingen, waren wir ein Unternehmen, das sich um seine Angestellten kümmerte. Dies änderte sich jedoch völlig, als der neue Geschäftsführer eine Firmenpolitik einführte, die den Menschen als Mittel zum Zweck und nicht mehr als menschliches Wesen betrachtete. Als ich dann meine eigene Firma gründete, wusste ich, dass ich das unbedingt und von vornherein ausschließen wollte. Deswegen haben wir einen Wertekatalog entworfen, der uns – egal, was geschieht –, helfen soll, die Leute gut zu behandeln. Vor kurzem aber, als ich vor einer Werkschließung und mehreren Kündigungen stand, hätte ich mich fast verrannt. Auf den rechten Weg fand ich nur deswegen wieder zurück, weil eine mutige Angestellte mir die entscheidende Frage stellte.
>
> Wegen des Abwärtstrends in der Telekommunikationsindustrie wollten wir die Herstellung konsolidieren. Das

bedeutete, dass ein Werk geschlossen und unsere gesamte Fertigung in ein anderes, drei Stunden entferntes Werk verlagert werden würde. Zwar wollten wir alle unsere Angestellten weiterbeschäftigen, wussten aber – wenn wir es realistisch betrachteten –, dass die meisten von ihnen den Umzug nicht mitmachen würden. Ich machte mir Sorgen um die Einhaltung unserer Liefertermine, um die Aufrechterhaltung der Qualitätsstandards in begreiflicherweise schwierigen Zeiten und um die Folgen dieser Neuigkeit für unsere Angestellten – von denen viele wie eine Familie für mich waren.

Auf keinen Fall wollte ich sie in meine Pläne einweihen, bevor ich diese nicht selbst fertig ausgearbeitet hatte. Doch Julie, meine Personalchefin, sah das anders. »Ed«, sagte sie, »meinst du denn, dass du die Leute respektierst, wenn du ihnen nichts davon erzählst?« Sie erinnerte mich daran, dass wir unseren Angestellten noch vor einigen Monaten versprochen hatten, ihnen die Wahrheit zu sagen, wenn sie uns nach einer geplanten Werkschließung fragen würden. Wir sagten ihnen damals zu, es ihnen mitzuteilen, wenn wir diesbezüglich unsere Entscheidung getroffen hätten.

Plötzlich war mir klar, dass ich es ihnen sagen musste, auch wenn ich die Sache noch nicht in allen Einzelheiten ausgearbeitet hatte. Ich hasse es, Leuten schlechte Nachrichten überbringen zu müssen, vor allem, wenn das bedeutet, dass sie ihren Job verlieren, weil mich dabei irgendwie das Gefühl beschleicht, sie verraten zu haben, auch wenn ich weiß, dass es in unternehmerischer Hinsicht die richtige Entscheidung ist. Folglich suchte ich nach einer Möglichkeit, es ihnen nicht direkt ins Gesicht sagen zu müssen. Sollte ich vielleicht eine Mitteilung schreiben?

Julie fragte mich, wie es mir bei alldem denn so gehe. »Schrecklich«, erwiderte ich. »Schließlich habe ich die meisten von ihnen selbst eingestellt. Und keiner von ihnen hat sich etwas vorzuwerfen. Nur, dass wir eben momentan diese Flaute haben. Ich halte große Stücke auf sie alle. Aber wenn wir die Flaute überstehen wollen, ist es das Beste, wenn wir den Produktionsprozess konsolidieren und Betriebskosten einsparen.« Und da hatte sie den Mut, mich zu stellen: »Dann sag ihnen die Wahrheit und sag ihnen, wie du dich dabei fühlst. Wenn du das früher gekonnt hast, und das hast du, dann kannst du es auch jetzt«, beharrte sie.

Noch zehn Minuten vor meiner Ansprache an die Angestellten meinte ich, es nicht übers Herz bringen zu können. Und ich weiß nicht, ob ich es getan hätte, wäre Julie nicht noch einmal gekommen und hätte mich gedrängt: »Sag ihnen die Wahrheit – so wie du sie siehst. Du kannst das.« Ich hatte hundert Entschuldigungen dafür, ihnen keinen reinen Wein einzuschenken, ehe meine Pläne perfekt waren. Und ich wusste immer noch nicht, wie die anstehenden Aufträge erledigt werden sollten, wenn ich ihnen schon im Voraus sagte, dass die meisten von ihnen ihren Job verlieren würden. Ich wusste, dass das nicht das übliche Geschäftsgebaren im Silicon Valley war, und wusste nicht, ob wir diese schwierige Schließung bewerkstelligen und die Arbeit transferieren konnten.

Als ich die Neuigkeit verkündete, brachte ich kaum einen Ton heraus, und alle merkten es. So hatten sie mich, ihren Geschäftsführer, mit Sicherheit noch nie erlebt. Ich bin der klassische, selbstbewusste Harvard-Business-School-Absolvent, dem man eingeschärft hatte, seine Angestellten nie merken zu lassen, wie viel Anstrengung ihm der Job abverlangt. Dadurch, dass ich meinen Leuten aber erzählte, wie schwer das Wissen, dass die meisten von ihnen ihren Job verlieren würden, auf mir lastete, merkten sie, dass ich sie schätzte. Wir gaben bekannt, dass uns noch drei Monate blieben, um die Verlegung durchzuführen, und stellten es jedem frei, mit uns umzuziehen. Als die Werkschließung später in allen Einzelheiten durchgeplant war, startete unser Herstellungsleiter eine »Carpe-diem-Initiative«, in der er alle aufrief, wenn sie denn zur Arbeit kämen, auch bis zum letzten Tag ihr Bestes zu geben – nach dem Motto »Nütze den Tag bis zum letzten Tag«. Und das taten sie, und wir hielten sämtliche Liefertermine ein.

So schwer es mir fiel, an jenem Tag vor die Angestellten zu treten, mit ihnen zu reden, ihre Fragen zu beantworten und mich anschließend auch in persönlichen Gesprächen mit ihnen auszutauschen – mir wurde dabei klar, dass ich keine Firma führen wollte, in der Misstrauen herrschte. Ich wollte ein Unternehmen führen, das auf einem grundlegenden Glauben an die Fürsorge für und das Vertrauen in unsere Angestellten basiert. Wenn unsere Unternehmenswerte auf der Überzeugung aufbauen, dass man die Wahrheit zu sagen hat und seine Mitarbeiter respektieren muss, so müssen wir uns sowohl in guten als auch in schlechten Zeiten daran halten. Später erklärten uns viele unserer Angestellten, dass sie wegen der Art, wie wir während dieser Zeit mit ihnen umgegangen waren, bei einer eventuellen Wiedereröffnung des Werks auch gerne wieder für uns arbeiten würden. Und das war das Beste, was man mir in einer solchen Situation sagen konnte.

Das Wesentliche an einer Heilung ist das bewusste Handeln. Julies Gespür trug auf mancherlei Weise dazu bei, dass ihr Chef an diesem Tag ein mutiges Gespräch mit seinen Angestellten wagte:

- Sie verurteilte ihn nicht wegen seiner Angst vor den Reaktionen der Angestellten.
- Sie hatte Verständnis für seine Sorge, womöglich die Fassung zu verlieren und seinem Selbstbild – der Chef, der alles im Griff hat – nicht mehr zu genügen.
- Sie respektierte seine Intelligenz, indem sie ihm nicht etwa sagte, was er seinen Angestellten vortragen sollte oder dass es doch gar nicht so schwer sei.
- Sie tat, was man immer tun sollte, wenn ein Mensch sich von einer schwierigen Situation überfordert fühlt: Sie rief ihm seine früheren Leistungen in Erinnerung.

Trapeznummern und Hochseilakte

Kündigen, entlassen oder abgeworben werden

Es ist nicht fair, was Sie mit dieser Firma machen. Ich habe die Arbeit hier geliebt. Es war ein Arbeitsplatz, an dem ich gerne die nächsten zehn Jahre verbracht hätte. Es war wie in einer großen Familie. Leute, denen man vertrauen konnte. Leute, die man bewunderte. Ein Chef, der an einen glaubte. Ich kann es einfach nicht fassen, dass diese Fusion das alles zerstört hat. Die erzwungenen Kündigungen. Und alle, die nicht von sich aus gekündigt haben, denken wie ich; sie wissen, dass sie nicht mehr lange bleiben können. Es macht uns fertig.«

Das erzählte mir Sam eines Morgens, als sie mich aufgesucht hatte, um sich mit mir über die Neuplanung ihrer Karriere und ihrer Zukunft zu unterhalten. Sie war wütend über die Art und Weise, wie man die Leute in ihrer Firma nach dieser Fusion behandelte.

> Ich schaffe das einfach nicht mehr. Meinen Glauben und mein Vertrauen in die Arbeit für ein tolles Unternehmen zu stecken – und dann wumm! Man verlangt von mir, dass ich in einem fusionierten Unternehmen, in dem kein Stein auf dem anderen bleibt, noch mal ganz von vorne anfange. Auch wenn ich dabei mitmachen würde, kann doch diese neue Firma wieder von einer anderen mit völlig anderen Prioritäten und Prinzipien übernommen werden.
>
> Weißt du, was ich hasse? Wenn Freunde auf mich zukommen und fragen: »Und, was hast du jetzt vor?« Als ob

> man das so leicht sagen könnte. Oder sie fragen dich, ob du einen Lebenslauf hast, den sie verteilen können. Ich weiß schon, dass sie nur helfen wollen, aber momentan bin ich nur sauer und fühle mich betrogen. Ich bin einfach nicht in der Stimmung für Vorstellungsgespräche, obwohl ich weiß, dass ich bald wieder damit anfangen muss. Wo soll man nach so was die Motivation hernehmen, sich überhaupt je wieder für eine andere Firma engagieren zu können?

Tag für Tag wechseln Menschen ihre Arbeitsstellen. Manche gehen, weil sie die Nase voll haben oder sich langweilen, andere weil sie ein besseres Angebot haben oder einfach bereit sind für etwas Neues. Manche werden auch entlassen, gefeuert oder gehen vorzeitig in Rente. Manche wollen sofort wieder arbeiten, weil sie auf den Verdienst angewiesen sind oder ohne einen geregelten Tagesablauf, Kollegen und das Gefühl, etwas zu leisten und Teil der Arbeitswelt zu sein, nicht leben können. Andere nehmen sich Zeit, um darüber nachzudenken, welche Chancen sie überhaupt haben. So könnte man sich etwa überlegen, ob man seinen Lebensunterhalt auch anders verdienen kann, ob man etwas verändern, etwas Neues lernen, Abenteuer erleben oder sich sonst einen lang gehegten Wunsch erfüllen will.

Wenn Sie Menschen unterstützen wollen, die den Arbeitsplatz wechseln oder wie Sam ans Kündigen denken, sollten Sie ihnen Rückhalt und Resonanz bieten. Zu Beginn darf man dabei weder bestätigen noch überreden. Wird man gebeten, bei der Verfassung eines Lebenslaufs zu helfen, sollte man ehrlich sein und Geduld mitbringen. Häufig gelingt es Menschen nicht, ihre Leistungen auf auch für andere verständliche Weise darzustellen. Und verzweifeln Sie nicht, wenn die andere Person eine Weile von einer völlig anderen Karriere oder einem ganz anderen Leben träumt. Das ist gesund

und führt womöglich zur Entdeckung neuer Prioritäten – ob im neuen Job oder im sonstigen Leben. Die betreffende Person wirkt unter Umständen verwirrt und überfordert, und ihre Situation scheint aussichtslos, weil es in ihrem Alter, ihrer Branche oder an ihrem Wohnort keine Chance für einen Neuanfang zu geben scheint. Man sollte sie all diese Gefühle äußern lassen – und wenn sie lieber einen Großputz veranstalten möchte, sollte man das ebenso begrüßen. In erster Linie muss man den Menschen dabei helfen, neue Möglichkeiten zu erkennen. Auch wenn man selbst weiß, was der andere als Nächstes tun sollte, ist dieser womöglich noch nicht bereit, diesen Schritt auch zu tun.

Und dann gäbe es noch den Rat eines früheren Psychologieprofessors aus Harvard, der später Geschäftsführer wurde: »Man kann nicht einfach hergehen und einen neuen Job antreten, wenn man nicht vorher seine Wut und seine Trauer über den alten zugelassen hat. Es spielt dabei keine Rolle, ob man selbst gekündigt hat, entlassen oder gefeuert wurde. Man muss quasi den alten Job zu Grabe tragen.« Er half mir zu erkennen, dass das Ende eines Arbeitsverhältnisses ein bisschen wie ein Tod ist und dass wir uns verabschieden und trauern, ja diesen Lebensabschnitt sogar symbolisch zu Grabe tragen müssen.

Wenn Sie jemandem beistehen wollen, der seine Arbeit verloren hat – ob Ehepartner, Freunde, Kollegen oder Geschwister –, so können folgende Dinge hilfreich sein:

- Denken Sie nach und spüren Sie, was in Ihnen vorgeht. Vielleicht sind Sie wütend, weil die betreffende Person sich nicht schon vor Jahren an Ihren Rat, sich einen besseren Job zu suchen, gehalten hat. Vielleicht sind Sie besorgt um Ihr eigenes Wohlergehen, weil der befürchtete Einkommensverlust jetzt Wirklichkeit geworden ist.

- Seien Sie neugierig, und stellen Sie sich vor, was im anderen vorgehen könnte, auch wenn Sie nicht glauben, dass Sie dasselbe empfinden wie er.
- Auch wenn es uns gut tut, die Initiative zu ergreifen, sollten wir nie vergessen, dass wir weder gebeten wurden, den Zorn zu besänftigen, noch eine neue Stelle zu suchen oder die alte wieder zu beschaffen.

Wenn man nicht weiß, wie man einen geliebten Menschen, der seine Arbeit verloren hat, unterstützen soll, kann das zu einer echten Bewährungsprobe werden.

William Bridges' Buch *Transitions* bietet eine wunderbare Lektüre für Ehepartner und Angehörige, die einem solchen »im Umbruch« befindlichen Menschen beistehen wollen. Der Autor vermittelt produktive Wege, mit der Veränderung umzugehen. Entweder geht man durchs Leben, indem man sich direkt von A nach B bewegt – wobei man lediglich den Ort wechselt. Oder man verweilt lange genug in der Zone des »Nichtwissens«, um einen Übergang zu ermöglichen, der eine wirkliche Veränderung darstellt. Diese kommt zustande, weil man sich die Zeit genommen hat, sich seiner Talente, seines Potenzials und seiner Wünsche stärker bewusst zu werden.

Auf diese Weise lässt sich ein Arbeitsplatzwechsel als eine durch einen Übergangsprozess zu erreichende Veränderung betrachten. Dabei kann sich der Übergang so chaotisch und schwierig gestalten, dass man an seinen Fähigkeiten und Träumen zu zweifeln beginnt. Es kann eine Zeit voller Hochs und Tiefs sein. Wenn aber die Person, die derart in der Luft hängt, ausreichend Unterstützung von anderen erhält, kann sie die Stärke aufbringen, die Vergangenheit loszulassen, um die Hand nach der nächsten Trapezstange auszustrecken beziehungsweise den nächsten Schritt auf dem Hochseil zu wagen. In dem Aufsatz »Fear of Transformation« (Angst vor Veränderung), beschrieben die Autoren Danaam und Danaan Parry diesen Übergangsprozess mit Hilfe der Trapez-Metapher. Darin behaupten sie im Wesentlichen, dass wir, wenn wir wachsen wollen, bereit sein müssen, die Trapezstange, an der wir uns festhalten, loszulassen, ehe wir die Möglichkeit haben, nach der nächsten, vor uns schwingenden Stange zu greifen.

Schlechte Nachrichten im Büro

Unsichtbare Grenzen überschreiten

Was sagen Sie, wenn ein Kollege oder eine Kollegin schlechte Nachrichten erhält? Überschreiten Sie die gewohnten Grenzen im Verhältnis zwischen Vorgesetzten und Untergebenen? Und was geschieht, wenn Sie Ihre Maske fallen lassen? Können Sie Kunde beziehungsweise Kundin und gleichzeitig Freund beziehungsweise Freundin sein? Können Sie sich an einem Tag vertraut und am anderen wieder professionell distanziert verhalten? Christines Geschichte hilft uns zu erkennen, was passiert, wenn man merkt, dass man unabhängig von seiner Stellung am Arbeitsplatz zunächst einmal ein Mensch ist:

> Ich hatte nicht erwartet, dass ich den Anruf im Büro bekommen würde. Als die Ärztin meinte, sie habe schlechte Nachrichten für mich, habe ich nach dem Wort »Krebs« wohl nicht mehr viel mitbekommen. Ich saß nur da und fühlte mich etwa zwanzig Minuten lang völlig benommen – bis das Telefon klingelte. Es war ein Kunde, ein Immobilienmakler. Ich arbeite für eine Immobilienfirma, die sich mit der Verwaltung von Geschäftsräumen befasst, und wir beide hatten über Leasing-Vorschläge für ein demnächst frei werdendes Gebäude verhandelt.
>
> »Wie geht es Ihnen?«, fragte er.
>
> Zu meinem eigenen Erstaunen brach ich in Tränen aus. Ich konnte nicht aufhören zu schluchzen und erzählte ihm,

meine Ärztin habe mich eben angerufen und mir erzählt, dass ich Brustkrebs hätte und sofort operiert werden müsste. Ich konnte es selbst kaum fassen, dass ich das alles einem Kunden erzählte, mit dem ich lediglich am Telefon verhandelte und den ich nie persönlich getroffen hatte. Er brachte sein Mitgefühl zum Ausdruck, und irgendwie gelang es mir, mich so weit zusammenzureißen, dass ich ihn fragen konnte, was ich für ihn tun könne.

»Nein, nein«, meinte er, »darüber reden wir ein andermal.«

»Nein, wirklich«, entgegnete ich, »ich würde jetzt gern über die Arbeit reden. Bitte, reden wir doch darüber, weswegen Sie angerufen haben.« Und wir gingen zum Geschäftlichen über. Ich hatte einfach das Bedürfnis, mich als eine Person zu sehen, die arbeiten, denken und anderen Menschen von Nutzen sein konnte.

Drei Tage später erhielt ich unerwartet Post von diesem Kunden. Er schickte mir einen zwei Seiten langen handgeschriebenen Brief mit einer sehr persönlichen Geschichte über seine eigene Begegnung und Erfahrung mit dem Krebs.

Liebe Christine,
es tut mir Leid, was ich von Ihnen gehört habe. Ich möchte Ihnen Folgendes erzählen:

1969 starb mein Vater an Lungenkrebs. Drei Jahre später wurde bei meiner Mutter Gebärmutterkrebs diagnostiziert und eine Operation angesetzt. Ich fuhr schon vorher nach Hause, um möglicherweise zum letzten Mal mit meiner Mutter zusammen zu sein. In der Nacht vor ihrem Operationstermin hatte ich einen schweren Verkehrsunfall. Und obwohl ich Glück hatte, war das Ergebnis eine wahre Frankenstein-Visage: fünfzig Stiche und abgeschürfte Haut. Es war ein wirklich Furcht erregender Anblick.

Da ich nicht wollte, dass meine Mutter die Nerven verlor, beschloss ich, sie anzurufen, statt ihr ihren schwer ramponierten Sohn zuzumuten. Dreißig Tage lang sah ich sie nicht, bis mein Gesicht – zumindest auf einer Seite – wieder einigermaßen hergestellt war. Als ich sie schließlich besuchte, sah sie aus, als käme sie aus dem Konzentrationslager – die Ellbogen dicker als die Arme und die Knie dicker als die Waden. In Tränen aufgelöst, verließ ich das Krankenhaus, weil meine Mutter genauso aussah wie mein Vater ein paar Tage vor seinem Tod. Ich war überzeugt, sie hätte nur noch wenige Tage zu leben. Ich würde allein sein. Ich war völlig niedergeschmettert. Allerdings gab es etwas, das mir nicht bewusst war und mit dem ich nicht gerechnet hatte – nämlich ihre Einstellung und ihr Überlebenswille. Wegen Krebs gab sie doch den Löffel nicht ab. Die Ärzte zogen das volle Programm durch – Operation, Bestrahlung, sie verlegten ihre »inneren Leitungen« neu und machten ihr eine künstliche Niere, so dass sie in einen an ihrer Hüfte befestigten Beutel pinkeln konnte. Sie kleisterten, nähten und klebten sie wieder zusammen.

Seither sind einunddreißig Jahre vergangen, und meine Mutter befindet sich heute – im Alter von 88 Jahren – bei besserer Gesundheit als viele, die zwanzig Jahre jünger sind als sie.

Ich hoffe, diese Geschichte war nicht zu viel für Sie. Ich erwähne es nur, weil ich weiß, dass vor allem die innere Einstellung und der Lebenswille meiner Mutter zu ihrem Überleben und ihrer Genesung beitrugen, und soweit ich das beurteilen kann, besitzen Sie all diese Eigenschaften in großem Maße. Was Ihnen bevorsteht, wird sicher sehr unangenehm und ein wirklicher Kampf werden, doch ich bin zuversichtlich, dass Sie auf den Tisch hauen und sich nicht unterkriegen lassen.

Viel Glück. Und bis bald.

Ich rief ihn an, um mich für seinen Brief zu bedanken, und stellte fest, dass er sich seit dem Verschicken des Briefs Gedanken darüber gemachte hatte, mich möglicherweise gekränkt zu haben. Er fürchtete, durch ein derart persönliches Schreiben eine Grenze in unserem Arbeitsverhältnis überschritten zu haben und mir vielleicht zu nahe getreten zu sein. Ich versicherte ihm, dass ich ganz im Gegenteil sehr gerührt sei von seiner Geste.

In den Wochen vor meiner Operation begann ich um meine Arbeitsfähigkeit zu bangen. Mit einem Mal wurde mir klar, dass das Aushandeln von Leasing-Verträgen eigentlich nicht so wichtig war. Zwar mochte ich meinen Job und wurde gut dafür bezahlt, aber ich fürchtete, dass ich nun, wo ich wusste, dass es Wichtigeres gab, nicht mehr mein Bestes geben konnte. Zum Glück wurde ich schon bald nach der Diagnose operiert und konnte mit meiner neuen Sicht der Dinge an meinen Arbeitsplatz zurückkehren: Nicht meine Arbeit ist das Entscheidende, sondern das, was ich in sie einbringe. Durch den Krebs und die Art und Weise, wie Kunden und völlig Fremde mir bei seiner Bekämpfung halfen, ist mir mehr als je zuvor klar geworden, dass wir nicht in unseren Rollen aufgehen. Zunächst einmal sind wir alle Menschen. Dieser neue Blick auf die Menschen hat mich meiner Ansicht nach zu einer besseren Angestellten gemacht, weil ich, wenn ich heute mit einem Mieter verhandle, sehr viel mehr berücksichtige als die bloße Tatsache, dass mir eine x-beliebige Person gegenübersitzt.

Nicht immer wollen Menschen, die schlechte Nachrichten erhalten haben, unsere Geschichten hören. Zunächst einmal wollen sie, dass man ihnen zuhört und ihre Ängste wahrnimmt. Diese Geschichte jedoch zeigt, dass man durchaus Dinge mitteilen kann, die dem anderen unter Umständen Kraft geben. Und sie zeigt, wie wichtig das richtige Timing sowie der Respekt für die Privatsphäre der betreffenden Person sind. Indem Christines Kunde sich die Zeit nahm, einen handschriftlichen Brief zu verfassen und dann einige Tage abzuwarten, um ihr Ruhe zum Nachdenken zu lassen, zeigte er ihr, dass er auf ihre Gefühle Rücksicht nahm und die Tatsache ihrer nur flüchtigen Bekanntschaft respektierte.

Genauso wurde Christine klar, dass wir vor allem eines nicht vergessen dürfen, nämlich, dass wir es – ob am Telefon, bei einer persönlichen Besprechung, in einer E-Mail oder einem Brief – vor allem mit einer anderen Person zu tun haben, die immer mehr ist als ihr Rang in der Unternehmenshierarchie oder ihr Titel. Sie ist ein menschliches Wesen, mit dem wir nur dann ein tröstliches Gespräch führen können, wenn wir nicht vergessen, dass wir immer mehr sind als unsere jeweiligen Tätigkeiten.

Das Leben feiern

Kollegen bei einem familiären Problem um Hilfe bitten

Wie bittet man eine Kollegin oder einen Kollegen in einer Familienangelegenheit um Hilfe? Genau dies schaffte Kim eines Tages, als sie eine Kollegin bat, mit ihr die »unerforschten Gewässer« eines Verlusts zu erkunden. Ihre Geschichte erinnert uns daran, dass Kollegen mehr gemeinsam haben als die Tatsache, für dieselbe Firma zu arbeiten:

Als der Todestag meines Vaters näher rückte, überlegte ich mir, wie ich ihn begehen könnte. Elf Monate war es her, seit er an einem Gehirntumor gestorben war. Ich erinnere mich nicht mehr, wie unser Gespräch begann, aber als ich die neue Kollegin allmählich kennen lernte, erfuhr ich, dass sie beide Eltern verloren hatte. Ich fragte sie, wie sie die Jahrestage überstehe. Manche Menschen, meinte sie, fänden eher einen Trost darin, das Leben des Verstorbenen an den Jahrestagen zu feiern, als in der Trauer über den Tod zu verweilen. Daher, so erklärte sie weiter, pflanzten diese Menschen an solchen Jahrestagen Bäume als Symbol ewigen Lebens. Sie machte noch ein paar weitere Vorschläge, die alle sehr hilfreich und anregend waren.

Die Sache war die, dass mein Vater mir gegenüber eigentlich nie sehr väterlich gewesen war. Als jüngstes von sieben Kindern und mit vier älteren Brüdern, die sich um die Vaterrolle rissen, brauchte ich das wohl auch nicht so dringend von ihm. Mein Vater wurde stattdessen mein bester Freund. Wir hatten viele gemeinsame Interessen, vor allem sportliche. Wir radelten und schwammen zusammen und spielten Tennis (das ich ihm beibrachte, als er bereits siebzig Jahre alt war). Allein dadurch, dass sie mich von ihm erzählen ließ, half mir die Kollegin zu erkennen, dass ich unbedingt etwas tun musste, das für das Leben meines Vaters stand, denn für mich verkörperte er »das Leben« schlechthin!

Ich rief meine Mutter und meine Geschwister an, und auch sie fanden die Idee, einen Baum für ihn zu pflanzen, großartig. Wir trafen Vereinbarungen, um den Baum in einem schönen Park in unserer Stadt einpflanzen zu dürfen. Er sollte am Wasser neben einem Bootshaus stehen, einem Ort, der meinem Vater – als altem Seemann – sehr lieb gewesen war. Zwar fragten wir uns, ob das Bäumchen an dieser Stelle, wo es den ständigen Küstenwinden ausgesetzt war, überleben konnte, doch ich wusste, dass es genau der richtige Platz war. Der Wind war ein ganz entscheidendes Element bei dieser Gedenkstätte zu Ehren meines Vaters.

Monate später erfuhr ich wunderbarerweise, dass ich schwanger war. Ich sage »wunderbarerweise«, weil man mir kurz zuvor gesagt hatte, dass ich kein Kind bekommen könne. Bis zum fünften Monat stellte ich keine Verbindung zwischen dem Baum und der Schwangerschaft her, mit Hilfe des Sonogramms jedoch errechnete die Frauenärztin, dass mein Empfängnisdatum der zehnte Oktober war. Dies war der Tag, an dem wir den Baum gepflanzt hatten. Als meine Tochter etwa ein Jahr alt war, versuchte ich, erneut schwanger zu werden, hatte jedoch aufgrund der schon vorher angedeuteten medizinischen Gründe keinen Erfolg.

> Ich betete zu meinem Vater und zu Gott. Als der zehnte Oktober heranrückte, überkam mich eine unglaubliche Ruhe. »Heute werde ich empfangen«, sagte ich zu meinem Mann. Und mein zweites Kind kam neun Monate später, am zweiten Geburtstag seiner Schwester, auf die Welt. Heute haben wir drei Kinder. Ich weiß nicht, ob es ohne diese nachdenkliche Kollegin, die mir nicht nur zuhörte, sondern mich auch an ihrem Leben teilhaben ließ, zu all dem gekommen wäre.

Unsere »Familie im Betrieb« kann uns auf vielerlei Weisen, die uns häufig gar nicht bewusst sind, eine Hilfe sein. Kim fand unerwarteten Trost im Gespräch mit einer Arbeitskollegin, die sie vorher nicht wirklich gekannt hatte. Einer Kollegin in einer bestimmten Lebensphase beizustehen – etwa, wenn diese ihrer verstorbenen Eltern gedenkt – heißt nicht, dass man ihre ganze Familie kennen muss. Man muss sich nur unbefangen genug fühlen, um die betroffene Person mit vorsichtigen Fragen einzuladen, aus ihrem Privatleben zu erzählen: »Erzähl mir von deinem Vater. Was war ihm wichtig, und wie hast du ihn erlebt?« Indem die Kollegin Kim über ihre Erinnerungen sprechen ließ, half sie auch deren Angehörigen, zu entdecken, wie sie des Vaters am besten gedenken konnten. Wenn wir anderen – aber nur auf ihre eigene Nachfrage hin – bestätigen, dass sie mit ihrer verstörenden Erfahrung nicht allein sind, kann sie dies auf ungeahnte Weise inspirieren.

Ich wollte Sie nur wissen lassen, dass Sie mir am Herzen liegen

Angestellte trösten

Morgen kommt meine Assistentin zurück, und ich überlege mir schon die ganze Zeit, was ich zu ihr sagen könnte, wenn sie zur Tür hereinkommt. Vor wenigen Tagen ist ihre Großmutter gestorben, und sie hat es nicht mehr geschafft, sie vor ihrem Tod noch zu besuchen – was möglicherweise an mir liegt. Wir haben versucht, unsere Zeitpläne entsprechend abzustimmen, so dass sie sich frei nehmen konnte. Ihre Verwandten hatten ihr nicht gesagt, dass es schon so schlimm um ihre Großmutter stand; sie hatten nur gemeint, sie sei bei schwacher Gesundheit.

Ich sitze herum, und mir wird immer klarer, dass es hier nicht um mich und meine Gefühle geht. Sondern um meine Assistentin und das, was ich ihr in dieser Situation sagen kann. Ja, ich habe tatsächlich herumgesessen und mir das Hirn zermartert, ob ich sie nun frage: ›Und, wie war die Beerdigung?‹, um gleich darauf zu denken, was für eine alberne Frage – ich frage sie schließlich nicht nach einer Filmkritik! Oder sollte ich fragen: ›Wie geht es Ihnen denn jetzt?‹ Oh, Gott, was würde denn ich auf so etwas antworten? Ich kann Ihnen gar nicht sagen, wie blöd ich mir vorkomme! Sag ich einfach gar nichts, lass ein paar Stunden verstreichen und rede dann wieder über geschäftliche Themen? Helfen Sie mir da raus – warum ist das nur so schwer?«

Dieses Gespräch fand während eines Coachings für Spitzenmanager statt. Als ich im Büro der Verkaufsleiterin vorbeischaute, erzählte mir Maureen von dem Dilemma, mit dem sie sich in Bezug auf ihre Mitarbeiterin konfrontiert sah. Wir sprachen darüber, ob sie nicht einfach die Wahrheit sagen könnte. Bei Zweifeln ist das immer eine gute Entscheidung. Könnte sie nicht sagen: »Ich habe keine Ahnung, wie Sie sich jetzt fühlen. Und es steht mir auch nicht zu, Vermutungen anzustellen, aber wenn Sie mir etwas über die Beerdigung oder Ihre Großmutter erzählen wollen oder auch, wie es Ihnen geht, so interessiert mich das wirklich, weil Sie mir am Herzen liegen. Wenn Sie aber momentan nicht darüber sprechen wollen, ist das auch okay. Ich wollte Sie nur wissen lassen, dass es mir nicht gleichgültig ist und dass Sie mir wirklich am Herzen liegen.«

»Ja«, sagte sie, »ich könnte ihr sagen, dass ich nicht weiß, was ich sagen soll – denn das ist die Wahrheit. Ich wünschte, ich könnte ihr sagen, wie unbehaglich und auch befangen ich mich deswegen fühle.« »Richtig«, meinte ich. »Höchstwahrscheinlich werden die meisten von uns nie lernen, wie man unbefangen mit solchen Situationen umgeht. Egal, wen Sie trösten wollen, es ist immer hilfreich, das eigene Unbehagen offen einzugestehen. Der Betreffende wird Ihre Ehrlichkeit zu schätzen wissen.«

Daraufhin fügte Maureen Folgendes hinzu: »Wir versuchen, uns bei der Expansion unseres Unternehmens der Unterstützung unserer Angestellten zu versichern; dabei lassen wir sie wissen, wie sehr uns an ihnen gelegen ist. Und dann stößt ihnen irgendetwas zu – ein Autounfall, eine Scheidung oder es stirbt ein naher Verwandter –, und weil wir nicht wissen, was wir sagen sollen, sagen wir lieber gar nichts oder speisen sie mit einer höflichen Floskel ab, die nichts von unserer Anteilnahme verrät. Wir brauchen Beratung, müssen uns sagen lassen, was wir *wie* sagen sollten – und was lieber nicht. Vielleicht sollte mal darüber gesprochen werden, wie man Leuten nur zuhört, Anteil nimmt, ohne sich dabei furchtbar unbehaglich zu fühlen. Geht es nicht letztlich darum?«

»Genau«, antwortete ich, »und ich kann Ihnen auch verraten,

was Sie auf keinen Fall sagen sollten, wenn die Großmutter einer Angestellten gestorben ist. Häufig fragen wir einen Menschen, der gerade seine Großmutter verloren hat, ohne weiter nachzudenken: ›Wie alt war sie denn?‹ Und dann sagen wir so etwas wie: ›Na, da hatte sie ja ein langes Leben.‹ Wir meinen es gut, machen uns aber nicht klar, dass es für jemanden, der gerade seine Oma oder seinen Opa verloren hat, keine Rolle spielt, wie lange sie oder er gelebt hat. Wichtig ist, dass ein geliebter Mensch von ihnen gegangen ist und damit ein Lebensgefühl und vielleicht auch eine ›Oase des Wohlbehagens‹ für immer verschwunden sind. Weshalb es sehr viel angenehmer ist, Fragen wie diese zu hören: ›Haben Sie Lust, mir etwas von Ihrer Großmutter zu erzählen?‹ Oder: ›Hatten Sie beide denn viel gemeinsam?‹ Solche Fragen geben den Betroffenen die Gelegenheit nachzudenken und Ihnen – falls sie in der Stimmung dazu sind – vielleicht etwas über die geliebte Person zu erzählen.

Wenn wir eine Angestellte oder einen Kollegen nach einem Todesfall trösten, gibt es einen weiteren Aspekt zu bedenken. Was sagt man, wenn die Person auch nach Monaten nicht über ihren Verlust hinwegzukommen scheint? Mehrere Leute stellten diese Frage, da sie nicht wussten, was sie erwidern sollten, wenn Kollegen nach Sterbefällen beklagten, dass ihnen die Arbeit einfach nicht mehr so wichtig vorkäme. Eine solche Einstellung kann Sie verärgern – besonders bei großer Arbeitsbelastung. Wenn Sie jedoch einen Augenblick innehalten, wird Ihnen vielleicht bewusst, dass der Tod die Betroffenen nachdenklich macht und sie sich fragen: »Was ist mir wirklich wichtig im Leben?« Trauernde Menschen haben zuweilen das Gefühl, dass sie nicht viel erreicht haben im Leben. Vielleicht erzählen sie uns auch von aufgeschobenen oder ganz aufgegebenen Träumen. Und vielleicht ertappen wir uns dabei, sie daran erinnern zu wollen, was sie unserer Meinung nach schon alles geschafft haben – das für sie selbst, für andere und für das Unternehmen bedeutsam war. Zum normalen Trauerprozess gehört es unter anderem, dass der Tod eines Menschen uns erneut darüber nachdenken lässt, was wir mit dem Rest unseres Lebens anfangen wollen. Trauer lässt sich zeitlich nicht eindeutig begrenzen. Man muss die Bedürfnisse des Unternehmens so gut wie irgend möglich mit den Bedürfnissen des Angestellten abstimmen. Hat man aber den Eindruck, dass seine melancholische Haltung – »Es bedeutet mir einfach nicht mehr viel« – die Leistungen des betreffenden Angestellten beeinträchtigt, sollte man vielleicht vorschlagen, seine Verantwortlichkeiten vorübergehend neu zu strukturieren. So könnte man zum Beispiel vorschlagen, dass sich der Angestellte Zeit nimmt, über eventuelle wichtige Veränderungen in seinem Leben nachzudenken. Vielleicht sieht die Firma in solchen Fällen aber auch die Möglichkeit eines längeren Urlaubs vor – sollte dies angebrachter erscheinen.

Wir machen gerne den Fehler, anzunehmen, dass ein Mensch nach einem gewissen Zeitraum über den Tod einer geliebten Person »hinweg« sein sollte. Aber jeder von uns setzt sich anders mit dem Tod auseinander. Der Tod eines Freundes kann uns tiefer treffen als der Tod eines Elternteils. Es können Wochen und Monate vergehen, ehe sich allmählich die Frage herauskristallisiert: »Was will ich eigentlich noch?« Wer trauernden Angestellten dabei hilft, ihr Arbeitspensum neu zu strukturieren, trägt dazu bei, ein gesundes Arbeitsumfeld aufrechtzuerhalten, wo persönliche Probleme nicht unter den Teppich gekehrt und hinter verschlossenen Türen verhandelt werden. Jeder von uns kann sich eines Tages in einer solchen Situation wieder finden, wo er sich nicht mehr konzentrieren kann, weil er sich fragt, was ihm im Leben eigentlich wichtig ist. Und wenn wir nicht merken, wie unsere Trauer sich auf andere auswirkt, können wir nur hoffen, dass unser Chef und unsere Kollegen genügend Mitgefühl aufbringen, um uns bei der Neuorientierung unter die Arme zu greifen.

Zu Ehren Paul Tsongas

Der Tod am Arbeitsplatz und wie man damit umgeht

Manchmal gelingt es uns nicht auf Anhieb, unsere Gefühle zuzulassen. Was sagen Sie etwa, wenn Freunde oder Angehörige Sie am Telefon fragen, wie Sie den Tod einer Kollegin oder eines Kollegen verkraften, Sie aber noch nicht bereit sind, sich dazu zu äußern? Sie möchten ja auf diese Beileidsanrufe reagieren, sind aber momentan nicht in der Lage, anderen zu erklären, was diese Person Ihnen bedeutet hat – vielleicht weil Sie gerade erst anfangen zu begreifen, wie wichtig sie Ihnen war.

Am 26. Januar 1997 starb ein Mann, der mein Leben schon in jungen Jahren stark beeinflusste. Dieser Mann war der frühere US-Senator Paul Tsongas aus Massachusetts. Er war einmal mein Chef gewesen. Mit dreiundzwanzig Jahren begann ich während seines Wahlkampfs für ihn zu arbeiten. Damals haben wir von ihm gelernt, wie ungeheuer wichtig es ist, seinen Instinkten zu vertrauen. Als Paul starb, riefen viele Freunde an, um sich nach meinem Befinden zu erkundigen. Kurz nach seinem Tod war ich zu traurig, um mich länger am Telefon darüber auszulassen, aber einige Tage später schrieb ich eine Art Lobrede, die ich an Freunde und an seine Familie schickte.

IN EHRENDEN ANDENKEN AN PAUL TSONGAS: *Unser Leben leben*

Paul Tsongas hat mich gelehrt, für meine Überzeugungen zu kämpfen, auch wenn sie unpopulär sind. Er hat mir beigebracht, dass auch Menschen, die Macht haben, Irrtümer eingestehen können. Und zwar öffentlich. Von ihm habe ich gelernt, dass wir Menschen auf unserem Weg nach oben gut behandeln sollten – denn beim Abstieg treffen wir sie wieder. Und er hat mich gelehrt, mich mit klügeren Menschen zu umgeben – denn auf diese Weise profitieren wir selbst und lassen auch sie ihren Beitrag leisten. Er hat nie aufgegeben, auch wenn alles gegen ihn sprach – wie etwa bei dem hässlichen Non-Hodgkins-Lymphom*, gegen das er mit zwei Knochenmarkstransplantationen ankämpfte. Und als er letzte Woche starb, wollte es niemand glauben, weil er die Prognosen der Ärzte gegen alle Wahrscheinlichkeit um Jahre überlebt hatte.

Sein Tod kurz vor seinem sechsundfünfzigsten Geburtstag war ein unglaubliches Geschenk des Lebens. So erstaunlich, weil wir mit dem Verlust gleichzeitig Einblick und eine neue Sichtweise gewinnen. Seine jüngste Tochter Molly schilderte uns in ihrer Lobrede, dass sie – anders als die Menschen, denen der Politiker fehlt – den Mann vermisst, der ihr die Butter aufs Frühstücksbrötchen strich, der sie in der fünften Klasse in Verlegenheit stürzte, als er nach der Schule mit Müllsäcken aufkreuzte, damit die Schüler die Abfälle rings um das Schulgebäude aufhoben. Im Rückblick erkannte sie, dass er nur wollte, dass auch sie sich engagierte. »Letztendlich«, sagte sie, »vermisse ich einfach meinen Vater.«

---

* Non-Hodgkins-Lymphom: bösartige Erkrankung des Lymphsystems.

Seine mittlere Tochter Katina erzählte uns, dass ihr erst einige Tage nach dem Tod ihres Vaters klar wurde, warum all die Menschen so viel von ihm hielten. Und sie wünschte – erzählte sie –, sie habe es schon damals begriffen, als sie es ihm noch hätte sagen können.

Ein Mann, der ihm näher stand als die meisten, war sein Freund, Anwaltskollege und Wahlkampfleiter Dennis. Er sehe jetzt, erzählte er uns, dass Paul nicht einer jener Helden gewesen sei, die man in Geschichtsbüchern bewundert. Er sei ein lebender Held gewesen, und auch Dennis wünschte sich, er hätte es ihm früher gesagt. »Aber wenigstens«, fügte er hinzu, »habe ich ihm zu Lebzeiten gesagt, wie sehr ich ihn schätze.«

Es kann entsetzlich sein, einen Menschen erst dann so richtig zu entdecken, wenn er schon von uns gegangen ist.

Meine Freunde akzeptierten, dass ich bei ihrem ersten Anruf nicht mit ihnen reden konnte – und ich wusste das zu schätzen. Der Verlust war zu frisch, Pauls Tod hatte mich tief getroffen. Es war wichtig, ihnen zu versichern, dass ich mich über ihren Anruf freute und zu irgendeinem anderen Zeitpunkt auch darüber würde sprechen können. In meinem Fall begannen die tröstlichen Gespräche mit mitfühlenden Anrufen und fanden ihre Fortsetzung, als meine Freunde auf mein Schreiben antworteten. Mehrere von ihnen trösteten mich, indem sie mir ganz unerwartet davon erzählten, wie das Leben des Senators sie selbst inspiriert hatte. Ich glaube nicht, dass ich meinen Schmerz so gut verstanden hätte, hätten mir meine Freunde und meine Familie nicht bereitwillig die nötige Zeit eingeräumt, um mir darüber klar zu werden, was ich einem Menschen, für den ich vor so langer Zeit gearbeitet hatte, verdankte. Aber sie konnten es akzeptieren, dass ich einige Tage lang verwirrt war, und verstanden, dass lange Telefonate nun wirklich das Letzte waren, was ich in dieser Situation gebrauchen konnte. Wenn die Menschen, die Sie zu trösten versuchen, nicht über ihren Verlust sprechen wollen, könnten Sie ihnen – beispielsweise – Zeit zum Nachdenken lassen. Oder vielleicht wagen Sie sich weit genug aus Ihrer eigenen Deckung heraus, um Ihren Freunden zu schreiben, welche Bedeutung der Kollege Ihrer Meinung nach für sie hatte.

Mitteilungen, die die Erinnerung wach halten

Ein Brief an die Kinder

Wie schreibt man einen Beileidsbrief an die Familie eines verstorbenen Kollegen oder einer verstorbenen Kollegin – vor allem, wenn sie uns gar nicht kennt? Vielleicht haben die Angehörigen ja keine Ahnung, was ihr Vater, Bruder, ihre Schwester oder Mutter uns bedeutet hat. Wie viel teilen wir mit, und was könnte sie trösten?

Über die Jahre hinweg habe ich Unmengen von Mitteilungen an Menschen verfasst, die ich nie kennen gelernt habe, mit denen mich aber ein solcher Verlust verband. Die Familie eines dieser Freunde bat mich, folgende Mitteilung zu zitieren als Erinnerung an etwas, das sie erst durch den Tod ihres Vaters erfuhren: Wenn Fremde ihre Erlebnisse mit dem Verstorbenen seiner Familie mitteilen, tragen sie dazu bei, die Erinnerung an ihn lebendig zu halten.

> FÜR DIE FAMILIE VON NORM NATHAN
> Als ich bei WEEI/CBS News Radio anfing, um dort meine erste richtige Stelle anzutreten, kam ich frisch vom College. Die Redaktion stand unter absoluter Hochspannung! Dreißig Berichte pro Stunde, und die Koordinatoren brüllten sofort los, wenn man als Neuling begriffsstutzig zu sein schien und es nicht schaffte, die Berichte so schnell zu tippen, dass dem Sprecher nie der Text ausging.
>
> Es gab jedoch einen Nachrichtenkoordinator, der zu wissen schien, dass Menschen eben Menschen sind – und

keine Maschinen. Wenn ihm der Text ausging, steckte er lediglich den Kopf aus der Kabine und ließ einen höflich wissen, dass er weitere Texte entgegennähme, sobald man so weit sei. Und dann lächelte er, denn er wusste, dass wir unser Bestes gaben, und verpflichtete uns damit auf unser gemeinsames Projekt, welches lautete: »Immer mit der Ruhe, wir schaffen auch das!«

Der erste Job hinterlässt einen bleibenden Eindruck. Manchmal hinterlässt er Narben. Manchmal lebenslange Gewohnheiten. Für mich war mein erster Job die Chance, Norms Welt anzugehören und auf positive Weise geprägt zu werden. Er war ein Lehrer, der seine Ziele durch Humor, Fürsorglichkeit und Güte erreichte.

Wir alle haben von Norms Fähigkeit, sich an einfachen Dingen und Menschen zu erfreuen, profitiert. Und doch erinnert mich seine elegante und vornehme Art daran, dass er die seltene Gabe besaß, zu wissen, worauf es wirklich ankommt: Freundschaft, Anteilnahme, anderen etwas mitzugeben, Geduld und dass man zu seinen Überzeugungen steht.

Ihnen allen meine besten Wünsche beim Finden eigener neuer Lebenschancen und Möglichkeiten, mit Norms Andenken zu leben.

Sie müssen kein Schriftsteller sein, um die Angehörigen wissen zu lassen, warum dieser Mensch Ihnen viel bedeutete. Erzählen Sie ihnen einfach etwas. Wir alle haben etwas zu berichten. Schließlich verbringen viele von uns mehr Zeit am Arbeitsplatz als mit unseren Familien. Und anders als die Angehörigen sehen wir vielleicht auch ganz andere Seiten an dieser Person, die unser Chef, Mentor oder Kritiker gewesen ist oder uns womöglich sogar einmal aus einer schwierigen Situation gerettet hat. Beim Verfassen Ihres Kondolenzschreibens sollten Sie darauf achten, einen besonderen Tag oder einen denkwürdigen Augenblick zu schildern oder etwas, das Sie vom Betreffenden gelernt haben. Erzählen Sie ruhig die Wahrheit, aber tun Sie es mit Humor. Lassen Sie Ihr Herz sprechen. Egal, was Sie schreiben, es kann über Jahre hinaus Trost und Einsicht spenden.

Zum Nachdenken

Vielleicht ist es meine Pflicht – Bewusste Freundlichkeit

Was sagen Sie, wenn ein Kunde Ihre Hilfe braucht, aber um Dinge bittet, die nicht unbedingt in Ihrem Aufgabenbereich liegen? Können Sie sich entsinnen, jemals die Hilfe eines Fremden benötigt zu haben – vielleicht einer Stewardess, eines Versicherungsvertreters, einer Arzthelferin, einer Empfangsdame in einer Anwaltspraxis oder eines Verkäufers –, wobei Sie auf mehr als nur eine freundliche Geste angewiesen waren? Wobei die betreffende Person über das, was sie in ihrer Ausbildung zu tun und zu berücksichtigen gelernt hatte, hinausgehen musste?

Tagtäglich gehen Männer und Frauen zur Arbeit in der Erwartung, dort genau die Aufgaben zu erfüllen, für die man sie bezahlt. Manche von ihnen sind in den so genannten helfenden Berufen tätig – als Therapeuten, Heilpraktiker, Lehrer, Trainer, Anwälte oder Berater –, und man erwartet von ihnen, dass sie wissen, was sie zu tun oder sagen haben, wenn andere Menschen schwere Zeiten durchmachen. Wenn sie dennoch nicht immer das Richtige tun, so wissen sie aber zumindest, dass »da sein« zu ihrem Job gehört.

Was aber, wenn Sie am Telefon sind und es mehr oder weniger Ihre Aufgabe ist, einen Auftrag zu erledigen? Vielleicht sind Sie Versicherungsvertreter, und Ihre Aufgabe besteht – Ihrer Ansicht nach – darin, möglichst rasch sämtliche Informationen über einen Autounfall in Erfahrung zu bringen. Oder Sie haben als Angestellte einer Telefongesellschaft den Auftrag, den Telefonanschluss einer Familie wegen Umzugs abzuschalten? Nichts leichter als das, denken Sie sich; man lässt sich die neue Adresse geben, und die Sache hat sich. Vielleicht glauben Sie, Ihre Aufgabe bei der Umzugsfirma sei klar definiert – nämlich die Umzugskisten so effizient wie möglich in den Lastwagen zu befördern. Oder – wenn Sie Makler sind – das Haus zum bestmöglichen Preis zu verkaufen. Oder Sie sind die Arzthelferin, die den Patienten ins Sprechzimmer ruft und, wenn sich der Doktor verspätet, das Beste daraus machen muss.

Was aber geschieht, wenn der Mensch (Kunde, Patient, Klient) am anderen Ende der Leitung oder am Anfang der Schlange vor Ihnen mehr von Ihnen möchte? Vielleicht etwas, das man Ihnen nicht beigebracht hat. Vielleicht müssen Sie eine Vorschrift umgehen oder mit einem Vorgesetzten reden, um in einer Sache, in der Sie keinerlei Erfahrung haben, helfen zu können. Was ist nötig, um in einem solchen Moment über das Gelernte hinauszugehen und etwas anderes als üblich zu tun?

Wenn wir uns die Zeit nehmen und uns um jemanden kümmern, auch wenn dies nicht unmittelbar in unser Aufgabengebiet fällt, kann dies die Meinung dieser Person von unserem Unternehmen oder unserer Organisation für immer verändern. Auf diese Weise gewann ein Unternehmen dank der Freundlichkeit eines einzigen Angestellten eines Tages einen neuen Kunden. Vorher hatte mich die Firma nie besonders beeindruckt, und ich hatte stets die Dienste der Konkurrenz in Anspruch genommen, doch seit diesem Tag werde ich – komme, was wolle – immer bei ihnen buchen.

Ich kam rechtzeitig für den Siebenuhrflug am Flughafen an, nur um feststellen zu müssen, dass man ihn gestrichen hatte. Ich war allein, reiste mit vielen hastig gepackten Kisten und Taschen und wusste – sofern ich an diesem Freitagmorgen keinen Flug mehr erwischte – nicht wohin. Etwa zweihundert besorgte Passagiere belagerten drei Schalter, um ihre Tickets umbuchen zu lassen. Ich war ziemlich erschlagen, beschloss jedoch, optimistisch zu bleiben und auf einen Platz zu hoffen. Ehrlich gesagt, bewahrte ich nur mit Mühe die Fassung.

Als man mir schließlich ein neues Ticket einer anderen Fluggesellschaft ausgestellt hatte, blieb kaum mehr Zeit genug, einen Gepäckwagen zu finden und den knappen Kilometer zum nächsten Terminal zurückzulegen, wo der Check-in war. Der Kontrolleur dort warf einen Blick auf mein Ticket und runzelte die Stirn. »Das können wir nicht akzeptieren«, meinte er trocken. »Das Ticket wurde nicht unterschrieben«, meinte er. »Sie müssen zurück und es unterschreiben lassen«, sagte und reichte es mir wieder.

In zwanzig Minuten ging mein Flug!

»Äh«, murmelte ich. »Die Angestellte, die die Umbuchung vorgenommen hat, meinte, dass sie das noch nie gemacht habe. Sie ist neu und macht normalerweise nur den Check-in. Die anderen haben versucht, ihr schnell noch Anweisungen zu geben, aber es war dort ziemlich hektisch; und da hat sie sich wohl vertan.«

»Wie auch immer, Sie müssen das unterschreiben lassen«, insistierte er und deutete in die Richtung, aus der ich eben gekommen war. Jetzt hätte ich wirklich beinahe die Fassung verloren. Für ihn war ich lediglich ein weiterer Fluggast mit einem Problem. Doch es war nicht sein Problem. Schließlich war es nicht seine Schuld. Ich musste selbst sehen, wie ich klarkam. Aber ich hatte weder genug Zeit, zur anderen Gesellschaft zurückzuhasten, noch die Sicherheit, dass ich an diesem Tag noch irgendeinen anderen Flug ergattern würde. Mit zitternder Stimme erklärte ich ihm, dass ich gänzlich unerwartet diesen Bundesstaat verließe. Ich hätte gerade eine schwierige Beziehung beendet und mein Haus Hals über Kopf verlassen müssen. Ich könne nirgendwo hin in dieser Stadt und müsse dieses Flugzeug erwischen. Ob er mir denn nicht helfen könne?

Plötzlich legte er sein amtliches Gebaren ab. Ja, er sah mich an, als nähme er mich in diesem Augenblick zum ersten Mal richtig wahr – als sähe er nicht nur eine weitere Passagierin mit einem lästigen Ticket-Problem, sondern einen Menschen. Er nahm mir das Ticket aus der Hand, rief die andere Fluggesellschaft an, erklärte das Problem und bat sie, sofort jemanden herüberzuschicken, um die Umschreibung zu genehmigen. Und als er dann merkte, dass ich womöglich den Flug versäumte, weil der Flugsteig so weit vom Ticketschalter entfernt war, rief er die Leute am Flugsteig an und bat sie, die Bordtüren, wenn nötig, ein, zwei Minuten länger offen zu halten, weil noch eine Passagierin unterwegs sei. Tatsächlich war ich die Letzte, die einstieg. An diesem Tag tat dieser Angestellte mehr als nur seine Pflicht. Und wurde dem Werbeslogan seines Arbeitgebers »Fly the friendly skies« mehr als gerecht.

Egal, wie Sie Ihren Lebensunterhalt bestreiten, Sie können nie wissen, wann Sie die Chance haben, einem Mitmenschen in Not zu helfen. Vielleicht bedarf es nur einer leichten Veränderung des Tonfalls; vielleicht auch eines genaueren Blicks in die Augen der betreffenden Person, um zu merken, dass da etwas nicht stimmt, auch wenn auf den ersten Blick alles in Ordnung schien. Am Telefon könnte man das Tempo, in dem man seine offiziellen Fragen herunterspult, etwas drosseln, um mehr als das Gesagte zu hören – um auch die Gefühle zu spüren. Vielleicht müssen Sie den anderen bitten, dranzubleiben oder kurz zu warten, während Sie bei einem Kollegen oder Vorgesetzten Rat einholen, wie man dem Betreffenden in der jeweiligen Situation helfen könnte.

Hier sind einige Beispiele für Berufsgruppen, an die unter Umständen unerwartet das Verlangen herangetragen wird, mit mehr als einer Briefmarke, einem Terminkalender, einer Tasse Kaffee oder einer Aktennummer behilflich zu sein:

- Der für Ansprüche aus Unfallschäden verantwortliche Angestellte eines Versicherungsunternehmens, der sich Zeit nimmt, nachzuvollziehen, welche Angst Sie haben, wieder Auto zu fahren und wie aufgeschmissen Sie sich gleichzeitig ohne Auto fühlen.
- Die Stewardess, die kein großes Aufheben davon macht, wenn Sie in Tränen ausbrechen, aber Ihnen ungefragt Wasser bringt und sich diskret erkundigt, ob sie etwas für Sie tun kann.
- Die Möbelpacker, die verstehen, dass Sie sich gerade scheiden lassen und Sie sehr darauf achten müssen, nichts mitzunehmen, das Ihrem Bald-Ex-Partner gehört.
- Die Bankangestellte, die bei der Kündigung Ihres Kontos alle »Amtlichkeit« ablegt, wenn sie hört, dass Ihre Beziehung zu Ende oder Ihre Mutter gestorben ist oder Sie Ihren Job verloren haben und wegziehen müssen.
- Der Portier eines Hotels, der nachfragt, ob er sonst noch etwas für Sie tun kann, während Sie einen kranken Verwandten im Krankenhaus besuchen.
- Die Sekretärin, die sich aus eigenem Antrieb bemüht, eine Person, die Sie dringend zu kontaktieren versuchen, zum Rückruf zu bewegen.
- Der Kundenberater, der Ihnen hilft, Ihren Kredit in einer Notsituation zu verlängern, Ihnen alles Gute wünscht und an Sie zu denken verspricht.
- Der Postbeamte, der sich Zeit nimmt, nachzuvollziehen, wie traurig Sie sind über den Brief oder das Päckchen, das Sie an diesem Tag aufgeben.
- Der Fahrkartenverkäufer, der sein Möglichstes tut, um den besten Preis für Sie herauszuschlagen, wenn Sie plötzlich irgendwohin müssen.
- Der Apotheker an Ihrem neuen Wohnort, der sich die Zeit nimmt, um Ihnen die Namen einiger ortsansässiger Ärzte zu

nennen, da Sie plötzlich krank geworden sind und nicht wissen, wohin Sie sich wenden sollen.
- Jeder in jedem Berufszweig, der nach Ihrer Bemerkung, dass Sie eine schwierige Zeit durchmachen, nicht beschließt, den Anruf mit dieser Phrase zu beenden: »Danke, dass Sie sich an unser Unternehmen gewandt haben. Kann ich sonst noch etwas für Sie tun?«, sondern stattdessen sagt: »Ich werde an Sie denken« oder »Es tut mir wirklich Leid, dass Ihnen das passiert ist« oder »Ich hoffe, dass es Ihnen bald besser geht« oder auch nur »Ich verstehe, dass das eine schwere Zeit für Sie ist.«

Wir können nie wissen, wer heute, morgen oder an einem anderen Tag in unser Leben tritt. Vielleicht sieht man es dem, der unsere Hilfe braucht, auf den ersten Blick gar nicht an. Vielleicht gerät er – während wir ihn zunächst behandeln wie jeden anderen – unerwartet an einen Punkt, an dem er zusammenbricht. Und womöglich lösen wir den Zusammenbruch aus, weil wir nicht wissen, was der Betreffende mit sich herumschleppt. Egal, was geschieht, ob er seine Bitte um Hilfe unhöflich vorbringt oder völlig gefasst – ob er weint oder tobt, völlig verwirrt ist oder uns eines Fehlers bezichtigt, den wir nicht zu verantworten haben –, wir müssen flexibel sein, um derartige Reaktionen nicht persönlich zu nehmen. Gleichzeitig ist es hilfreich, wenn wir innehalten, um wahrnehmen zu können, dass unser Gegenüber nicht nur ein weiterer Kunde, Klient, Patient oder Fluggast ist, sondern ein menschliches Wesen mit einem Problem, das seine (und vielleicht auch unsere) Kräfte momentan übersteigt. Man kann eine solche Situation entschärfen, indem man etwa sagt: »Tut mir Leid. Ich wusste nicht, was mit Ihnen los ist. Lassen Sie mich doch mal sehen, was ich da tun kann.« Oder »Klingt, als hätten Sie da eine Menge am Hals. Ich weiß nicht genau, was man da machen kann, aber lassen Sie mich das mal überprüfen.«

Manchmal ist es schon genug, wenn jemand unser Problem bemerkt. Wir bitten um Hilfe, und Sie versuchen, uns nach besten Kräften zu unterstützen. Und manchmal bitten wir erst gar nicht um Hilfe, und Ihre Aufmerksamkeit wirkt wie eine Einzahlung auf unser ziemlich leeres Gefühlskonto. Angestellte, die sich die Zeit nehmen, sich um andere zu kümmern, erfahren nicht nur mehr Befriedigung im Beruf, sie tragen auch auf eine Weise zur Unternehmenskultur bei, die sich positiv auf das Ansehen dieses Unternehmens auswirkt. Sie gewinnen Kunden, die dann wie ich erzählen: »Und wie nett dieser Kontrolleur am Ticket-Schalter war, unglaublich! Wo ich doch nicht mal eine Bordkarte für diese Gesellschaft hatte! Und dann haben sie mich auch noch von der Touristenklasse in die Business Class umgebucht!«

- Was hält Sie davon ab, lange genug innezuhalten, um sich zu fragen, was sich in der Gedankenwelt des anderen Menschen wohl abspielt?
- Wie könnten Sie neugierig werden auf das, was der andere womöglich mit sich herumschleppt und was ihm (und vielleicht auch Ihnen) das Leben schwer macht?
- Was müssten Sie selbst tun, um in einen niedrigeren Gang zu schalten, damit Sie mitbekommen, was andere sagen, nicht sagen und was sie Ihnen gerne über ihre Sorgen mitteilen würden – wenn sie sich denn sicher bei Ihnen fühlen könnten?

KAPITEL 4

Veränderungen

Herz und Verstand, Körper und Seele

Wir lassen uns scheiden

Akzeptieren, was wir vielleicht nicht verstehen

Zu den unangenehmsten Gesprächen überhaupt kann es kommen, wenn jemand aus unserem Bekanntenkreis erzählt: »Ich lasse mich scheiden.« Wir überlegen uns vielleicht, was da falsch gelaufen sein mag, oder aber fragen uns: »Warum hat er oder sie so lange dazu gebraucht?« Als Will mir seine Geschichte erzählte, überlegte ich mir, wie stark sich doch die Reaktionen der anderen auf die »Genesungsschancen« der betroffenen Familie auswirken. Laut Will ist es sehr wichtig, »genau die Unterstützung von anderen zu bekommen, die unsere Kinder darauf vertrauen ließ, dass sie auch nach unserer Scheidung noch Eltern hatten.«

> Eines Tages sah meine Frau mich nur an und meinte: »Ich mag nicht mehr verheiratet sein.« Der Gedanke an Scheidung war mir nie in den Sinn gekommen – dieses Wort kam in meinem Vokabular nicht vor. Ich hatte keinen Schimmer von ihrer Affäre; ich wusste nur, dass sie unglücklich war. Über die Jahre hinweg hatte sie immer wieder einmal erzählt, dass sie sich einsam fühlte. Da ich aufgrund meines Berufs häufig von Zuhause weg war, bot ich ihr an, mehr Zeit mit ihr zu verbringen. »Darum geht es nicht«, meinte sie dann, konnte mir aber nicht sagen, was ich zur Behebung des Problems beitragen könnte. Und so führten wir unser Leben weiter wie gehabt und zogen vier unglaubliche Kinder groß.

Achtzehn Monate lang versuchten wir beide, unsere Ehe zu retten. Nach neun Monaten erfuhr ich, dass sie eine Affäre hatte. Sie bat mich um die Scheidung, doch ich meinte, eine Affäre müsse nicht das Ende unserer Ehe bedeuten. Wir könnten es immer noch schaffen. Sie zog dennoch aus.

Monatelang glich mein Leben einer emotionalen Achterbahnfahrt. Den einen Morgen fuhr ich zur Arbeit und glaubte, dass wir es schaffen könnten, weil es kurz zuvor gut zwischen uns gelaufen war. Am nächsten Tag wäre ich am liebsten gegen einen Brückenpfeiler gerast, weil sich die leise Hoffnung als trügerisch erwiesen hatte. Ich versuchte, meine Arbeit so gut wie möglich zu erledigen – schließlich war ich für 500 Leute verantwortlich. Doch als dann auch in der Firma die Gerüchteküche zu brodeln begann, war ich entsetzt: Die Leute glaubten, ich könnte mich nicht auf meine Arbeit konzentrieren, weil ich eine Affäre mit einer Kollegin hätte; manche hielten mich für drogenabhängig, andere für krank. Ich hatte sie einfach nicht in sämtliche Einzelheiten meines Privatlebens einweihen wollen. Und mir dabei nicht klar gemacht, dass sich die Leute – wenn sie keine konkreten Informationen haben – ihre eigenen Lügen zusammenspinnen. Das war fast genauso verletzend wie die Affäre meiner Frau. Ein weiterer Vertrauensbruch.

»Anscheinend hattest du damals nichts mehr unter Kontrolle«, meinte ich zu ihm. »Was hat dir geholfen, die Konfrontation mit deiner Frau, deinen Kindern und deinen Kollegen durchzustehen?«

Drei Dinge waren entscheidend. Zunächst einmal stellte ich mir die Frage: »Wenn alles gesagt und getan ist, wofür will ich dann noch kämpfen?« Die Antwort lautete:

»Für das Zusammensein mit meinen Kindern.« Bei jeder schweren Entscheidung, die ich zu treffen hatte, war es mir wichtig, dass sich meine Kinder auch danach noch geliebt und sicher fühlen konnten.

Deswegen zog ich schließlich auch von Zuhause aus und ließ meine Frau wieder einziehen. Ich gab mein Haus auf – obwohl sie eine Affäre hatte –, weil es mir wichtiger war, den Kindern das Durcheinander eines Umzugs zu ersparen. Meine Freunde verstanden nicht, weshalb ich ihr so entgegenkam, obwohl sie mich ihrer Ansicht nach belogen und betrogen hatte. Es dauerte eine Weile, bis ihnen klar wurde, dass es mir vor allem um die Kinder ging.

Als Zweites riet mir ein Therapeut sehr nachdrücklich zur Lektüre des Buchs *Crazy Time. Surviving Divorce and Building a New Life* von Abigail Trafford. Es half mir, diesen verwirrenden Lebensabschnitt besser zu verstehen, weil es mir zeigte, in welchem Beziehungsstadium ich mich jeweils befand. Ich kämpfte mich aus der anfänglichen Sackgasse heraus, nur um mich durch weitere Phasen wie Trennung, Schock, Wut, Ambivalenz, Depression, Erleichterung, Wiedergewinnung des Selbstwertgefühls und so weiter durchzuarbeiten. Das Buch war auch ein Trost, da es mir die Sicherheit gab, dass ich es schaffen würde, wenn ich nur weitermachte und nicht in einem dieser Stadien stecken blieb.

Drittens übernahm ich Mitverantwortung für die zunehmende Unzufriedenheit meiner Frau. Ich gab ihr nicht mehr die Alleinschuld an der ganzen Misere. Dachte nicht mehr, dass sie mir das angetan hatte. Gar nichts hatte sie mir angetan. Zwar durfte ich durchaus wütend, verletzt und verwirrt sein, musste mir aber auch eingestehen, dass jemand anderes meiner Frau all das bieten konnte, was sie von mir nicht bekommen hatte und was ich ihr damals nicht hatte geben können.

»Was war das Schwierigste im Laufe dieses Trennungs- und Scheidungsprozesses?«, fragte ich.

Am schwierigsten war es, meinen Freunden und meiner Familie klar zu machen, dass sie endlich aufhören sollten, sich über meine Frau auszulassen. Immer wieder musste ich erklären, dass ich zwar mit der Affäre durchaus nicht einverstanden war, aber wenigstens teilweise verstand, warum es dazu gekommen war. Und wenn es dann hieß: »Ich kann einfach nicht begreifen, wie sie dir das antun konnte« oder »Wozu hat sie denn einen anderen gebraucht?«, so war das wenig hilfreich. Ich weiß, dass sie mir damit sagen wollten, mir sei Unrecht geschehen, aber derartige Bemerkungen bewirkten lediglich, dass ich meine Frau verteidigen musste. Freunde sollten wissen, dass es überhaupt nichts bringt, sich auf eine Seite zu schlagen – egal, auf welche. Schließlich ist der andere immer noch Mutter oder Vater deines Kindes.

Will hat aus dieser Erfahrung nicht nur schmerzliche Erinnerungen, sondern auch folgendes tieferes Verständnis zurückbehalten:

Ich habe zehn Jahre gebraucht, um das Scheitern meiner Ehe zu begreifen. Meine Freunde sind mir während all dieser Jahre, in denen ich mich mit schwierigen Fragen herumschlug, treu geblieben. Ihre Unterstützung hat mir geholfen, eine wichtige Lektion zu lernen, die ich vor kurzem

> an meinen Sohn weitergeben konnte, als er selbst in seiner Beziehung einiges zur Sprache bringen musste. »Du wirst harte Auseinandersetzungen mit deiner Freundin führen müssen«, sagte ich zu ihm, »und du darfst nicht weglaufen, wie ich es bei deiner Mutter getan habe. Deine Mutter und ich haben erst einige Jahre nach unserer Scheidung gelernt, solche Gespräche zu führen; hätten wir es früher gelernt – wer weiß?«

Wenn Sie Leute kennen, die die Phasen vor, während und nach einer Scheidung durchleben, hier einige praktische Tipps:

- Widerstehen Sie der Versuchung, ihnen endlich einmal zu sagen, was Sie sich während all der Jahre über ihre Ehepartner gedacht haben. Vorerst zumindest. Die Betroffenen dürfen alles über die früheren Ehepartner sagen, für die Tröster gilt dies nicht.
- Vielleicht fragen Sie sich, warum ein Paar überhaupt geheiratet hat oder so lange zusammengeblieben ist. Das fragen sich die beiden womöglich auch. Doch auch hier gilt: Lassen Sie es sich von ihnen erzählen, statt ihnen Ihre Meinung zu sagen. Und wenn die zwei es sich dann doch wieder anders überlegen, so erschrecken Sie nicht. Das ist völlig normal.
- Bitte gratulieren Sie nicht, wenn die Scheidung end- und rechtsgültig ist. Die beiden mögen ja durchaus erleichtert sein, aber nicht jeder findet, dass man zu einem solchen Ereignis zu beglückwünschen ist.
- Bitte fragen Sie die Frischgeschiedenen nicht, ob sie einen neuen Freund oder eine neue Freundin haben. Wenn sie es Ihnen mitteilen wollen, werden sie es tun.
- Vielleicht fragen Sie sich, ob die Geschiedenen aus alldem irgendwelche Einsichten gewonnen haben oder ob sie sich nun

> überhaupt nicht mehr trauen, eine neue Beziehung einzugehen. Die Betroffenen stellen sich vermutlich dieselben Fragen. Als Freund beziehungsweise Freundin könnte man etwa sagen: »Ich frage mich, was du denkst, wenn du auf das Ganze zurückblickst.« Danach sollte man schweigen und zuhören. Falls die Betroffenen irgendwelche Einsichten oder Ängste mitteilen wollen, werden sie es tun. Falls nicht, werden sie es einem ebenfalls sagen.

Manchen von uns fällt es schwer, die Tatsache ihrer Scheidung zu akzeptieren. Nur ungern kreuzen wir das »Geschieden«-Kästchen an, wenn wir beim Arzt, auf der Bank oder bei der Versicherung Formulare auszufüllen haben. Wir fühlen uns stigmatisiert. Was sind wir? »Ledig«, »unverheiratet« oder »geschieden«? Es ist gewöhnungsbedürftig – nicht nur, wenn wir Formulare ausfüllen, sondern auch, wenn wir die emotionalen Lücken zu schließen versuchen.

Seien Sie ein Freund, kein Held

Jemandem helfen, mit Beleidigungen umzugehen

»Sei ein Freund, kein Held.« Das musste sich Albert einschärfen, als seine Freundin Eve eines Abends zu ihm kam, um sich mit ihm über ihren neuen Lebensgefährten John zu unterhalten. Sie hatte Albert von einigen beängstigenden Momenten erzählt, die sie völlig überrascht hatten. In Eves Geschichte geht es darum, einem Menschen dabei zu helfen, sich aus der Rolle des unbewussten Opfers zu befreien:

»Ich bin ganz durcheinander«, meinte Eve und schilderte, wie fürsorglich und zärtlich ihr Freund gewirkt habe, als sie ihn kennen lernte. »Aber er hat auch diese andere Seite, die völlig unvermittelt zum Vorschein kommt«, meinte sie traurig. »Dann wird er wütend oder sarkastisch und beschimpft mich wegen eigentlich ganz nebensächlicher Dinge. Ich verstehe gar nicht, was ich getan habe. Manchmal verstummt er auch nur und will mir nicht verraten, warum er so sauer ist. Mir ist, als müsste ich mich permanent verrenken, um ja nichts Falsches zu sagen, damit er nicht ausflippt. Ich hab das in keiner früheren Beziehung erlebt und weiß nicht, was ich machen soll.«

»Erzähl mir mehr«, meinte Albert, da er wusste, dass er eine Weile brauchen würde, um seine eigenen Reaktionen in den Griff zu kriegen. Bei ihm schrillten sämtliche Alarmglocken: Gut möglich, dass sie sich in Gefahr befand.

»Einer meiner Mitarbeiter hat einen Wettbewerb gewonnen – für den besten Beitrag zu einem Projekt«, erklärte Eve. »Der Preis war eine Einladung zum Essen mit dem eigenen Vorgesetzten. Ich erzählte John davon und war sehr stolz darauf, dass einer meiner Leute gewonnen hatte. Er kriegte jedoch einen Koller: ›Kommt nicht in Frage, dass du allein mit einem anderen Mann essen gehst!‹ Ich versuchte ihm zu erklären, dass es doch nur ein Mittagessen war und zu diesem Preis gehörte. Er wollte nichts davon hören. Es war mir peinlich, meinen eigenen Vorgesetzten darauf ansprechen zu müssen, aber ich dachte mir, gut, wenn es ihm so wichtig ist, schön, dann nehme ich eben noch jemanden mit. Aber ich wusste, dass es irgendwie nicht richtig war. Im Geschäftsleben ist es völlig normal, wenn eine Frau mit einem Kollegen essen geht.«

»Klingt, als hätte er gerne das Sagen«, meinte Albert, damit sie hörte, wie es klang, was ihr selbst allmählich zu dämmern begann.

»Tja, ja – ob's nun ums Bettenmachen geht, oder ob er mir sagt, dass es nicht in Ordnung ist, wenn ich auf der Beerdigung seiner Mutter seinen Bruder umarme, oder er mir vorschreibt, wie ich mich anziehen soll. Ich bin siebenunddreißig, habe Erfolg in meinem Job, und plötzlich bekomme ich – laut ihm – nichts mehr auf die Reihe. Ganz gewöhnliche Dinge, die ich tue – und meine ganze Art – sind unakzeptabel. Ich zweifle schon an mir, frage mich, ob er vielleicht Recht hat und ich mich all die Jahre getäuscht habe.«

Albert widerstand dem Drang, »Quatsch!« zu sagen, da er wusste, dass Eve als zweite Geschäftsführerin mehrerer großer Firmen immer über ein recht gesundes Selbstvertrauen verfügt hatte. »Meine Besorgnis wächst von Sekunde zu Sekunde«, dachte Albert, »all das passt in ein Muster, über das ich schon einmal irgendwo gelesen habe. Ich will sie ja nicht beunruhigen, aber ich muss ihr wirklich eine schwierige Frage stellen: ›Glaubst du, dass er dich schlagen könnte?‹«

»Inzwischen bin ich mir nicht mehr sicher. Er wird plötzlich so wütend, und es ist, als wäre ich auf eine Mine getreten – er explodiert einfach. Oder er verstummt, wenn ich frage, was ich falsch gemacht habe, und gibt mir damit zu verstehen: ›Denk darüber nach.‹ Und wenn ich es erklären will oder nicht mit seiner Interpretation übereinstimme, wird er noch zorniger. Manchmal fühle ich mich nicht mehr sicher im Haus. Ich hab das Gefühl, ich werde verrückt, weil er immer wieder abstreitet, bestimmte Dinge gesagt zu haben, beziehungsweise, dass ich dies oder das gesagt habe. Vorgestern bin ich zur Arbeit gefahren, und mir war, als sei ich am ganzen Körper wund und voller blauer Flecken. »Wie seltsam«, dachte ich mir. »Warum fühle ich mich wie eine geschlagene Frau, wo er mich doch nicht mal angerührt hat?«

Inzwischen hatte Albert genug gehört. Er fragte sie, ob sie einen Rat gebrauchen könnte. Er wollte, dass sie Verantwortung für sich übernahm und sich Hilfe suchte. Er wusste, dass er kein Experte für verbale Misshandlung in Beziehungen war, hatte aber genug gelesen, um die Warnsignale zu erkennen. »Also«, meinte Albert zu Eve, »pass mal auf, Folgendes höre ich, wenn du von deiner Beziehung erzählst: Du bist durcheinander und weißt nicht, was diese plötzlichen Ausbrüche verursacht. Er regt sich über Kleinigkeiten auf, und seine Reaktionen erscheinen dir unvernünftig und maßlos. Mitunter hast du solche Angst, dass du dir überlegst, lieber das Haus zu verlassen. Du bist unsicher geworden und hast das Gefühl, nichts mehr richtig machen zu können. Du verbringst viel Zeit damit, Dinge zu vermeiden, die ihn womöglich verärgern könnten. Er demütigt dich, sobald du eine von seinen Ansichten abweichende Meinung vertrittst. Und du hast das Gefühl, als würdest du mit Worten misshandelt, die unsichtbare Spuren bei dir hinterlassen.«

»Ja«, sagte Eve langsam, und ihre Augen wurden ganz groß, als ihr allmählich dämmerte, was da eigentlich vorging. »Aber er ist wirklich toll …«, und dann verteidigte sie ihren Freund und erinnerte sich an die guten Zeiten, die sie zu Beginn genossen hatten.

»Die tolle, strahlende Seite gibt es auch. Vielleicht ist das ja alles vorübergehend«, fügte sie hinzu und wies darauf hin, dass sie sich immer noch in der Kennenlern- und Anpassungsphase befanden.

»Ich sehe, du liebst ihn«, meinte Albert leise, »und wünschst dir, dass die Beziehung funktioniert. Die meisten Paare haben zwischendurch mal Probleme, und vielleicht ist tatsächlich nichts weiter dran. Aber du solltest ernsthaft darüber nachdenken, ob es nicht doch irgendwie anders ist. Du musst das selbst entscheiden, aber ich möchte dich bitten, dir das wirklich mal genauer anzusehen. Als Erstes solltest du ins Internet gehen. Gib das Stichwort ›verbale Misshandlung‹ ein und informiere dich über die Symptome. Schau mal, ob du deine Beziehung dort wieder erkennst. Zweitens möchte ich dich dringend bitten, mit einem Therapeuten zu sprechen, der auf solche Beziehungen spezialisiert ist. Hör dir an, was ein Profi dazu zu sagen hat. Und wenn du trotz allem noch nicht bereit dafür bist, besorg dir ein Buch und fang damit an.«

Danach fragte er sie, ob er ihr eine Geschichte aus seiner Kindheit erzählen dürfe. Klar, meinte sie, sie würde gern mal was anderes hören.

»Es klingt ganz so, als hättest du es mit einem Gefühlstyrannen zu tun«, sagte Albert langsam, mit abwesendem Blick. »Du verlierst dein Selbstvertrauen. Du fühlst dich ausmanövriert und überwältigt und gibst nach, um ihn zu besänftigen und einem Streit aus dem Weg zu gehen. Wenn du Widerstand leistest, streckt er dich immer wieder verbal zu Boden. Du versuchst, deinen Standpunkt darzulegen, und bekommst daraufhin eine Schimpfkanonade zu hören. Du entwickelst Selbstschutzmanöver, die bewirken, dass du immer unsichtbarer wirst. Genau dasselbe habe ich früher getan, als ich von einem üblen Typen in meiner Schule schikaniert wurde. Das Letzte, was du bei einem solchen Tyrannen tun solltest, ist weiterhin nett zu sein und dir einzubilden, es sei alles deine Schuld, oder zu versuchen, den Kerl nicht zu reizen. Sein Verhalten ändert sich dadurch kein bisschen – solche Leute haben einfach das Bedürfnis, andere zu dominieren. Du musst dir überlegen, wie du dir Hilfe besorgst.«

Eve brauchte ein paar Monate, ehe sie den Mut aufbrachte, sich die nötigen Informationen zu beschaffen – zunächst von mehreren Websites. Sie war verblüfft, dass sie es nicht früher begriffen hatte. Später kaufte sie das Buch *Worte, die wie Schläge sind* von Patricia Evans und las Geschichten über die Erfahrungen anderer Frauen, die ganz ähnlich klangen wie ihre. Dies sei tröstlich, aber auch erschreckend gewesen. Es vergingen noch mehrere Monate, ehe sie und ihr Freund sich trennten. Sie brauchte die Zeit, um wirklich zu begreifen, dass sie nichts verändern konnte. Immer wieder hatten ihr ihre Freunde gesagt, dass ihre Beziehung ganz und gar nicht gut klinge, dass sie sich nicht glücklich anhöre und ganz allgemein eher gedrückt wirke. Auch ihre Mutter machte sich Sorgen. Eve hatte diese Warnungen nicht ernst genommen, weil sie immer noch glaubte, John und sie würden ihre Probleme schon noch lösen.

Folgender Wortwechsel entspann sich eines Abends im Haus von Eves Freunden. Ein kluger ehemaliger Geschäftsführer platzte, nachdem er von der Sache gehört hatte, spontan mit der Frage heraus: »Warum ist sie nicht in dem Moment, wo er anfing, sie zu misshandeln, zur Tür hinausmarschiert und hat gesagt: ›Das lass ich mir nicht gefallen – ich gehe!‹?«

»Oh, das kann ich dir sagen«, meinte ein anderer Manager, der mit verbaler Misshandlung gegenüber Angestellten Erfahrung hatte. »Verbale Misshandlung ist eine subtile Sache. Sie schleicht sich unmerklich, nach und nach ein. Die misshandelte Person – meist ist es eine Frau – merkt gar nicht immer, was mit ihr geschieht. Wenn ich dies oder das tue oder nicht mehr tue, denkt sie, dann wird er sich nicht mehr aufregen, und alles kommt wieder in Ordnung. Aber das tut es nicht. Am Anfang sieht es vielleicht so aus, als gäbe es eine klare Rollenverteilung, Opfer und Täter, doch irgendwann muss das Opfer die Rolle des hilflosen Kindes abschütteln und wieder wie ein Erwachsener handeln, was zunächst nicht gelingt. Freunde müssen ihm helfen, seine Stärke wiederzugewinnen, damit es einen Neubeginn wagen kann.«

Und genau dies tat Eve. Eines Tages teilte sie ihrem Freund mit, dass er zu weit gegangen sei. Er hatte von ihr verlangt, einer ihr wichtigen betrieblichen Veranstaltung fern zu bleiben, und sie entschied sich, dennoch zu gehen. Und damit war die Beziehung zu Ende. Am meisten, erzählte sie mir, hätten ihr Freunde geholfen, die meinten: »Es tut mir so Leid, dass es nicht so gekommen ist, wie du es dir erhofft hast. Ich weiß, dass du einen großen Traum hattest und dich sehr bemüht hast. Wir sind bereit, dir zu helfen, so gut wir nur können.« Keiner sagte: »Ich hab's dir doch gleich gesagt.« Sie verstanden, dass sie sich nicht früher von ihm lösen konnte, da sie noch lange an eine Besserung glaubte – weil der Anfang doch so schön gewesen war.

Während der ersten paar Wochen, in denen sie sich zu erholen versuchte, hackte sie immer wieder auf sich selbst herum: »Wie konnte ich nur so blind sein, so dumm?« »Weil du deine Grenzen ausloten musstest, Eve«, meinte eine Freundin, »bis zu dem Punkt, an dem du nicht mehr bereit warst, es weiter zu ertragen. Eine Weile wird es noch wehtun, aber wir werden dich bei deinem Start ins neue Leben unterstützen.« Eine Freundin spürte, dass sie die Sache vielleicht ein wenig lockerer angehen sollte, und meinte: »Betrachte das Ganze doch einfach als sehr langes Blind Date!« Diese Bemerkung half Eve, endlich wieder lachen zu können. Wenig hilfreich dagegen sind Kommentare wie: »Das war doch ein echter Volltrottel. Du hast wirklich etwas Besseres verdient.« Das mag zwar stimmen, kann aber den Schmerz nicht lindern. Vielleicht konnte Eve ja nachfühlen, warum ihr Liebhaber zum Tyrannen wurde – viele dieser Menschen sind selbst in ihrer Kindheit tyrannisiert worden. Er hatte auch Seiten, die sie liebte und die sie trotz allem vielleicht sogar immer noch liebt.

An dem Abend, an dem ich diese Geschichte hörte, fiel mir Folgendes auf: Es befanden sich mehrere Frauen und Männer im Raum, und jeder von ihnen hatte schon wenigstens einmal im Leben verbale Misshandlung erfahren. Einige wuchsen in Elternhäusern auf, in denen verbaler Misshandlung an der Tagesordnung war. Andere waren am Arbeitsplatz damit konfrontiert. Mehrere hatten verbal misshandelnde Partner. Ein Paar arbeitete ehrenamtlich in einem Frauenhaus. Ein Mann hatte eine Nachbarin, die bei ihm vor ihrem verbal misshandelnden Ehemann Zuflucht gesucht hatte. Täter waren in den vorgetragenen Geschichten sowohl Männer als auch Frauen. Verblüfft nahmen wir zur Kenntnis, dass dieses Problem uns alle schon einmal betroffen hatte, und wie selten es thematisiert wird.

Um in Zukunft eine besser informierte Freundin oder Kollegin, ein besser informierter Verwandter oder Nachbar zu sein, sollte man Patricia Evans' Bücher lesen: *Worte, die wie Schläge sind* und *Controlling People* oder *Verbal Abuse Survivors Speate Out*. Ich habe Patricia interviewt und sie um Tipps gebeten, die uns dabei helfen können, einem anderen zu helfen, verbale Misshandlung zu erkennen und sich davon zu erholen. Dabei machte sie unter anderem diese Vorschläge:

- Wenn Ihnen jemand von einem Vorfall berichtet, der ihn irritiert hat – zeigen Sie Ihre Bestürzung: »O nein, das ist ja schrecklich!« Bringen Sie zum Ausdruck, dass das Erlebnis des oder der Betreffenden *nicht normal* ist.

- Wenn Ihnen Menschen von Gefühlen emotionaler Unausgeglichenheit oder Unsicherheit berichten – machen Sie ihnen ein Angebot, auf das die Leute jederzeit zurückkommen können: »Solltest du mal dringend einen Unterschlupf brauchen, dann kannst du zu mir kommen.«
- Wenn Leute den Eindruck erwecken, als habe man ihnen eingeredet, sie seien selbst an allem schuld, sollte man ihnen ohne Herablassung klar machen, inwiefern sich die Einschätzung ihrer Lage von der Realität unterscheidet: »Die meisten Leute reden einfach über ihre Probleme. Wenigstens in meiner Familie und meinem Freundeskreis ist das so.«

Um Menschen zu helfen, sich nach einer Beziehung, in der sie verbal misshandelt wurden, wieder zu erholen, empfiehlt Patricia Folgendes:

- Sagen Sie beispielsweise: »Ich habe gehört, dass es sehr schwer ist, sich zu trennen. Es muss wehgetan haben, sich einzugestehen, was da ablief« oder »Ich habe dir das nie erzählt, aber ich war auch mal in einer Beziehung, in der ich beschimpft und beleidigt wurde. Wenn du wissen willst, was mir damals geholfen hat, können wir uns mal darüber unterhalten.«
- Sagen Sie nicht: »Bring es hinter dich und leb weiter!« Das entwertet die Gefühle des anderen Menschen, und genau das haben viele verbal misshandelte Menschen erlebt, wenn ihnen die Misshandler sagten, sie seien »zu empfindlich« oder hätten »keine Ahnung, wovon sie redeten«. Versuchen Sie stattdessen, ihr Selbstvertrauen wieder aufzurichten, indem Sie sie in einer Ihnen wichtigen Sache nach ihrer Meinung fragen: »Ich schätze deine Ansichten sehr. Sag mir doch, was du von … – hältst?«
- Fragen Sie nicht: »Warum bist du bei ihm oder bei ihr geblieben?« Es gibt unzählige Gründe, warum Menschen in solchen

> Beziehungen bleiben: Verwirrung, Hoffnung, Furcht – meist jedoch weil Selbstwert- und Realitätsgefühl ganz allmählich untergraben wurden. Sie brauchen unsere Hilfe, damit sie wieder etwas Positives hören, das sie auch glauben können. Wenn sie all die verletzenden Dinge erzählen, sollten wir ihnen stillschweigend zu verstehen geben, dass wir sie anders einschätzen und erleben: »Dein Ex muss eine Menge Sachen gesagt haben, die dich in Selbstzweifel gestürzt haben. Ich weiß, dass du resolut, fähig, kreativ, nachdenklich … – bist.«

Menschen, die sowohl körperliche als auch verbale Misshandlungen erlebt haben, werden Ihnen vielleicht erzählen, dass die durch Worte entstandenen Narben langsamer verheilen als Knochenbrüche und Blutergüsse. Deswegen sollte man einen Menschen, der eine derartige Beziehung hinter sich gelassen hat, nicht als Erstes fragen: »Hat er dich geschlagen?« Denn – wie Eve erklärte – »auch wenn er nicht mit Fäusten zugeschlagen hat, mit Worten hat er es getan. Und die können sehr schmerzhaft sein.«

Ich will keinem zur Last fallen

Eine Witwe oder einen Witwer unterstützen

»Er hat mich dagelassen«, sagte sie eigentlich mehr zu sich selbst und als ob sie es nicht recht glauben könnte. »Was soll ich hier. Was soll ich überhaupt irgendwo. Er ist einfach gegangen. Sechzig Jahre waren wir zusammen. Warum spüre ich nicht, dass er tot ist? Ich spüre ihn neben mir. Ich kann mir gar nicht vorstellen, ohne ihn zu leben, weil ich ihn immer noch fühle. Niemand versteht, wie mir zumute ist!«

Wie ermöglicht man tröstliche Gespräche unter Angehörigen in der anstrengenden Übergangszeit nach einem Todesfall? Wie schafft man das, wenn man die Familie kaum kennt? In dieser Situation fand ich mich eines Tages wieder, als mein Klient Jason mich bat zu kommen, um mit seiner Mutter und seinem Bruder Marvin Shiva zu sitzen*. Jason hatte angedeutet, ich könne ihm und seinem Bruder vielleicht aus ihrer Ratlosigkeit – wie nämlich ihrer frisch verwitweten Mutter zu helfen sei – heraushelfen.

Da ich merkte, dass Jasons Mutter nicht verstand, warum andere nicht genauso verwirrt waren wie sie selbst, respektierte ich ihre Gefühle, indem ich sagte: »Die meisten Menschen erleben nie die Nähe, die Sie beide offenbar verbunden hat. Es muss merkwürdig für Sie sein, dass er für alle anderen fort ist, während er für Sie immer noch da ist.«

---

* »Shiva sitzen« ist ein jüdischer Brauch, bei dem Angehörige und Freunde die Trauernden in der ersten Woche nach dem Todesfall in ihrem Zuhause aufsuchen und ihnen in ihrem Kummer beistehen.

»Ja, genau«, schluchzte sie leise. »Und ich will keinem zur Last fallen«, sagte sie zu ihren Söhnen. Sie wirkte wie ein verängstigtes kleines Mädchen, dessen Familie über das ganze Land verstreut ist und dessen Freunde ihm gesagt haben, dass sie zu gebrechlich seien, um sich richtig um es zu kümmern. Die eigene Gebrechlichkeit war einer der Gründe gewesen, warum ihr Mann sich letztendlich bereit erklärt hatte, in eine Einrichtung für betreutes Wohnen zu ziehen.

Ich merkte, dass sie sich neu orientieren musste, daran erinnert werden musste, wer sie gewesen war, ehe ihr alles entglitt. »Erinnern Sie sich an die Zeit«, fragte ich sie, »als Ihre Söhne noch klein waren und Sie als Mutter für sie Verantwortung trugen? Als Sie bestimmte Dinge einfach deswegen tun mussten, weil sie richtig waren und es sich so gehörte?«

»Mmm, ja«, meinte sie langsam.

»Jetzt ist es genauso wie damals – nur dass Ihre Söhne jetzt für Sie Verantwortung tragen«, erklärte ich. »Sie sind ihnen keine Last, aber Sie sind eine Verantwortung. Deswegen machen Ihre Söhne sich Sorgen – weil sie erst dann das Gefühl haben, ihre Aufgabe gut erledigt zu haben, wenn sie Ihnen dabei geholfen haben, den nächsten Schritt zu tun.«

»Ich brauche eine Woche – eine Woche, um wieder auf die Beine zu kommen«, sagte sie, und ihre Stimme wurde fester. »Und sagen Sie ihnen, bitte, sagen Sie ihnen, dass sie meine Sachen nicht wegschaffen oder irgendwelche Entscheidungen treffen sollen, ohne mich vorher zu fragen. Ich bin noch nicht tot, und es gibt immer noch Dinge, die mir am Herzen liegen. Zum Beispiel mein Radio. Sie haben mein Radio weggeworfen, ohne mich zu fragen.«

»Mom«, meinte Jason verletzt und frustriert, »die Typen mit dem Laster waren da. Wir mussten die Sachen wegbringen.«

»Ja, aber ihr habt mich nicht gefragt. Ich wusste, wie dieses Radio funktionierte. Ich habe alle meine Lieblingssender reinbekommen und hatte immer gute Musik.«

»Mom, wir besorgen dir ein neues«, sagte er. »Ich hab beim Umzug damals einfach nicht daran gedacht. Weil wir uns um alles gleichzeitig kümmern mussten.«

»Ich weiß schon, Junge, aber darum geht es nicht. Das Radio war ganz prima, und ich wusste, wie es funktioniert«, meinte sie bestimmt. »Ich möchte, dass ihr mich in Zukunft fragt. Und euch nicht selbst irgendetwas zusammenreimt – bitte!«

Es ist mitunter vielleicht merkwürdig, für andere den Dolmetscher zu spielen. Wichtig ist es, sich zu erinnern, dass man immer wieder resümieren muss, was jeder der Beteiligten sagt – nicht, um Partei zu ergreifen, sondern um ihnen dabei zu helfen, einander zuzuhören. »Das klingt, als wollten Sie Ihren Söhnen sagen, dass bei derart umfassenden Veränderungen kleine Dinge wie etwa ein Lieblingsradio einen ganz neuen Stellenwert erhalten. Als wollten Sie ihnen begreiflich machen, dass es Sie verwirrt, wenn Dinge verschwinden, und dass Sie an allem Vertrauten hängen. An jeder einzelnen Sache oder Gewohnheit. Auch wenn Sie wissen, dass Sie nicht Auto fahren oder allein im zweiten Stock wohnen sollten, weil Sie nicht mehr Treppen steigen können, klammern Sie sich ans Vertraute, weil sich alles zu verändern scheint.«

»Ja«, sagte sie bestimmt, »und vor noch etwas habe ich Angst. Wahrscheinlich werden mich die anderen im betreuten Wohnen für dämlich halten, weil ich so unselbstständig bin – und nicht mal zur Bank gehen oder meine Rechnungen bezahlen kann.«

»Das ist doch Unsinn«, murmelte Marvin. »Auf der Bank haben sie ihr alles erklärt. Sie gleichen sogar ihre Kontoauszüge aus. Warum regt sie sich bloß so auf?«

Ich erzählte ihnen, was ich einige Wochen zuvor von einigen Bankangestellten erfahren hatte. Ihre älteren Kunden hatten sie wissen lassen, dass sie ihren Gang zur Bank als wichtige Gelegenheit zum Gespräch betrachteten, bei der ihnen ein offenes Ohr zur Verfügung stand. Heute legen einige Banken ihren Angestellten am Schalter nahe, Zeit und Interesse für diesen Kundenkreis aufzubringen, anstatt sich darum zu sorgen, dass diese Menschen vielleicht zu viel Zeit in Anspruch nehmen und die Schlange aufhalten. Es dauerte eine Weile, bis die Banken erkannten, dass sie ihre Prioritäten verändern mussten – weg von der schnellen Abfertigung hin zur echten Kontaktaufnahme zu der Person auf der anderen Schalterseite.

»Wovor hat sie Angst?«, fragte ihr älterer Sohn, als seine Mutter einmal kurz das Zimmer verließ. »Wir kümmern uns doch um sie.«

»Nun«, erklärte ich, »offenbar fürchtet sie, Ihnen könnte was zustoßen, oder Ihre Finanzlage könnte sich ändern. Und was würde dann wohl aus ihr?«

»So hab ich das noch nie betrachtet«, meinte Marvin leise. »Ich wäre nie darauf gekommen, dass sie sich um Geld sorgen könnte.«

Die Versuche, einen geliebten Menschen in einer Übergangsphase zu unterstützen, können frustrierend sein, so wie Jason und Marvin es bei ihrer Mutter erlebten. Es fällt uns schwer, uns in den anderen hineinzuversetzen, vor allem, wenn wir glauben, dass wir selbst in einer ähnlichen Situation nicht solche Probleme hätten. Hier kann ein Außenstehender dazu beitragen, der Familie eine neue Sichtweise zu eröffnen. Manchmal ist es leichter, auf einen Fremden zu hören, weil uns keine Nabelschnur von Hoffnungen, Verletzungen und Bedürfnissen an ihn bindet.

Wenn wir uns, wie Jason, einem Trostbedürftigen gegenüber bei der Erwiderung ertappen: »Das verstehe ich nicht«, so sollte uns dies ein Hinweis darauf sein, innezuhalten und zu fragen: »Was ist mir hier entgangen?« Wenn wir uns Zeit zum Nachdenken nehmen, können wir unsere allzu raschen Urteile und Reaktionen hinauszögern und werden neugierig. Dies versetzt uns in die Lage, unser Mitgefühl in genau dem Moment anzuzapfen, in dem wir sonst vielleicht etwas gesagt oder getan hätten, das zu Missverständnissen geführt oder das wir später bereut hätten. Wenn Menschen, wie Jasons Mutter, uns wissen lassen, dass wir ihre Gefühle verletzt haben, müssen wir uns vielleicht entschuldigen und nachfragen, was ihnen wirklich gut tut und was nicht, so dass wir etwas dazulernen. Auch wenn wir ihre Bedürfnisse genau zu kennen meinen, können wir uns gewaltig irren.

Von Splittern, Mäusen und anderen Kleinigkeiten

Allein leben lernen

Ob wir aus freien Stücken oder aufgrund persönlicher Umstände allein leben – manchmal wünschen wir uns, unsere Freunde wüssten, dass uns nicht unbedingt die großen Katastrophen auf die Stimmung schlagen. Das erfuhr ich eines Abends, als ich versuchte, mir einen Splitter aus der Hand zu ziehen. Ich bin Rechtshänderin. Der Splitter befand sich in meiner rechten Hand. Haben Sie schon mal versucht, etwas mit der linken Hand zu tun, das eine gewisse Koordination erfordert? Nicht einfach. Ganz und gar nicht leicht. Und obendrein noch die Erinnerung daran, dass man immer jemanden hatte, der einem das verdammte Ding herauszog.

An diesem Abend ging mir auf, was »allein leben« bedeutet. Es war ja nur eine Kleinigkeit, dieser Splitter. Aber in diesem Moment, spätabends, in diesem Häuschen, das ich mir gekauft hatte und in dem ich zum ersten Mal allein wohnte, merkte ich, was es hieß, allein zu leben. Schwierig sind nicht die großen Herausforderungen – das Verhandeln über eine Hypothek oder das Bewältigen von Schneestürmen, Orkanen und Überschwemmungen. All diese Dinge sind leicht zu bewältigen. In derartigen Fällen erwarten die Leute, dass man sie um Hilfe bittet. Aber um zehn Uhr abends ruft man nicht so ohne weiteres eine Nachbarin an, die man nur vom Sehen kennt, und bittet sie, dass sie einem etwas so Lächerliches wie einen Splitter herauszieht. Man denkt sich, Mensch, das ist doch wirklich keine Sache – aber in diesem Augenblick beschlich mich dieses alberne, kindliche Gefühl des Verlassenseins, und ich wünschte mir nur noch jemanden mit zärtlichen Händen, der sich um meine lächerlich kleine Verletzung kümmerte.

Einen weiteren solchen Moment erlebte ich, als sich der Boden bewegte. Es war nur ganz kurz. Zuerst war ich mir nicht einmal sicher, was ich gesehen hatte. Und ich beschloss, es zu ignorieren. Bis ich es später am Abend noch einmal sah. Warum passieren derartige Dinge immer abends? Wieder bewegte sich der Fußboden. Wenigstens kam es mir so vor. Und dann wusste ich, was es war. Ein zuckendes Schwänzlein. Eine Maus im Haus. Warum habe ich bloß nie gelernt, eine Mausefalle aufzustellen?

Am nächsten Tag ging ich bei der Nachbarin vorbei, die ich wegen des Splitters nicht hatte belästigen wollen. Eine Maus im Haus dagegen gehörte zu den Dingen, die einem das Recht geben, um Hilfe zu bitten. Ihr Mann brachte – mit seiner Arthritis und einer komplizierten Mausefalle ringend – etwa eine Stunde damit zu, gemeinsam mit mir herauszufinden, wie man mit äußerster Vorsicht den haarnadeldünnen Auslöser für den Köder einstellte.

Diese Kleinigkeiten addieren sich mit der Zeit, so dass man ganz plötzlich das Gefühl bekommen kann, die nächste sei der Tropfen, der das Fass zum Überlaufen bringt und folglich keinesfalls mehr zu ertragen. Es ist gut, dies zu wissen, denn wenn ein Freund oder eine Freundin von Ihnen plötzlich allein lebt und anfängt, sich von winzigen Dingen irritieren zu lassen, sollten Sie bedenken, dass es hier nicht allein um den einzelnen Vorfall geht. Schwierig für die betreffende Person ist jedoch die Erkenntnis, dass sie das Problem, egal, wie groß oder klein, als Single allein bewältigen muss – weil tatsächlich sonst niemand da ist. Gewiss, darin liegt auch zuweilen eine große Freiheit. Kein anderer kann uns etwa dadurch nerven, dass er Rechnungen zu bezahlen vergisst oder etwas schlecht oder gar nicht repariert. Allerdings erinnert einen auch das nächste kleine Malheur wieder daran, dass niemand außer einem selbst die Entscheidungen trifft. Wenn dies Menschen aus Ihrem Umfeld betrifft, sollten Sie einmal versuchen, sich vorzustellen, wie Sie sich fühlen würden. Sagen Sie nicht: »Das ist doch nur eine Nichtigkeit.« Das wissen die Betreffenden selbst. Lassen Sie sich stattdessen erzählen, wie diese es empfinden, sich an guten wie an schlechten Tagen allein durchs Leben schlagen zu müssen.

Es gibt auch andere Möglichkeiten, Singles zu unterstützen:

- Gehen Sie nicht davon aus, dass Singles Gesellschaft wünschen. Aber bieten Sie Ihren Besuch an – vielleicht fehlt den Betreffenden jemand, für den sie kochen und mit dem sie essen können. Oder vielleicht würden sie gerne mit Ihnen spazieren gehen.
- Bieten Sie an, einen Morgen, Nachmittag oder Abend gemeinsam zu verbringen, um sich vielleicht einen Film miteinander anzusehen, eine Spazierfahrt zu machen, einen Lieblingsort zu besuchen – eben etwas, das man nicht so gerne allein unternimmt.
- Wenn Sie ein geschickter Handwerker sind, können Sie fragen, ob es im Haus oder in der Wohnung etwas zu erledigen gibt – sei es eine Reparatur oder sonst etwas, zu dem man einen Helfer braucht.
- Bieten Sie dem Alleinlebenden an, ihm jemanden vorzustellen, der in derselben Gegend wohnt und der nicht nur eine Hilfe, sondern vielleicht auch ein Freund werden könnte.
- Laden Sie den Betreffenden zu sich nach Hause ein, auch über Nacht oder für mehrere Tage, falls Sie weit auseinander leben. Dies kann vor allem zu gewissen Zeiten hilfreich sein – etwa an Geburtstagen, Feiertagen oder auch im Sommer, wenn viele Menschen völlig von ihren Familien in Beschlag genommen werden.

Zerbrochene Herzen und verbrannte Opfergaben

Wenn sich ein Geschenk als Quelle der Zuneigung erweist

Ein Päckchen kam an. Ich hatte weder Geburtstag noch hatte ich etwas bestellt. Wer also sollte mir etwas schicken? Als ich die Sendung auspackte, hielt ich – unversehens – ein merkwürdiges Herz von der Größe meiner Handfläche in der Hand. Es bestand aus schartigen Steingutscherben in unterschiedlichen Erdtönen, die von einer unsichtbaren Kraft auf geheimnisvolle Weise zusammengehalten wurden. Es handelte sich um das Geschenk eines Freundes, der irgendwie gespürt hatte, dass mich der erste Valentinstag nach meiner Scheidung womöglich an verlorene Träume erinnerte.

Manchmal können wir mehr tun als einen Menschen anrufen oder besuchen. Wir können ihm zum Beispiel etwas schicken, das auf andere Weise zu ihm spricht – etwas, das ihm zeigt, dass wir an ihn denken, oder etwas, wie dieses Herz, das mehr aussagt, als ein Wort es jemals könnte. Das Geschenk gewann eine noch größere Bedeutung für mich, als ich las, wie der Künstler die Herzen anfertigte. Er stellt diese Unikate her, indem er zunächst einen schönen getöpferten Gegenstand schafft, ihn dann wieder zertrümmert und schließlich die verschiedenfarbenen Stücke zu einem neuen Ganzen zusammenfügt.

Im Lauf der Jahre wurden die Valentinstage erträglicher, und dennoch gewann das Geschenk mit jeder schwierigen Situation und Herausforderung neue Bedeutung für mich. Es wirkte wie eine

Quelle der Zuneigung, zu der ich zurückkehren konnte, wenn ich Aufmunterung brauchte. Eine Quelle der Zuversicht, dass das, was sich so zerrissen und wund in mir anfühlte, irgendwann heilen würde. Geschenke, die von Herzen kommen, entfalten ihre Wirkung noch lange, nachdem der Schmerz verklungen ist.

Mit dem Geschenk kamen ein paar Zeilen, die nicht weniger bemerkenswert waren als das Herz. Ich gebe sie mit der freundlichen Erlaubnis des Künstlers und Autors Richard Bohn hier wieder:

VERBRANNTE OPFERGABEN

Meine Herzen, diese zerbrechlichen Tongefäße, die die häufig öden Momente unseres Werdens umschließen, schleudere ich mit dreister Hybris in die Zukunft, und dies lediglich, um dann, wenn sie zu meinen Füßen zerspringen, ihren flammenden Fall abzuwehren.

Nach ihrer Auferstehung entdecke ich, dass sie voller Erinnerungen stecken, die langsam, Tropfen für Tropfen, aus ihren feinen Haarrissen sickern und mir ins Herz dringen.

Wenn du mit den Fingern an den scharfen Kanten dieser schartigen Scherben entlangfährst, musst du aufpassen, denn du taumelst an einer Spalte entlang, deren abgrundtiefer Boden mit gebrochenen Gelöbnissen, gescheiterten Träumen und den weißen brüchigen Knochen der Hoffnung übersät ist. Nicht nur den deinen, sondern auch denen deiner Mutter, deines Vaters, deiner Großeltern, Urgroßeltern und so weiter. Blick tief hinab in diese Kluft und sieh, wie sie sich mit den Trümmern menschlicher Erfahrung füllt.

Warum dienen uns diese zarten, beschädigten Fragmente, die sich – in ihrer Gebrochenheit vollständig und an ihre einstige Ganzheit erinnernd – so wunderbar zu uralten Formen zusammenfügen, als Inspiration und als Vorbild?

Diese Herzen haben Schmerz erfahren, aber ich möchte, dass jeder, der sie sieht, der sie berührt, der sich ihrer erinnert oder von ihnen hört, von Hoffnung erfüllt wird. Jener hoffnungsvollen Zuversicht, dass in unserem Zerbrechen unsere Weisheit beschlossen liegt. Die Weisheit unseres eigenen Werdens – in seiner ganzen Schönheit –, nachdem wir Heilung erfahren haben.

Wie viel ist genug?

Ruhestand als Lebensstil

Ich weiß nicht, wer mich schon alles – augenzwinkernd – gefragt hat: ›Na, was macht das Golfspielen, Byrd?‹ Dabei spiele ich nicht mal Golf! Ich weiß, dass viele nicht so recht wissen, was sie mit einem reden sollen, wenn man pensioniert wird. Es ist ihnen unangenehm, und so witzeln sie herum, weil sie einfach keine Ahnung haben, was man mit seiner Zeit anfängt. Wirklich schätzen würde ich es, wenn jemand mal fragte: ›Und was von all den Dingen, für die du früher nie Zeit hattest, tust du jetzt eigentlich?‹ Oder: ›Welche von all deinen Ruhestandsbeschäftigungen macht dir wirklich Spaß?‹«

Byrds Schilderung, die sich auch auf seine Frau Alice ausweiten ließe, gibt uns einen Hinweis darauf, was sich vor, während und nach der Verabschiedung aus dem Berufsleben hinter den Kulissen abspielt. Wie können wir die Komplexität dieser Veränderung begreifen? Was sagen wir zu einem Menschen, der aus dem Erwerbsleben ausgeschieden ist oder auf unsere Frage »Womit verdienen Sie Ihren Lebensunterhalt?« barsch »Ich bin im Ruhestand!« antwortet.

»Ich glaube, die Menschen wissen nicht, was sie sagen sollen, weil sie Angst haben«, meinte Byrds Frau Alice. »Sie fürchten vielleicht, dass es ihnen später als Rentner nicht mehr so gut gehen wird. Ich habe erst ein paar Jahre nach Byrd zu arbeiten aufgehört. Wenn ich jedoch über mein späteres Leben als Rentnerin nachdachte, war mir eines wichtig: Ich wollte nicht, dass die Pensionierung mein Verhältnis zur Welt und meinen Mitmenschen veränderte. Ich wollte nicht, dass die Leute, nur weil ich mich aus dem Arbeitsleben zurückzog, meinten, dass ich die Hände in den Schoß legen wollte. Beängstigend ist auch, wenn man nicht weiß, ob man noch genug Einkommen haben wird, um all seine Bedürfnisse zu befriedigen. Zwanzig Jahre vor Byrds Pensionierung fingen wir an, uns ernsthaft zu fragen, was wir letztendlich unter ›genug‹ verstanden.«

»Was hat Ihnen geholfen, sich darüber Klarheit zu verschaffen?«, fragte ich.

»Unsere Vorstellung von ›genug‹ hatte nichts mit den üblichen gesellschaftlichen Erwartungen zu tun. Wir wollten ein, zwei Reisen im Jahr machen können und dabei Dinge unternehmen, die uns Spaß machten. Wir wollten unsere Kinder besuchen können. Und wir wollten nicht immer das Billigste kaufen müssen, wollten aber auch genug übrig haben, um Geld verschenken zu können – sei es an Freunde, Angehörige oder wohltätige Organisationen. Wir hatten Glück, dass Byrds Firma eine Betriebsrente anbot und wir eine gute Krankenversicherung hatten.«

»Was war das Schwierigste im ersten Ruhestandsjahr?«, fragte ich.

»Oh, das ist eine leichte Frage«. Alice lachte leise. »Byrd musste sich erstmal daran gewöhnen, seinen Tag selbst zu organisieren und ganz gewöhnliche Dinge, wie etwa die Fehlersuche am Computer, selbst zu erledigen. In seiner aktiven Zeit haben ihn seine Angestellten meistens für zehn bis zwölf Stunden am Tag ›gebucht‹, und jetzt musste er sich plötzlich seine Zeit selbst einteilen und sich auch um den ›Bürokram‹ kümmern, den sonst seine Untergebenen für ihn erledigt hatten. Gleichzeitig musste ich mich daran gewöhnen, ihn den ganzen Tag im Haus zu haben. Ich hatte immer von zu Hause aus gearbeitet und war es nicht gewöhnt, unterbrochen oder gestört zu werden, und plötzlich war er da und wollte mit mir reden. Wir haben beide eine Weile gebraucht, bis wir einander nicht mehr auf die Zehen traten und ich ihm mehr Raum zugestehen konnte.«

Die größte Veränderung für Byrd bestand allerdings nicht in der Inbesitznahme physischen Raums, sondern darin, dass er sich Raum für seine Gefühle schaffte:

> Nachdem mein Leben nicht mehr von einem vollen Terminkalender regiert wird, habe ich sehr viel mehr Raum für Entscheidungen. Vor kurzem auf einer Geschäftsreise nahm ich mir zum Beispiel Zeit für Freunde und für meine Söhne und verbrachte einen Tag im Museum, wo ich mir eine Ausstellung von einem meiner Lieblingskünstler ansah. Vor der Pensionierung wäre ich in diese Stadt geflogen, hätte meinen Job erledigt und mir gesagt, dass ich irgendwann zurückkäme, um die Leute zu besuchen und mir die Ausstellung anzusehen. Was natürlich nie geschah.
>
> Der offensichtlichste Unterschied zu unserem früheren Leben ist die Art unseres Zusammenseins. Es ist bereichernder geworden. Bereichernder, weil ich zuhören kann, wenn Alice mir etwa von einem Waldspaziergang erzählt, und ich ihre Begeisterung über die an diesem Tag frisch erblühten Blumen teilen kann. Vor meiner Pensionierung hätte ich gedacht: »Hör mal, ich kann nicht hier herumsitzen und über Blumen schwatzen – im Grunde sollte ich nicht mal hier herumsitzen! Können wir uns nicht über etwas Wichtigeres unterhalten?« Heute entspanne ich mich und freue mich über ihre Begeisterung. Oder aber sie erzählt mir etwas, und ich habe nicht mehr das Gefühl, wie früher reagieren zu müssen, als ich nur überlegte: »In Ordnung, und wie bekomme ich das jetzt wieder hin?« Jetzt merke ich, dass sie nur will, dass ich ihr zuhöre. Früher fand ich immer, dass

> sie zu lange brauchte, um zum Kern der Sache zu kommen. Heute ist mir klar, dass es ihr gar nicht darum geht. Das Einzige, worum es geht, ist, sie sagen zu lassen, was sie mir sagen will. Wenn sie will, dass ich etwas für sie erledigen soll, lässt sie es mich schon wissen.

Byrd und Alice waren seit acht Jahren im Ruhestand und noch immer dabei, sich an den neuen Lebensrhythmus zu gewöhnen. Kaum hatte Byrd seine einunddreißig Dienstjahre bei IBM beendet, geriet ihre Beziehung in eine Krise. Sie mussten einen Paartherapeuten aufsuchen, um ihre Kommunikation zu verbessern. Eine Zeit lang war das sehr aufreibend, was Alice zu folgendem Rat an alle Pensionäre und solche, die sie unterstützen wollen, veranlasste: »Man braucht Freunde, die einem bei diesem Übergang vom Arbeitsleben in den Ruhestand beistehen. Ob das nun neue oder lebenslange Freunde sind – sie um uns zu haben ist der Schlüssel zu einem erfüllten Lebensabend. Man muss über die Veränderungen, die man durchmacht, über Fragen, auf die man keine Antwort hat, und über die zwangsläufig auftauchenden Gesundheitsprobleme reden können.«

Das Nachdenken darüber, wie man als Rentner wohl zurechtkommen wird, kann frustrierend sein. Folgende Beobachtungen von Ruheständlern können uns helfen, sensibler auf ihre Erfahrungen mit dem Übergang und den damit einhergehenden Veränderungen zu reagieren:

- Gehen Sie nicht davon aus, dass ich lediglich Golf spiele und den ganzen Tag einloche. Nur weil ich kein Gehalt mehr beziehe, heißt das noch lange nicht, dass ich keinen gesellschaftlichen Beitrag mehr leisten kann.
- Nehmen Sie mir bitte ab, dass mein Hirn noch funktioniert. Ich habe nur aufgehört, einer regelmäßigen Tätigkeit nachzugehen.

Meine Fähigkeit zu denken, lernen, lehren, ja sogar zu arbeiten, wenn ich es will, ist nicht beeinträchtigt.

- Es kann durchaus sein, dass ich verbittert bin, weil man mich gezwungen hat, meinen Arbeitspatz aufzugeben, den ich freiwillig noch lange nicht geräumt hätte.
- Ich muss mich noch daran gewöhnen, dass ich keinen vollen Terminkalender mehr habe. Denken Sie nicht, dass ich den Verstand verloren habe, wenn ich ein wenig zerstreut wirke; ich habe mich nur noch nicht richtig gefangen.

Was passiert, wenn man offen ist

Von älteren Menschen lernen

Was heißt es, das Älterwerden wirklich zu würdigen – und sich daran zu erinnern, dass wir viel von älteren Menschen lernen können? Wie geben wir ihnen zu verstehen, dass sie eine Rolle spielen, vor allem dann, wenn sie es selbst kaum glauben können? Die Tatsache, dass sie nicht mehr so schnell denken, sich nicht mehr so schnell bewegen können wie früher, lehrt uns, einen bedächtigeren Lebensrhythmus schätzen zu lernen – der nur einen Schritt, ein Wort oder, wie in Marys Fall, einen Zug auf einmal gestattet.

Mary stützte den Kopf auf das geschwungene Ende ihres Spazierstocks, während sie auf der Bank saß und auf den Beginn ihrer Wassergymnastikstunde wartete. Ein leichter Chlorgeruch hing in der Luft. Janine näherte sich dem Ende des Gangs, wo Mary saß, und meinte: »Sieht aus, als wären wir heute die Einzigen.«

»Oh, nein«, meinte Mary zuversichtlich. »Die anderen werden bald da sein.«

Sie musterte Janine mit Augen, in denen die Verwunderung darüber stand, was Janine in dieser Stunde wohl wollte. »Haben Sie Arthritis?«, fragte sie, da sie Janine für viel zu jung für diesen Kurs hielt.

»Nein«, meinte Janine. »Aber ich habe eine Krankheit, die sich nur schwer behandeln lässt, und meine Therapeuten hoffen, dass mich das Schwimmen kräftigt.«

»Oh«, murmelte Mary und blickte auf ihre geschwollenen Knie hinunter. »Ich hab mir mein Knie vor etwa fünfzig Jahren beim Skifahren ruiniert; daher hab ich meine Arthritis. Ich kann weder stehen noch knien noch gehen. Wassergymnastik ist das Einzige, was ich noch schaffe. Nicht leicht, mit so einem Knie zu leben, das sich nicht abbiegen lässt. Sie hätten mal sehen sollen, wie das damals war, als man sich noch hinknien musste, um die alten Gasöfen anzuzünden. Ich wollte nicht, dass meine Kinder mich so sahen – wie schwer es mir fiel, so etwas Einfaches zu schaffen wie ein Feuer anzumachen. Aber man lernt, damit zu leben.«

Genau in diesem Augenblick erschienen die anderen Damen. Lachend kamen sie mit Stöcken hereinspaziert, die sie neben ihren bunten Badetüchern aufhängten. Wenige Minuten später glitten sie die Spezialtreppe hinunter ins Schwimmbecken. Sie freuten sich darüber, vom Wasser getragen zu werden und für kurze Zeit frei von Schmerzen zu sein.

Dann sprang die Trainerin – im neonfarbenen Badeanzug – ins Becken, und alle machten ihre »Übungen« zu Melodien aus den 40er Jahren. Es wurde gelacht und gealbert. Dies war eine fröhliche familiäre Gruppe, die sich mit graziös gestreckten Fingern im Kreis bewegte, durch das seichte Ende des Pools glitt und sich wie leicht beschwipst durch das Wasser bewegte.

Janine war in diesem Kurs gelandet, weil die Therapeuten ihr die Wassergymnastik als letzte Hoffnung ans Herz gelegt hatten. So recht schien niemand zu wissen, wie ihr von zahlreichen Verletzungen heimgesuchter Körper zu kräftigen sei. Sie hatte alles probiert. Heute war der Tag der Entscheidung. Sie sollte in Erfahrung bringen, ob die Wasserübungen ihr halfen.

»Es fiel mir nicht leicht«, erklärte Janine, »in dieses Becken zu steigen, aus dem mir das, was mir womöglich in Zukunft bevorstand, ins Gesicht starrte. Die Stoikerin, die mir im Umkleideraum begegnet war, hatte sich in ihren Dreißigern beim Skifahren das Knie ruiniert. Ich hatte es mir im selben Alter kaputtgemacht, erzählte ich ihr und hielt unser Gespräch nicht für einen Zufall.

Während wir mit den Armen schlagend und mit den Beinen kickend durchs Becken glitten, hatte ich nicht unbedingt das Gefühl, als könne mir dies zum benötigten Muskelwachstum verhelfen«, erklärte Janine. »Es war zu leicht. Aber statt aus dem Becken zu klettern oder zu resignieren, kam ich zu dem Schluss, dass ich nicht aus therapeutischen Gründen da war, sondern wegen etwas anderem, so dass ich es für angebracht hielt, lieber nicht zu schwänzen und alles, was sonst in dieser Stunde passierte, aufmerksam zu verfolgen.«

Und in diesem Augenblick wandte sich Mary an Janine. Sie waren am Ende der letzten Übungsrunde nebeneinander zu stehen gekommen. »Ich bin in nichts gut«, meinte Mary ganz ruhig. Sie war im seichten Teil des Beckens geblieben – da sie (mit siebenundachtzig Jahren) die Älteste und (mit eins fünfundvierzig) die Kleinste der Gruppe war und kein Wasser schlucken wollte. Plötzlich wirkte sie traurig und einsam.

Janine drehte sich zu Mary herum und sagte: »Aber Sie haben ein ganz wunderbares Lachen.« Das stimmte. Und da musste Mary lachen – ein Lachen, bei dem sich ihr Gesicht derart in Falten legte, dass es die ganze Umgebung erstrahlen ließ. Und als Janine sich vom Swing der 40er Jahre davontragen lassen wollte, drehte sich noch einmal zu Mary um und meinte: »Sie haben doch sicher Enkel.«

»Ururenkel!«, erwiderte Mary stolz.

»Na, da sehen Sie es doch«, meinte Janine, »klingt mir nicht, als wären Sie zu nichts gut.« Wieder lachte Mary und segelte davon in ihre eigene Welt.

Am Nachmittag desselben Tages unterhielt sich Janine mit ihrem Freund Rick. »Weißt du, Rick«, meinte sie, »ich war wohl heute nicht in dieser Stunde, um kuriert zu werden. Sondern um Mary kennen zu lernen. Ich war da, um etwas von ihr zu lernen – nämlich, dass man, wenn man offen und nicht völlig auf seine Erwartungen fixiert ist, genau das bekommt, was man braucht.«

Die eigentliche Lehrerin dieses Kurses war nicht die sportliche junge Frau im knapp sitzenden lila Einteiler. Als wahre Lehrerin entpuppte sich die siebenundachtzigjährige Mary in ihrem blaugrün geblümten Schößchenanzug, die nichts weiter dazu tun musste, als sie selbst zu sein – eine Ururgroßmutter mit kaputtem Knie und einem Lächeln, das den gesamten Umkleideraum erstrahlen ließ.

Das Geschenk der Heilung, das Janine dann wiederum einer Wildfremden machte, bestand darin, sich aus dem gewohnten mechanischen Reaktionsmuster zu lösen. Als es so aussah, als könne der Kurs Janine doch nicht das Erhoffte bieten, dachte sie kurz über ihr Gefühl der Hoffnungslosigkeit nach. Dadurch war sie ein paar Minuten später in der Lage, sich voller Mitgefühl einem anderen Menschen zuzuwenden, der sich an diesem Tag ebenfalls ein wenig nutzlos fühlte.

Ich weiß ihren Namen

Mit Alzheimer leben

Ein wirklich segensreicher Moment bei der Betreuung meiner Mutter war der, als wir begriffen, dass sie nicht mehr dieselbe Person war wie früher, und sie nicht mehr drängten, sich zu ›erinnern an damals, als …‹. Stattdessen ezählten wir ihr die Geschichten aus der Vergangenheit, als höre sie diese zum ersten Mal. Am mühsamsten aber war es zu verstehen, dass ihr nicht ihre Erinnerungen wichtig waren – sie konnte sich ja nicht mehr erinnern – sondern das, was sie hier und jetzt, Augenblick für Augenblick, mit mir erlebte.«

Jede Woche, so scheint es, erfährt ein Freund oder eine Kollegin, dass Mutter, Vater, Ehemann oder Ehefrau an Alzheimer erkrankt ist. Wie sollen wir einen Menschen trösten, der in all den vor ihm liegenden Tagen, Wochen und Jahren mit der langsamen, irritierenden Veränderung des geliebten Menschen fertig werden muss?

Für Alicia wurde die Alzheimererkrankung ihrer Mutter am augenfälligsten, als ihr Vater gestorben war. Ab da wurde immer offensichtlicher, dass ihre Mutter sich nicht mehr selbst versorgen konnte.

»Nie werde ich diesen Tag vergessen. Wir hatten meinen Vater im Krankenhaus besucht. Man hatte Krebs diagnostiziert, und es ging ihm sehr schlecht. Sobald wir zu Hause waren, bestand Mama darauf, dass wir sofort wieder zurückmüssten, um Dad zu besuchen. Es war, als seien wir überhaupt nicht dort gewesen. Als wir ihr sagten, dass wir jetzt nicht zurückfahren könnten, wurde sie ganz aufgeregt und packte mich so grob am Arm, dass sich ein Bluterguss bildete. Alarmiert rief ich: ›Mama, hör auf damit! Sonst rufe ich den Arzt.‹ Sie stürzte aus der Küche und knallte die Tür so heftig hinter sich zu, dass der Spiegel an der Wand des angrenzenden Zimmers zersprang. In diesem Augenblick, als sie so wütend wurde, weil ich sie nicht zu meinem Vater brachte, erkannte ich, dass sie wieder zu einem verängstigten Kind geworden war. Ich wollte nicht, dass meine Mutter böse auf mich war.«

»Was tut man also«, fragte ich sie, »wenn Mutter oder Vater sich wegen etwas, das uns ganz unsinnig erscheint, in eine solche Wut hineinsteigern?«

»Man muss erkennen, dass man nicht mehr die Rolle des Kindes spielen kann. Man muss sich in seine neue Rolle finden und nun die Person – in meinem Fall meine Mutter – wie eine Fremde betrachten, so wie es ja auch eine Pflegerin tut. Nicht, dass man sie deswegen nicht mehr liebt. Aber man muss sich von ihrem irrationalen und häufig auch verletzenden Verhalten distanzieren. Man muss die über Jahrzehnte entwickelten Verhaltensmuster hinter sich lassen. Und man muss auch aufhören, sich einzubilden, dass man ihr Verhalten ändern könnte.«

Angehörige von Alzheimerpatienten müssen letztendlich die schmerzliche Entscheidung treffen, ob sie ihre Kranken daheim pflegen oder sie in ein Heim geben. Die schwierigste Entscheidung allerdings hatte – laut Alicia – nichts mit der Langzeitpflegeeinrichtung zu tun, für die sie sich am Ende entschieden.

»Die schwerste Entscheidung, die ich immer wieder zu treffen habe, ist die, wie ich Augenblick für Augenblick geduldig auf den geliebten Menschen eingehe – einen Menschen, der zornig, frustriert, zufrieden, verwirrt oder völlig unverständlich sein kann und ein ganz anderer ist als der, den ich zu kennen glaubte. Die Person, die sie einst war, existiert nicht mehr. Eine völlig neue Person tritt an ihre Stelle und versucht, sich irgendwie zu orientieren. Vor allem in den späteren Alzheimerstadien braucht der Patient andauernd Hilfe, um sich in der Außenwelt zurechtzufinden. Eines Tages etwa wollte meine Mutter aus dem Auto steigen. Aber sie wusste nicht mehr, was ›sich umdrehen‹ bedeutete. Immer wieder versuchten wir ihr zu erklären, was sie zu tun hatte. Doch sie konnte uns nicht mehr verständlich machen, dass sie nicht mehr verstand, was sie nicht verstand.«

»Haben Sie dabei etwas gelernt, das die Art und Weise, wie wir mit Alzheimer umgehen sollten, verändert hat?«, fragte ich.

> Wir haben lange gebraucht, ehe wir es aufgaben, Mama an ihre Vergangenheit und an uns zu erinnern. Von einem Alzheimerkranken zu erwarten, dass er sich an seine Lebensgeschichte erinnert, das ist genauso, als fordere man einen Gelähmten zum Gehen auf. Es wurde besser, als wir uns die Frage »Weißt du noch …?« verkniffen und ihr die alten Geschichten zwar erzählten, sie aber etwa so einleiteten: »Du erinnerst dich doch sicher an diesen wunderbaren Nationalfeiertag, als wir …« Als wir ihr Geschichten erzählten, als sei es zum ersten Mal, empfand sie das als sehr unterhaltsam, denn sie musste sich nicht mehr unseretwegen erinnern oder sonst etwas tun, das über unser momentanes Zusammensein hinausging.
>
> Als die Krankheit fortschritt, lehrte mich Mama noch etwas anderes; sie hat meine Vorstellung von Freundschaft völlig revolutioniert: Zu meiner Verblüffung freundete sie sich im Pflegeheim mit einer zwanzig Jahre älteren Dame an. Keine von beiden konnte sich den Namen oder die Geschichte der anderen merken, doch das schien sie nicht zu stören. Für mich war Freundschaft unter solchen Umstän-

den nicht vorstellbar, aber Mama zeigte mir, dass sie nicht nur möglich, sondern sogar ungeheuer bereichernd sein konnte.

Tatsächlich geht es Mama mit und trotz ihrer Krankheit besser als uns. Sie stirbt nicht an Alzheimer – sondern lebt damit. Und obwohl einige in unserer Familie meinten, es wäre besser für sie, wenn sie stürbe, und ich ihnen früher beipflichtete, bin ich heute nicht mehr dieser Meinung. Jetzt, in den späten Alzheimerstadien, ist Mama meistens zufrieden. Ich kann sie nicht dafür verurteilen, dass sie nicht mehr die sein kann, die sie war, ja vielleicht sogar eine ganz andere geworden ist als die, die ich kannte. Darunter leiden wir, aber nicht sie.

Alicia äußerte sich auch dazu, wie Freunde oder Kollegen einem Menschen helfen könnten, der einen an Alzheimer erkrankten Angehörigen pflegt:

- Wir schätzen es, wenn man uns ruhig zuhört, während wir von unseren Befürchtungen und Zukunftssorgen erzählen.
- Hilfreich ist, wenn Menschen, die unseren Angehörigen kaum oder gar nicht kannten, zu Besuch kommen. Denn dann vergessen wir seine Vergangenheit und denken nur daran, was er jetzt ist.
- Gegen Nachfragen nach dem Befinden unseres Angehörigen ist nichts einzuwenden. Man sollte nur bedenken, dass es keine Aussicht auf Besserung gibt, und darf folglich keinen strahlenden Bericht erwarten.

Jede Familie macht ihre eigenen Erfahrungen mit dieser Krankheit. In einigen Familien kommt es zu schmerzhaften Konflikten oder gar gerichtlichen Auseinandersetzungen über die Art und Weise, wie für den Vater oder die Mutter gesorgt werden soll. Auch wie jemandem zu helfen ist, der wünscht, dass man Partei ergreift, ist schwer zu sagen.

In einem anderen Fall gestand ein Freund, dessen Mutter Alzheimer hatte, Monate nach ihrem Tod, dass er sich gewünscht hätte, er hätte zu ihren Lebzeiten mit Freunden über die Wut und die Hilflosigkeit reden können, die er während jedes Besuchs bei seiner Mutter empfand. Während er seine verbitterte und zornige Mutter in ihrem »Fegefeuer dahinsiechen« sah, hätte er jemanden gebraucht, zu dem er einfach nur hätte sagen können: »Wann ist das alles zu Ende?«, ohne dass der ihn gleich für einen lieblosen Sohn gehalten hätte.

Die Frau eines Alzheimerpatienten aber mag vielleicht zwischendurch den Wunsch verspüren, sich an ihren besten Ratgeber zu wenden, nur um sich dann zu erinnern, dass der ja Alzheimer hat. Was kann man ihr sagen, wenn sie einem erzählt, wie sehr sie sich wünscht, er sei »noch da«, um ihr bei ihren Entscheidungen zu helfen? In derartigen Fällen können wir gar nichts tun. Das Gedächtnis und die Persönlichkeit der geliebten Person sind für immer dahin.

Immer und immer wieder werden uns Freunde und Angehörige erzählen: »Ich will nur über meine Erfahrungen sprechen – egal, wie frustrierend, erschreckend oder demütigend sie sind. Und frag mich bitte nicht, ob sie noch meinen Namen weiß. Denk dran, ich weiß ihren.«

Der lange Abschied

Wenn der Tod sich Zeit lässt

»Er hat nicht mehr viel Zeit«, dachte ich immer wieder, während ich am Bett meines Vaters saß, »ich sollte wichtige Dinge mit ihm besprechen.« Und je zwanghafter ich versuchte, etwas Wichtiges zu sagen oder zu tun, umso ferner fühlte ich mich ihm. Es dauerte eine ganze Weile, bis ich loslassen und ohne festes Programm oder Vorhaben mit ihm zusammen sein konnte.«

Die Diagnose von Martinas Vater lautete: inoperables, aber behandelbares Lymphom. Da sie in einem anderen Bundesstaat lebte als er, pendelte sie hin und her, um ihn zu besuchen. Das Pendeln forderte seinen Tribut – und zwar nicht nur im Hinblick auf ihre Lebensgefährtin, sondern auch auf ihre Arbeit und Gesundheit. Sie fühlte sich zerrissen.

Vielleicht kann uns Martinas Geschichte zu einem besseren Verständnis jener Phase verhelfen, in der sich das Leben eines Menschen dem Ende zuneigt. Sie erinnert uns allerdings auch daran, dass manche Familienmitglieder der Aufgabe, ihre unbewältigten Konflikte mit dem Sterbenden beizulegen, nicht gewachsen sind. Auf diese Weise hinterlassen sie Probleme, die auch mit dem Begräbnis nicht aus der Welt geschafft sind.

> Als Vater ins Krankenhaus eingeliefert wurde, gab es zunächst viel zu tun. Wir mobilisierten sämtliche Reserven, um möglichst viele medizinische Informationen zu erhalten. Ich begann zu pendeln. Meine Brüder und ihre Frauen

wechselten sich mit Mom am Krankenbett ab und übernahmen gemeinsam den Hausputz. Und dann mussten wir uns mit der Realität konfrontieren. Denn es konnte noch ewig so weitergehen.

Auch ich musste mich fragen: »Wie richtest du dein Leben jetzt ein, um alles unter einen Hut zu bringen?« Ich unterhielt mich mit meiner Lebensgefährtin Adrienne, die bereit war, meinen zeitweiligen Umzug nach Zuhause zu unterstützen, und sich so lange um unser Haus zu kümmern. Als Nächstes musste ich mit meinen Klienten reden. Als Beraterin wusste ich, dass sie genauso gut mit jemand anderem arbeiten konnten – statt die mit meinem Pendeln oder meiner physischen oder emotionalen Abwesenheit verbundenen Unannehmlichkeiten auf sich zu nehmen. Ich hatte Angst, dass, während mein Vater starb, auch meine Firma das Zeitliche segnen könnte.

Doch meine Klienten verblüfften mich. »Tu, was du tun musst«, meinten sie. »Wir verstehen, dass du jetzt bei ihm sein willst. Wir warten auf dich.« Manche gaben mir sogar geschäftliche Tipps für den Bundesstaat, in dem mein Vater lebte.

Martinas Freunde unterstützten sie während dieses langen Abschieds. Sie meldeten sich hin und wieder, um zu sehen, wie es ihr und ihrem Vater ging, erwarteten jedoch nicht, dass sie die Anrufe wie früher erwiderte. Manche halfen ihr auch, ihre neue Unterkunft einzurichten, und ein Freund schickte ihr ein »Carepaket« mit Vitaminen, Büchern und netten Dingen für ihre neue Wohnung. Auf diese Weise versicherten ihr ihre Freunde, dass sie ihnen weiterhin wichtig war.

Nach meinem Umzug wusste ich zunächst nicht, wie ich die Zeit mit meinem Vater verbringen sollte. Mein Vater ist immer ein sehr zurückhaltender Mensch gewesen, und zunächst fühlte ich mich etwas unbehaglich. Ich war die einzige Tochter unter lauter Söhnen, und auch früher hatten wir nicht viel miteinander unternommen. Allmählich wurde mir klar, dass er eigentlich nur meine Gesellschaft wünschte. Wollte, dass ich während der Bestrahlungen bei ihm saß, ihn irgendwohin chauffierte, mit ihm frühstücken ging – und mein Vorhaben, Gespräche über wichtige Themen zu führen, vergaß. Ich lernte, nicht mehr an Vergangenheit oder Zukunft zu denken und mich auf das zu konzentrieren, was momentan anstand. Hatte er große Schmerzen, ging es ihm sehr schlecht und mir ebenso, und oft konnte ich nichts für ihn tun. Doch statt mich aufzuregen oder mich schuldig zu fühlen, konnte ich jetzt mit ihm schweigen und seinen Schmerz mitfühlen, ohne ihn ausblenden zu wollen.

»Wie ist der Rest der Familie mit diesem langen Abschied fertig geworden?«, fragte ich Martina.

Mein älterer Bruder kam ganz gut damit zurecht, aber für den jüngeren war es schwierig. Als mein Vater krank wurde, bat er meinen jüngeren Bruder, die Praxis zu übernehmen. Damals florierte sie noch. In kürzester Zeit aber ging das Geschäft zurück. Und nach dem Tod meines Vater gelangte mein Bruder zu dem Schluss, dass er die Praxis nicht halten konnte; er warf das Handtuch, was uns alle in eine schwierige Situation brachte. Er und Dad hatten viele Gespräche darüber geführt, wie man die Praxis fortführen könnte, aber mein Bruder war überzeugt, dass er meinen Vater sein Leben lang nur enttäuscht hatte.

Die meisten Probleme entstanden daraus, dass mein jüngerer Bruder uns bei der Geschäftsauflösung nicht unterstützte. Er ließ einfach alles stehen und liegen. Kurz vor seinem Ende war Dad ziemlich ratlos: Wie sollte er seinem jüngsten Sohn bei diesem seit langem schwelenden Problem helfen? Dad war ganz und gar nicht glücklich über diesen Ausgang; er bekümmerte ihn. Und noch nach Jahren bereitet diese nicht erledigte Angelegenheit uns immer noch Probleme.

Manche Familienmitglieder sind – wie in Martinas Fall – nicht in der Lage, ihre Konflikte mit einem sterbenden Angehörigen beizulegen. Es ist leicht, sie einfach nur als egoistisch oder stur abzutun. Schließlich – so sagen wir uns – läuft die Uhr endgültig ab. Können sie ihre Verletzungen da nicht vergessen und Frieden schließen? Doch wir könnten auch versuchen zu verstehen, wie sehr sie sich diese Versöhnung womöglich gewünscht haben und warum sie sie nicht bewerkstelligen konnten! Wir wissen nicht, was nötig ist, damit ein Mensch einem anderen verzeihen kann. Die Wahrheit eines lebenslang gehüteten Geheimnisses zu enthüllen, um Vergebung zu bitten, oder zuzugeben, dass sie den anderen nie verstanden haben, fällt manchen Leuten schwerer, als wir uns vorstellen können.

Familienmitglieder, die nicht in der Lage sind, solche Dinge vor dem Tod des Angehörigen zu bereinigen, werden vielleicht noch nach Jahren unsere Hilfe (oder die eines Experten) benötigen, um irgendwann – mit Verspätung – das fällige Gespräch führen zu können. Auch das Schreiben von Briefen, das Führen eines Tagebuchs, Psychodrama oder andere Therapien mit Rollenspiel und Beratung oder Psychoenergetik können eine Heilung bewirken. Denkbar ist allerdings auch, dass die betreffende Person alle Hilfsangebote ablehnt. Ist ein Mensch nicht bereit, über Vergebung zu sprechen, müssen wir das ebenfalls respektieren.

»Sie sprachen über Dinge, die unausgesprochen geblieben sind«, bemerkte ich. »Gab es sonst noch etwas, was Ihre Familie getan hat und was Ihnen vielleicht geholfen hat, mit Ihrem Dad so etwas wie ›abzuschließen‹?«

> Ja, das hätte ich fast vergessen. Wir fragten meinen Vater, ob wir nicht die Familie zusammenrufen könnten, damit ihm alle sagen konnten, was sie ihm noch sagen wollten. Es war eine Art Ritual, durch das wir ihn wissen ließen, was er uns bedeutete. Er war einverstanden, aber nur unter einer Bedingung: Niemand sollte das Gefühl haben, etwas sagen zu müssen. Wir konnten auch einfach nur dabeistehen. Wir bildeten einen Kreis und sagten ihm dann, was wir ihm zu sagen hatten.
>
> Keiner hatte ein Problem damit, bis einer von Vaters Neffen an die Reihe kam. Er brachte kein Wort heraus. Mein Vater sah den jungen Mann freundlich an, meinte: »Macht nichts. Ich weiß, wie du zu mir stehst«, und lächelte.

Da ich vermutete, dass sich die Familie an einem der letzten Lebenstage ihres Vaters versammelt hatte, fragte ich Martina, wann die Zeremonie denn stattgefunden habe. »Oh, das war neun Monate vor seinem Tod«, erwiderte sie. »Wir wussten ja nicht, wie viel Zeit wir noch hatten, und sagten ihm, dass wir nicht warten wollten, bis er schon zu krank war und nicht mehr verstand, was wir sagten, oder es sowieso schon zu spät war.«

Dadurch, dass Martinas Vater es seinen Angehörigen ermöglichte, ihm ihre Gefühle mitzuteilen, spendete er ihnen allen viel

Trost. Man sollte sich jedoch im Klaren darüber sein, dass uns nicht jeder einen solchen Abschied gewährt. Manche Menschen können es nicht einmal zulassen, dass wir ihren Tod auch nur erwähnen, und uns daher erst recht nicht gestatten, ihnen mitzuteilen, was sie uns bedeuten. Während es ihr gutes Recht ist, diese Distanz zu wahren, brauchen wir – dieser Ausdrucksmöglichkeit unserer Empfindungen beraubt – unter Umständen länger, uns mit ihrem Tod auszusöhnen. Vielleicht müssen wir uns noch Jahre später von Freunden dabei helfen lassen, es auf anderem Wege zu tun.

Er weiß, dass er stirbt

Einen Freund im Hospiz besuchen

Wenn ein Freund sich seinem Lebensende nähert – ob zu Hause, in einem Krankenhaus oder einem Hospiz –, weiß der Besucher oft kaum, was er sagen soll oder kann. Woher sollten wir wissen, was einem Sterbenden Trost spendet? Womit können wir die Familie, die vielleicht rund um die Uhr an seinem Bett wacht, unterstützen oder entlasten? Wir gehören nicht zur Familie – sollten wir ihn denn überhaupt besuchen? Die Geschichte eines Paares gewährt uns nicht nur Einblick in die Welt der Hospize, sondern zeigt uns auch, wie wir angesichts eines vom Tode Gezeichneten wir selbst bleiben können.

Nachdem Langdon mehrere Jahre lang mit dem Krebs gerungen hatte, kam der Zeitpunkt, zu dem er und seine Frau Annabelle beschlossen, dass er in ein Hospiz gehen sollte. Langdon war ein großer, kräftiger Mann, und es brauchte ein kräftiges Team, um ihn zu baden oder seine Bettwäsche zu wechseln. Langdon und Annabelles kleine Wohnung in Manhattan bot nicht genug Platz für eine private Krankenschwester und häusliche Pflege.

Die Entscheidung für das Hospiz war eine schmerzliche, da beide wussten, dass sie das Ende ankündigte und sie nie wieder ihr Ehebett miteinander teilen würden. Andererseits aber bietet die Hospizpflege gewaltige Erleichterungen und Annehmlichkeiten. Hier wird der Patient rund um die Uhr von Profis umsorgt, von denen viele äußerst mitfühlend und mit den neuesten Methoden der Schmerzlinderung vertraut sind. Auch um die psychologischen und spirituellen Bedürfnisse kümmert sich das Personal und verschafft so der Hauptpflegeperson ein wenig Freiraum, um nachzudenken, zu weinen und Kräfte für den bevorstehenden Verlust zu sammeln.

Annabelle schickte sich an, Langdons Zimmer in einen möglichst heimeligen Ort zu verwandeln. Die Krankheit hatte ihn schwer gezeichnet, er war entsetzlich abgemagert und schien über Nacht ein alter Mann geworden zu sein. Deswegen sorgte sie dafür, dass überall im Zimmer Fotos von ihm hingen und standen, die ihn in der Blüte seiner Jahre zeigten – Fotos von ihm und seiner Familie und ein hinreißendes Bild von ihm in Uniform. Nach Auffassung seiner Frau würden die Bilder das Pflegepersonal daran erinnern, was für ein stattlicher Mann er einmal gewesen war, und dadurch die Achtung und Zuneigung für ihn noch verstärken.

Annabelle stellte auch eine Liste von Anregungen für seine Besucher zusammen, damit sich diese während ihres Aufenthalts nicht so unbehaglich fühlten. Dies waren ihre Vorschläge:

> Langdon weiß, dass er stirbt. Mir ist klar, dass das für manche von euch unangenehm ist. Deswegen habe ich euch – auch weil ich euch für euer Hiersein sehr dankbar bin – eine Liste zusammengestellt, die euch vielleicht weiterhilft. Bitte seht sie als einen Versuch, Langdon Frieden und Trost zu spenden.
>
> - Versucht, den Schock über sein Aussehen rasch zu überwinden. Ich weiß, dass er einen traurigen und grimmigen Anblick bietet, aber in diesem vom Krebs gezeichneten Körper steckt immer noch unser guter und wunderbarer Langdon.
> - Langdon legt Wert auf eine würdevolle Erscheinung. Sollten seine Decken aus irgendeinem Grund verrutscht sein, so bringt das bitte stillschweigend in Ordnung.
> - Langdon liebt Körperkontakt. Scheut euch nicht, seine

Hand zu halten oder ihm den Arm zu streicheln. Das ist eine wunderbare Art, mit ihm zu kommunizieren.

- Sprecht auch über Themen, die nichts mit seiner Krankheit zu tun haben – Politik, die neuesten Nachrichten, Anekdoten von gemeinsamen Erlebnissen und pikante Klatschgeschichten. Auch ein guter Witz ist immer willkommen.
- Sagt ihm, was er euch bedeutet. Scheut euch nicht vor Tränen – die sind normal. Und Worte der Freundschaft und Zuneigung sind das Schönste an einem Abschied.
- Fragt ihn, ob ihr irgendwelche Telefonate für ihn erledigen könnt.
- Mitunter kann Langdon durch die Schmerzmittel etwas abwesend wirken, dennoch ist er sich eurer Anwesenheit bewusst und glücklich, dass ihr bei ihm seid. In diesem Falle mag er es auch, wenn man ihm die Hand hält.
- Falls ihr das Gefühl habt, dass er mehr Schmerzmittel benötigt, oder wenn er es euch sagt, so wendet euch bitte sofort an die Krankenschwester.
- Ich werde zwar jeden Tag hier sein, aber wenn ihr hinsichtlich seiner Bequemlichkeit oder Pflege irgendwelche Mängel entdeckt, so ruft mich bitte an. Das wäre mir eine große Hilfe. Hinterlasst mir eure Nachrichten auf dem Anrufbeantworter.
- Bitte unterschreibt unser Besucherplakat und hinterlasst Langdon eine Botschaft, falls ihr ihn schlafend antrefft.

Liebe Freunde, danke, dass ihr gekommen seid, um mit Langdon zusammen zu sein. Ich wünsche euch einen schönen Besuch!

In Liebe, Annabelle

»Was sollte man wohl sonst noch wissen, wenn man die Familie eines Menschen, der sich im Hospiz befindet, unterstützen will?«, fragte ich Annabelle.

> Immer, wenn ich mich von seinem Bett entfernte, fühlte ich mich schuldig. Und dennoch gab es Stunden und Tage, an denen ich nur noch die Flucht ergreifen, einen Spaziergang machen, daheim sein oder aber ausgehen und eine ruhige Mahlzeit außerhalb des Hospizes zu mir nehmen wollte. Abgesehen davon musste ich mich auch einmal ordentlich ausweinen, um wieder zu Kräften zu kommen, oder mich mit den Kindern über Langdons Zustand austauschen.
>
> Erleichtert wurde mir diese Bürde von Schuldgefühlen durch Freunde, die anriefen und fragten, ob sie mich im Hospiz vertreten könnten, wodurch ich manchmal sogar einen ganzen Tag freibekam. Diese Angebote waren ein Geschenk des Himmels, denn ich wusste, Langdon verstand, dass ich diese Pause dringend brauchte, und genoss es, einmal einen ganzen Tag lang ein anderes Gesicht zu sehen. Ich sorgte dafür, dass es Menschen waren, die Langdon liebte. Ich sollte hier vielleicht hinzufügen, dass es auch einige wohlmeinende Menschen gab, deren Besuch er nicht wünschte, und die ich höflich abwimmelte, indem ich etwa sagte: »Ich fürchte, das ist heute kein guter Tag, aber trotzdem, vielen Dank für das freundliche Angebot.«

Freunde sollten vielleicht auch wissen, dass Anrufe von Leuten, die sich nach dem Zustand des Sterbenden erkundigen, nicht immer willkommen sind. Annabelle erklärte, sie sei erschöpft, deprimiert, verängstigt und von ihrem eigenen Elend überwältigt gewesen. »Ich hatte einfach keine Energie mehr, Leuten, die vielleicht aus einem Pflichtgefühl heraus anriefen, den immer schlechter werdenden Zustand meines Mannes zu schildern. Häufig blockte ich Gespräche ab, indem ich den Anrufbeantworter laufen ließ. Später beantwortete ich dann die wichtigen Telefonate. Es ist nicht leicht, sämtliche gesellschaftlichen Formen zu wahren, während einem das Herz bricht. Man sollte sich deswegen keine Vorwürfe machen.«

Wir kamen zum Ende unseres Gesprächs, als Annabelle in den Winterhimmel hinausblickte und meinte: »Das Schönste, was man für seine sterbenden Liebsten tun kann, ist, ihren Gedanken zu lauschen. Man sollte sehr großzügig sein und sie mit anderen teilen, die sie ja genauso lieben wie wir selbst. Man sollte vielleicht ein privates Gespräch mit einem Geistlichen arrangieren. Und ihnen dabei helfen, letzte, von ihnen gewünschte Wiedergutmachungen zu verwirklichen. Hören Sie sich ihre Ängste an, und versuchen Sie, sie zu beruhigen. Sagen Sie ihnen, wie sehr sie Ihnen fehlen werden. Weinen Sie mit ihnen. Vor allem aber sollten wir ihnen zu verstehen geben, dass wir alle sterben, dass der Tod zum Leben gehört und mit ihm alles Leiden endet, die Liebe aber ewig währt.«

Jahrestage der Trauer

Spezielle Gedenktage

Bestimmte Tage können uns Jahr für Jahr aufs Neue wehmütig stimmen, wenn wir uns erinnern und uns das Leben unserer verlorenen Liebsten zuweilen in neuem Licht erscheint. Wir brauchen Freunde und Kollegen, die verstehen, dass die Zeit unseren Verlust mitunter sogar vertiefen kann.

Wann haben Sie zum letzten Mal einen Dankesbrief an Ihre Mutter oder Ihren Vater verfasst? Ich habe es heute während eines Spaziergangs getan. Mein Vater ist zwar schon dreizehn Jahre tot, aber es gab immer noch ein paar Dinge, die ich ihm sagen musste. Ich dachte an ihn, weil heute sein achtzigster Geburtstag gewesen wäre. Wie viele Menschen, die den Todestag eines geliebten Menschen begehen, fragte ich mich, wie ich seine Rolle in meinem Leben verstehen und anerkennen könnte.

Ich dankte ihm dafür, dass er mir die Liebe zur Sprache vermittelt hatte. Mich gelehrt hatte, dass es sich lohnt, sich anzustrengen. Ich dachte an seinen sanften irischen Charme, wie er jeden freundlich begrüßte, egal, welche Position er innehatte. An seine lebhaften blauen Augen und sein Lachen, von dem sich alle angezogen fühlten.

Im Laufe dieses Tages, an dem ich all das würdigte, was mein Vater mir mitgegeben hatte, rief ein Klient an, um seine Sitzung abzusagen. Seine Familie, erklärte er, habe eben beschlossen, das Grab seiner Mutter zu besuchen, die an diesem Tag vor sechs Jahren verstorben sei. Ich hinterließ ihm die Botschaft, dass auch ich heute eines verstorbenen Elternteils gedächte. Offenbar liege das heute in der Luft.

Einige Menschen begehen solche Jahrestage eher mit gemischten Gefühlen. Vielleicht weil sie mit dem Verstorbenen noch eine Rechnung offen haben. So fiel mir auch mein Dankesbrief durchaus nicht leicht. Mein Vater war nach der bitteren Trennung von meiner Mutter – ohne ein Wort – sechs Jahre lang verschwunden, und ich hatte Jahre gebraucht, um mich damit abzufinden. Nachdem er wieder aufgetaucht war, hatte ich ihn zwar hin und wieder gesehen, aber es war nie wieder dasselbe. Ihn zu akzeptieren, wie er tatsächlich war, hatte mich viel Zeit und Anstrengung gekostet.

Kein Wunder, dass uns oft die Worte fehlen, wenn jemand den Todestag eines geliebten Menschen oder den Geburtstag eines Verstorbenen erwähnt. Ach, das tut mir Leid, sagen wir dann manchmal und wechseln das Thema, oder aber wir verstummen peinlich berührt. Oft aber würden die Leute gerne etwas über den Verstorbenen erzählen. Vielleicht wollen sie auch nur in Ruhe ihren Gedanken nachhängen, mit Sicherheit aber nicht, dass ihr Gegenüber in ein unbehagliches Schweigen verfällt.

Man kann Angestellte oder Kollegen unterstützen, wenn man sich an solche Jahrestage erinnert. Man muss dazu gar nichts sagen – sondern lediglich wissen, dass es womöglich eine schwierige Zeit für sie ist. Ein leitender Angestellter erzählte seinen Kollegen, dass er auf der Fahrt zur Arbeit am Morgen habe anhalten müssen, als ihm plötzlich einfiel, dass er an diesem Tag vor einem Jahr seine Mutter zum letzten Mal lebend gesehen hatte. Als er am Arbeitsplatz ankam, war er überwältigt vom Gefühl des Verlusts. Nicht im Traum hätte er gedacht, dass es ihm je so gehen könnte. Dass er sich in Tränen aufgelöst in seinem Büro wiederfände. Hilfreich sei die Entscheidung gewesen, seinen Mitarbeitern mitzuteilen, dass dies der erste Todestag seiner Mutter sei und es ihm sehr schwer fiele, »die Fassung zu bewahren«. Sie fanden es gut, dass er sagte, was los war, und nicht tat, als könnte er Privatleben und Arbeit völlig trennen.

Wenn Sie Freunde oder Angehörige haben, die jemanden verloren haben, können Sie sie in den Monaten und Jahren nach dem Tod unterstützen. Markieren Sie den Todestag oder, falls Sie ihn wissen, den Geburtstag des Verstorbenen in Ihrem Kalender. Dann können Sie um diese Zeit eine Karte schicken oder die betreffende Person anrufen. Es gibt auch andere Tage, an denen das Gefühl des Verlusts besonders heftig sein kann: Muttertag, Vatertag, Feiertage, Geburtstage und Hochzeiten.

Eine letzte Idee steuerte Liz bei, die folgenden Rat für uns hat, wenn wir Menschen trösten wollen, die Mutter oder Vater verloren haben:

> Es gibt Leute, die ihre Eltern verloren haben – und es gibt den Rest der Welt. Nach meiner Erfahrung leben die, die noch kein Elternteil verloren haben, in der Furcht vor dem Tag, an dem es so weit sein wird. Vielleicht können sie es sich nicht vorstellen. Wenn man ein Elternteil verliert, hat man eine Zeit lang das Gefühl, dass nur Menschen, die ebenfalls Eltern verloren haben, einen verstehen können. Denn oft begreifen nur sie einige der merkwürdigen Dinge, die wir tun oder über die wir lachen, wenn wir über unsere verstorbenen Eltern reden. Als mein Vater starb, verstanden viele Leute nicht, warum wir ihm im Sarg eine Decke über die Füße gelegt hatten. Jeden Abend, wenn meine Eltern schlafen gegangen waren, hatte ich durch die Schlafzimmertür die Worte, »Milton, Milton, rutsch rüber, du hast kalte Füße« gehört. Mom legte ihm eine Decke über die Füße, damit seine Füße nie wieder froren. Dies ist die Sorte von Erinnerungen, die wir an Jahrestagen wieder aufleben lassen sollten!

Ihr – und unser – Schweigen ertragen

Es gibt auch noch eine andere Art, eine der Heilung förderliche Umgebung zu schaffen: Schenken Sie dem anderen Ihr Schweigen. Akzeptieren Sie, dass Ihre Kollegen, Freunde oder Angehörigen sich manchmal in einer Verfassung befinden, in der sie gar nicht reden wollen! Lediglich unsere liebevolle Präsenz ist hier gefragt und dass wir das Schweigen der Betroffenen und unser eigenes ohne Unbehagen ertragen können. Die Betroffenen haben einfach nicht die Energie, sich auch noch um unser Wohlbefinden zu sorgen.

Manchen Leuten fällt Schweigen leicht. Andere, wie ich, brauchen lange, bis sie lernen, einfach nur mit jemandem zusammenzusitzen, ihm heilende Gedanken zukommen zu lassen und dieses schweigende Beisammensein würdigen zu können.

Manchmal ist es hilfreich, sich vorsichtig zu erkundigen, ob die betreffende Person vielleicht Ruhe braucht. Womöglich wünscht sie sich nur unsere schweigende Anwesenheit, im selben Raum, bei einem Spaziergang, oder indem jemand neben ihr sitzt und ihr die Hand hält. Fragen Sie, ob sie gern eine Gesprächspause einlegen würde – vielleicht um Musik zu hören –, während der Sie beide Ihren Gedanken nachhängen können. Oder fragen Sie, ob sie sich eine Weile ausruhen möchte, im sicheren Wissen, dass Sie in der Nähe bleiben – um nebenan zu lesen, schreiben, kochen, aufzuräumen oder selbst ein wenig auszuruhen.

Dies alles sind Möglichkeiten, in einer Sie beide sanft umgebenden, aber nicht überwältigenden Stille Behagen und Trost zu spenden. Man braucht dazu lediglich ein wenig Übung, muss vielleicht selbst erst wieder lernen, mit sich allein zu sein oder – wie meine Lehrerin Jan Smith es ausdrückt – »in der Stille zu sein, die dem Leben Sinn verleiht.«* Häufig können wir die lautlosen Botschaften des Herzens nur in den stummen Pausen zwischen den Worten tatsächlich hören.

- Wenn Sie das Zusammensein mit anderen in Momenten, in denen man besser schweigt, nicht mehr so unbehaglich empfinden möchten – so überlegen Sie sich, was Ihnen das Schweigen so schwer macht! Kommen Sie sich nutzlos vor, wenn Sie nicht aktiv Hilfe leisten? Oder fürchten Sie, die Fassung zu verlieren – vielleicht in Tränen auszubrechen oder sich von Ihrem Zorn, Ihrer Verzweiflung oder Trauer übermannen zu lassen –, sobald das Gespräch stockt und die Gefühle nach oben drängen?
- Vielleicht sollten Sie zunächst einmal lernen, mit sich selbst alleine zu sein und sich Gedanken zu machen, Ihrer »Gedankenflut« durch Meditation Herr zu werden oder einfach nur still dazusitzen und über ein, zwei Menschen oder Umstände in Ihrem Leben nachzudenken. Als Nächstes kann man dann üben, gemeinsam mit anderen zu schweigen, indem man gelegentlich verstummt und die entstehende Gesprächspause lediglich durch eine sanfte Umarmung, eine leichte Berührung oder schweigendes Beisammensein überbrückt.

* Stephen Levines Bücher *Sein lassen* und *Noch ein Jahr zu leben* sowie Jon Kabat-Zinns *Im Alltag Ruhe finden* sind Ratgeber, die uns helfen, unsere Schweigefähigkeit entwickeln und den Schmerz eines anderen mittragen zu können.

KAPITEL 5

Verlorene Liebste

Kater Leo

Einen vierbeinigen Freund einschläfern lassen

Manche von uns bezeichnen sie nicht mal als Haustiere. Sie sind vollwertige Familienmitglieder. Allerdings muss das nicht jeder so sehen. Und deswegen wissen wir, wenn so ein vierbeiniger Gefährte stirbt, oft nicht, was wir sagen sollen. Eines Abends ergab sich in unserem Freundeskreis ein spontaner Austausch von E-Mails. Wir hatten keine Ahnung, dass wir daraus nicht nur Neues über unsere Tierliebe, sondern auch über unsere Verwandten erfahren würden.

Andrea schrieb, um uns eine traurige Mitteilung zu machen:

> Heute Nacht um zwei Uhr musste ich meinen Kater Leo einschläfern lassen. Leo war ein flauschiges Wunder von einem Kater; vor sechs Jahren kam er zu uns. Jemand hatte ihn mehr tot als lebendig in die Praxis unseres Tierarzts gebracht – mit verbrannten Füßen, einem einzigen Haarbüschel am Schwanzende und eineinhalb Kilo. Nie werde ich vergessen, wie er seinen Kopf am Käfig rieb, als wollte er sagen: »Bitte, hab mich doch lieb!«
>
> Bis Weihnachten dann hatte sich Leo in eine schöne norwegische Waldkatze verwandelt, deren Markenzeichen ihre Verschmustheit und Zutraulichkeit waren. Von Leo lernten wir, wie man alle fünfe gerade und den lieben Gott einen guten Mann sein lässt. Zunächst einmal sprang er einem auf den Schoß (aber nie, ohne vorher zu fragen). Dann

sah er einem in die Augen, als wollte er sagen: »Bleib da, denn das ist der Augenblick, auf den es ankommt.«

Gestern gegen Mitternacht hörte ich einen Schrei. Ich rannte nach unten und fand Leo halb gelähmt und unter starken Schmerzen leidend. Ich raste mit ihm zur tierärztlichen Notaufnahme. Dass Leo ein Herzgeräusch hatte, wussten wir schon eine Weile. Und nun hatte sich ein Blutklümpchen gebildet, das den Blutfluss zu seinen Hinterbeinen unterbrach. Seine Lungen füllten sich mit Wasser, und er litt große Qualen. Gegen zwei Uhr nachts wurde er – in meinen Armen – eingeschläfert. Leo verstand sich darauf, mit seinen Liebsten zusammen zu sein, und auch darauf, die zu lieben, mit denen er zusammen war. Du wirst uns fehlen Leo, du herrliches Geschöpf!

Ich schrieb eine Mail an Andrea, die sie an unseren Freundeskreis weiterleitete. Hier ein Auszug:

Danke, dass du uns von der Liebe erzählt hast, die Leo in dein Leben brachte. Dass du angesichts seines labilen Zustands in der Lage warst, ihn zu lieben und dich von ihm lieben zu lassen, zeigt, welche Bereitschaft du hattest, Liebe zuzulassen und zu geben. Als unser neunjähriger Dachshund Daphne überraschend an einer seltenen Blutkrankheit starb, schrie mein Mann: »NEEIIIIIN« und weinte, weil er seine beste Freundin verloren hatte. Trotz Bluttransfusionen waren die sehr enagierten Tierärzte nicht in der Lage, den Hund zu retten.

Daphne hatte uns eine Liebe geschenkt, über die man zwar häufig liest, die man aber bei Menschen nur selten findet. Sie hüpfte vor Freude, wenn wir nach Hause kamen, auch wenn sie – weil wir arbeiteten – zehn Stunden allein verbracht hatte. Sie rollte sich neben uns zusammen und war überaus brav, wenn wir irgendwie verstimmt wirkten – da sie instinktiv spürte, dass wir dann Trost und Beistand brauchten. All das war Ausdruck jener bedingungslosen Liebe, die wir uns von den Menschen in unserem Leben so sehr ersehnen. Und das ist wohl auch der Grund, weshalb wir es so unsagbar schmerzlich empfinden, wenn ein Haustier stirbt.

Viele Menschen verstehen nicht, dass mit einem Tier zuweilen ein ganzer Lebensstil, eine Art zu lieben und geliebt zu werden, verschwindet. Ein Freund hielt sogar eine Privatandacht für seinen kleinen Hund ab, der unter ein Auto gekommen war. Noch heute liegen Blumen auf dem Grab des Hündchens. Bis auf den heutigen Tag, also sechs Jahre später, sind wir nicht im Stande, Daphnes Asche zu verstreuen. Als mein Mann und ich unsere Ehe beendeten, wollte er die Porzellanurne mit ihrer Asche behalten. Offensichtlich können wir sie nicht loslassen.

Über das Thema, wie man andere beim Verlust eines Haustiers unterstützen kann, wollte ich schreiben, weil es den Betroffenen hilft, wenn wir sie unsere Zuneigung spüren lassen – auch wenn wir ihren Schmerz nicht nachfühlen können. Zur Zeit von Daphnes Tod gab es an meinem Arbeitsplatz einige Leute, die einfach nicht nachvollziehen konnten, was denn am Tod eines Hundes »so schlimm« sein sollte. Einer etwa meinte: »Aber du kannst dir doch einen neuen kaufen.« Und ein anderer: »Es war schließlich nur ein Hund.« Darüber hinaus fragen viele Menschen, die einen aufmuntern wollen: »Und was für einen Hund oder welche Katze kaufst du dir als Nächstes?« Sie begreifen einfach nicht, dass diese kostbaren Geschöpfe für einige von uns etwas ganz Besonderes und unersetzlich sind. Es fällt uns schwer, uns unser Leben ohne sie vorzustellen. In Gedanken füttern wir sie weiter, belohnen sie oder denken, dass wir uns ein wenig zu ihnen legen sollten.

Aber ich habe auch erfahren, dass manche Menschen tatsächlich wissen, was es bedeutet, ein Tier zu verlieren; sie schickten mir einfühlsame Beileidsschreiben. Das hat mich nicht nur überrascht, sondern mir auch viel bedeutet. Manche Menschen erkundigten sich nach unserem schönsten gemeinsamen Erlebnis. Und in solchen Augenblicken wird unser Liebling wieder lebendig.

Danke, Andrea, dafür, dass du vielen von uns die Möglichkeit gegeben hast, unserer geliebten Vierbeiner zu gedenken, und noch einmal zu würdigen, dass sie uns menschlicher gemacht haben, und zu akzeptieren, dass wir sie bisweilen ein Leben lang vermissen. Ich denke an dich, wie du Leo in seinen letzten Stunden beigestanden hast und ihn heute für uns noch einmal zum Leben erweckt hast.

Kurz nach dieser Mitteilung schrieb meine Freundin April:

Liebe Nance,
ein großes Dankeschön, dass du das mit uns geteilt hast. Eben fiel mir wieder ein, dass meine Schwägerin bis heute die Asche ihrer Hündin Cindy im Schrank stehen hat und sie sogar mitnahm, als sie nach Florida zog. Cindy war in dreißig Jahren ihr zweiter Hund (sie hatte nie Kinder), und es kam mir immer ein bisschen … schräg vor – ein anderer Ausdruck fällt mir momentan nicht ein –, dass sie Cindy nie

beerdigt hat. Ich hab eigentlich nie kapiert, warum sie so an der Asche hängt; deine Mail hat mir diesbezüglich tatsächlich ein Licht aufgehen lassen, vielen Dank nochmal!

Manchmal können wir die Trauer eines Menschen nicht begreifen, bis wir einen Freund über seinen Verlust sprechen hören. Egal, wie sehr man seine Freunde oder Verwandten auch liebt, es ist schwer, sie zu trösten, wenn man sich – und nicht einmal böswillig – fragt: »Was hat sie denn bloß?« Auch wenn es für viele nur schwer nachzuvollziehen ist, mitunter kann uns der Verlust eines Haustiers genau so tief treffen wie der unseres besten Freundes.

Wenn man sich nicht verabschieden konnte

Unbewältigte Gefühle

Wie tröstet man jemanden, der ohne jede Vorwarnung einen geliebten Menschen verloren hat? Wie verhilft man ihm »abzuschließen«, wenn er nicht die Möglichkeit hatte, sich so zu verabschieden, wie er es gerne getan hätte? Eines der vermutlich nettesten Dinge, die man uns sagte, nachdem unsere Mutter ganz plötzlich einem Herzanfall erlegen war, stammte von Mrs. Jo, einer engen Freundin unserer Familie. Das Gespräch verlief etwa so:

»Ich hab ihr nicht mehr sagen können, dass sie Großmutter wird«, schluchzte Laurie und bedauerte es, dass sie sich vorgenommen hatte, Mom erst nach dem ersten Drittel der Schwangerschaft einzuweihen. Sie wollte einfach nicht, dass Mom sich während der häufig unsicheren frühen Schwangerschaftsphase Sorgen um sie machte. Deswegen hatte sie gewartet, bis sie vom Arzt »grünes Licht« erhielt. Doch Mom starb, bevor es so weit war.

»Ach, meine Süße«, meinte Mrs. Jo und blickte himmelwärts. »Sie weiß es. Jetzt weiß sie es.«

Und Laurie begriff. Mom wusste es vermutlich, egal, wo sie war. In diesem Augenblick konnte Laurie ihr Schuldgefühl loslassen, das sie quälte, weil sie unserer Mutter nicht das Glück der werdenden Großmutter gegönnt hatte. »Du hast Recht«, meinte sie. »So hab ich das noch nie betrachtet.«

Mit ein paar wenigen nachsichtigen Worten hatte Mrs. Jo auf Lauries Trauer und Schuldgefühle reagiert. Und sie bot ihr damit die Möglichkeit, den Kummer mit leichterem und hoffnungsfroherem Herzen zu tragen. Sie hielt ihr weder eine Predigt, noch sagte sie ihr »die Wahrheit«. Mrs. Jo ermöglichte meiner trostbedürftigen Schwester eine neue Sichtweise, indem sie ihr zugehört hatte und dann ihr Herz sprechen ließ.

Wie kann man Menschen, die den Schock eines unerwarteten Verlusts verkraften müssen, sonst noch trösten? Sie sollten sich zunächst von ihnen erzählen lassen, was sie dem Verstorbenen noch so gerne gesagt hätten. Dann werden Sie vielleicht entgegnen: »Also, ich an Ihrer Stelle wüsste zwar nicht, was ich … vor ihrem/seinem Tod noch gern gesagt hätte. Aber wenn Sie mir erzählen wollen, was Sie gern gesagt hätten, höre ich gerne zu.« Vielleicht könnten Sie auch fragen, ob es der betreffenden Person womöglich hilft, ihre unausgesprochenen Gedanken schriftlich oder mündlich gegenüber einem anderen Familienmitglied zu äußern.

Auch wenn uns Freunde über den anfänglichen Schock eines unerwarteten Verlusts hinweggeholfen haben, brauchen wir dennoch das Gefühl eines endgültigen Abschlusses. Die Freunde müssen begreifen, dass man unter Umständen Jahre braucht, um mit dem, was nicht zu einem Ende gebracht werden konnte, fertig zu werden. Ken hatte das Gefühl, sich nicht von seinem Vater Charlie verabschiedet zu haben, weil er bei dessen Beerdigung keine Trauerrede gehalten hatte. Zehn Jahre später schloss er die Sache ab und schrieb eine mutige und humorvolle Lobrede. Er verschickte sie an Angehörige und Freunde. Es war seine Art zu sagen: »Gut, Dad, nun bin ich bereit, dir die letzte Ehre zu erweisen und mich zu verabschieden.«

Hier einige Auszüge aus Kens Abschiedsbrief, die zeigen, wie es ihm doch noch gelang, seinen Frieden mit dem Vater zu machen:

> Wer ist Charlie Lickel? Charlie ist der Vater seiner sechs Kinder.

Er hat mich gedrängt, aufs College zu gehen. Ich wollte zu den Marines, wie damals alle meine Kumpels. Dad setzte sich eines Abends auf ein paar Bier mit mir zusammen und hatte mich bis zum Morgengrauen vom Wert des Studiums überzeugt. Wenn ich so zurückblicke, war es die beste Entscheidung, die ich (er) je getroffen habe (hat).

Er liebte die Menschen – und zwar ohne Ausnahme. Ich weiß noch, wie er mir mal erzählte, dass man beim Betreten von Geschäftsräumen als Erstes den Hausmeister begrüßen muss. Als ich ihn fragte, weshalb, meinte er nur, dass alle Menschen, unabhängig von ihrer Stellung und ihrem Einkommen, unseren Respekt verdienen. Seine Liebe zu zeigen, fiel Dad allerdings schwer. Er tat es auf eine unübliche Art und Weise. Dass er seine herzlichen Gefühle äußern wollte, spürte man. Wie streng er auch war, am Ende wusste man, dass er im Geiste der Liebe und des Verständnisses gehandelt hatte.

Unvergesslich waren seine Einzeiler. Mein liebster war dieser: »Sohnemann (zu allen, die jünger waren als er), das hast du prima gemacht, wenn du auch immer noch derselbe alte Hosenscheißer bist.« Und dann hat er dich umarmt oder geküsst und dir erzählt, wie stolz er auf dich ist.

Dann erklärte Ken, warum er auf der Beerdigung seines Vaters nicht reden konnte:

Es lag nicht daran, dass ich nichts zu sagen gehabt hätte. Tatsächlich lieferte ich dem Pfarrer eine ganze Menge an Vorgaben. Der Pfarrer war quasi mein Sprachrohr. Letztlich bin ich wohl deswegen nicht aufgestanden, weil ich Angst hatte, Fehler zu machen, oder auch fürchtete, ein anderer könnte mich eines Fehlers bezichtigen. Schon merkwürdig, ich wusste genau, was ich zu sagen hatte, und wenn ich damals schon gewusst hätte, was ich heute über den Ausdruck von Gefühlen weiß, dann hätte ich auch gewusst, dass es unmöglich war, etwas falsch zu machen. Egal, was ich oder wie ich es gesagt hätte, solange es auf einem authentischen Gefühl beruht hätte (und das hätte es), hätte jeder die Liebe gespürt, die ich für meinen Vater empfand, und allein darauf wäre es angekommen.

Wenn Sie Menschen kennen, die das Gefühl haben, dass sie sich niemals richtig verabschieden konnten – weil der Tod zu plötzlich erfolgte oder weil sie, wie Ken, nicht wussten, wie sie sich öffentlich äußern sollten –, so können Sie sie fragen, was sie davon abgehalten hat. Wenn die Zeit reif dafür ist, können sie vielleicht durch eine private oder öffentliche Zeremonie zu einem inneren Abschluss gelangen. Folgende Rituale sind denkbar:

- Das Verfassen eines Briefes, um lang gehegte Gedanken loszulassen,
- das Planen einer öffentlichen Zeremonie, bei der man Erinnerungen austauscht, oder eines festlichen Essens, bei dem man die Lieblingsspeisen des Verstorbenen serviert,
- eine letzte Runde Golf auf dem Lieblingsplatz des Betreffenden,
- eine Bergwanderung, bei der man ein letztes »Gespräch« mit dem Verstorbenen führt,
- das Verschicken einer Lobrede als »nachgereichte« Hommage an den Geist der geliebten Person.

Das Bewältigen eines Verlusts geschieht nicht nach Plan. Zuweilen müssen wir uns – und anderen – Zeit lassen, damit der Kopf aufarbeiten kann, was das Herz empfindet.

Es ist wirklich ein Segen

Wenn der Tod Erleichterung bringt

Mach dir keine Gedanken um mich, ich komm schon klar. Es war ein Segen«, sagte Grace, als sie ihrer Nachbarin erzählte, dass ihr Vater endlich gestorben sei. »Es ist besser so«, erklärte sie. »Jetzt muss er nicht mehr leiden.«

Was sagt man, wenn eine Freundin einem erzählt, dass der Tod einer geliebten Person ein Segen war? Es macht die übliche Entgegnung: »Ach, das tut mir aber Leid!« überflüssig. Denn in einem solchen Fall fühlen sich die Menschen, die einen geliebten Angehörigen verloren haben, offenbar eher erleichtert als bekümmert. Sie müssen sich nicht mehr mit den mitternächtlichen Anrufen aus dem Pflegeheim, den Schuld- und Unzulänglichkeitsgefühlen und der Frage: »Wann ist es wohl zu Ende?« herumschlagen.

Der Tod eines Menschen – ein Segen? Da verschlägt es dem tröstungswilligen Freund leicht die Sprache. Hilfreich ist es, wenn man eine solche Aussage dennoch akzeptieren kann und weiß, dass ja trotz alledem die Erinnerungen bleiben, die es durchzugehen gilt, Dinge, die zu einem Abschluss gebracht werden müssen, Träume, die sich erfüllt haben und solche, die nie mehr zu realisieren sind. Die Hinterbliebenen finden sich ab mit diesem Ende, das seit langem absehbar war. Möglicherweise ist solch ein lange erwarteter Tod eine Enttäuschung, weil es länger dauert, bis der Schmerz hochkommt, der schon so lange unter der Oberfläche lauert.

Wie sich jemand unter solchen Umständen fühlt, kann keiner ermessen. Und man sollte tunlichst vermeiden, als Erster das Wort

»Segen« in den Mund zu nehmen, aber auch nicht schockiert sein, wenn die Angehörigen es – am Ende einer schwierigen Lebensphase – tun. An jenem Abend wünschte sich Grace keine Umarmung und mit Sicherheit auch keine Nachbarn, die mit vorgekochtem Essen anrücken. Die Freundin musste nur Graces energische Stimme hören, um sofort zu wissen, dass sie nur allein gelassen werden wollte, um sich ihrer kleinen Familie zu widmen und die Hinterlassenschaften ihres Vaters zu ordnen. Vielleicht um sich gegenseitig Geschichten von Verstorbenen zu erzählen und sich mit einem Lächeln und wehmütig an alte Zeiten zu erinnern und um sich mehr oder weniger mit dieser Lücke in ihrem Leben abzufinden, die sie auch wieder an den einige Jahre früher erfolgten Verlust ihrer Mutter erinnerte. Wenn beide Eltern gestorben sind, ist ein gewisser Endpunkt erreicht. Es ist ein seltsamer Moment, wenn man zum ersten Mal erkennt, dass man nun niemandes Kind mehr ist.

Es mag hart erscheinen, den Tod eines Menschen als Segen zu betrachten. Es mag uns als Gegenteil all dessen erscheinen, was wir gelernt haben, als Umkehr unserer Lebenseinstellung. Wenn wir aber einen Menschen trösten wollen, der erleichtert ist, dass das Ende endlich gekommen ist, so hilft es, wenn wir diese Sichtweise akzeptieren, auch wenn wir glauben, selbst nie so empfinden zu können. Wir könnten dann etwa sagen: »Offenbar geht mit seinem Tod eine schwere Zeit für euch zu Ende. Wahrscheinlich wird es eine Weile dauern, bis ihr euch daran gewöhnt habt, dass es wirklich vorbei ist.«

Wie aber kann man die Empfindung eines Menschen, dass der Tod ein Segen sei, akzeptieren? Indem man seine Erfahrung als bindend respektiert und nicht das Urteil fällt, er müsse etwas anderes fühlen.

Eine Freundin zum Essen einladen

Einen Nachruf verfassen

Sie war ja nicht einmal krank. Warum hat sie mich gebeten, ihren Nachruf zu schreiben? Es war schon sehr merkwürdig. Aber wissen Sie, es war gut, dass sie mich darum bat, denn ein paar Monate später war sie tot – ohne die geringste Vorwarnung.

Mom wohnte ganz allein auf einer Hügelkuppe in North Carolina. Eines Abends rief sie mich an, und wir plauderten eine Weile über dies und das. Ich weiß nicht mehr genau, worum es ging. Und dann kam sie zum eigentlichen Anlass ihres Anrufs. »Nance«, meinte sie, »ich will, dass du etwas für mich tust. Es ist im Grunde einfach, aber sehr wichtig, und da du die Schriftstellerin der Familie bist, hätte ich gern, dass du es übernimmst.«

»Gut, Mom. Worum geht es?«, fragte ich.

»Ich hab mir alles gut überlegt, und ich will mich nicht mit dir herumstreiten«, meinte sie. »Ich hätte gern, dass du meinen Nachruf schreibst, solange ich noch am Leben bin, damit ich mich vergewissern kann, dass auch alles drinsteht, was ich drinhaben will.«

Nun, wie Sie sich vorstellen können, war das nicht ganz der übliche sonntägliche »Anruf von Muttern«. Und wahrscheinlich ist niemand darauf gefasst, locker zu entgegnen: »Klar, Mutti, natürlich schreibe ich dir deinen Nachruf.« Diese Dinge lernt man nicht in der zehnten Klasse, obwohl es gar nicht schlecht wäre, wenn wir es irgendwann als Erwachsene lernten. Und vermutlich haben es nicht viele von uns versucht, solange unsere »alten Herrschaften« noch gesund und munter waren.

Meine Mutter wollte, dass ich vor allem rüberbrachte, wie wichtig ihr ihre Freunde waren. Da diese Freunde, anders als wir Kinder, in ihrer Nähe lebten, wussten wir, dass sie ihr viel bedeuteten. Ihre Freunde waren zur Stelle und halfen ihr bei all den Dingen, die einen als Single so leicht aus der Fassung bringen – egal, ob man sich nur unwohl fühlt, ob einem das Haus abbrennt, ob man sich operieren lässt oder sein Auto schrottreif fährt –, all die Sachen eben, nach denen man nur ungern abends in sein leeres Haus zurückkehrt. Und so wollte meine Mutter, dass man sich ihrer erinnerte:

> *Ladet eine Freundin zum Essen ein*
> Eileen Guilmartin hat ihre Freunde und Angehörigen gebeten, ihr Andenken auf besondere Weise zu ehren. Obwohl sie Blumen, Hunde und Katzen liebte und ihr soziale Fragen am Herzen lagen, möchte sie euch heute bitten, euch Zeit zu nehmen für einen Menschen, der euch viel bedeutet. Wartet nicht, bis es zu spät ist. Sucht keine Ausflüchte und Entschuldigungen mehr. Ruft eine Freundin oder einen Freund an und geht miteinander essen. Tut es sofort. Denn ihr wollt euch doch nicht eines Tages vorwerfen, etwas so Schlichtes – wie eine Stunde in der Gegenwart eines lieben Menschen zu verbringen – versäumt zu haben. Eines Tages ist es vielleicht zu spät. Wozu also warten? Ehrt die Freundschaft! So hinterlasst ihr ein kleines Vermächtnis für euch und für mich.

Die wichtigste Lehre, die ich daraus zog, bestand nicht darin, dass man schon rechtzeitig an den Nachruf denken sollte – obwohl es eine Sache weniger war, die wir während des anfänglichen Schocks über den Tod unserer Mutter erledigen mussten. Das Entscheidende war, dass Mom und ich uns darüber unterhielten, was ihr im Leben wichtig war und wie man sich an sie erinnern sollte.

Gespräche über den Tod, die wir zu Lebzeiten unserer Liebsten mit ihnen führen, können uns neue Zugänge zu ihnen eröffnen. Mit dem Erzählen lösen sich nach und nach die anfänglichen Blockaden. Als zwei Schwestern hörten, wie ich den Nachruf meiner Mutter verfasst hatte, erzählte mir die jüngere, dass sie schon seit Jahren mit ihrer Schwester über ihren Tod sprechen wollte, obwohl sie völlig gesund war. »Schon immer habe ich ein solches Gespräch führen wollen, aber ich wusste nicht, wie ich damit anfangen sollte«, erklärte sie. »Ihre Geschichte hat uns endlich einen Anlass verschafft, darüber zu reden. Als Nächstes werde ich meine Kinder informieren. Damit sie wissen, dass der Nachruf geschrieben ist und um ihnen zu sagen, wie ich mir die Totenmesse vorstelle. Ich fühle mich so erleichtert, dass ich das endlich los bin. Es ist ja so leicht, wenn man mal den Anfang gemacht hat.«

Sie könnten das Gespräch etwa folgendermaßen beginnen: »Ich habe nie gewusst, wie ich es thematisieren soll, aber ich habe da etwas, über das ich mal reden will. Die Vorstellung, dass meine Angehörigen in den Stunden nach meinem Tod meinen Nachruf verfassen müssen, ist mir zuwider. Ich fände es schön, wenn wir das machen könnten, solange ich noch am Leben bin. Dann wäre die Sache erledigt, und alle wüssten Bescheid. Könntest du das vielleicht für mich übernehmen? Falls du Anregungen brauchst, wäre es mir recht, wenn du meine Hinterbliebenen daran erinnern könntest, dass mir Folgendes wichtig war: … – Wenn du Lust hast, das zu übernehmen, könnten wir es nachher gemeinsam durchgehen. Sprich ruhig auch mit … –, vielleicht kann auch er oder sie die eine oder andere Idee beisteuern.«

Freunde und Angehörige erfahren dabei, dass man – auch wenn man meint, nicht zu wissen, was man über seine Liebsten sagen soll – oft genau das Richtige sagt. Diese besondere Botschaft noch zu Lebzeiten geliebter Menschen zu verfassen, kann eine Möglichkeit darstellen, Freunde und Angehörige bereits zusammenzubringen, ehe sie sich notgedrungen um einen Sarg oder eine Urne versammeln müssen.

Verflixt!
Hat jemand ein Messer zur Hand?

Das Verstreuen der Asche

Was sagen Sie zu Ihren Geschwistern, wenn es Zeit ist, die Asche der Eltern zu verstreuen? Dies war die Situation, mit der wir uns konfrontiert sahen. Als es so weit war, merkten wir, dass wir nicht nur nicht wussten, was wir zueinander sagen sollten, sondern auch nicht, wie wir diese Sache über die Bühne bringen sollten, die doch zunächst so leicht ausgesehen hatte. Schließlich wird doch nur Asche verstreut, nicht wahr?

Da standen wir nun, am Rande des Ozeans, völlig überzeugt, dass wir die Situation im Griff hatten. Schließlich hatten wir den unbehaglichsten Teil der Veranstaltung – Fremde, die sich uns vor dem Trauergottesdienst näherten – hinter uns gebracht. Und wir hatten dem Pfarrer gelauscht, den wir kaum kannten und der unseren Vater als einen Mann beschrieb, dem die Gerechtigkeit am Herzen gelegen habe. Nun ja, da hatte er schon Recht. Aber trotz all der Jahre, die er sich für wichtige Fragen stark gemacht hatte, starb er einen eher schlichten Tod – bei einem Frühstück bestehend aus Mokka-Eiscreme. Sein Herz hörte auf zu schlagen. Er starb allein. Ohne Aufhebens. Ohne irgendwelche Versuche von außen, ihn in letzter Minute noch zu retten. Vermutlich ein letzter Atemzug, und dann war er tot.

Seltsam war, dass er etwa zwei Wochen vor einem unserer seltenen Treffen starb. Drei von uns vier Kindern hatten ihn besuchen und dafür nach Miami fliegen wollen. Doch nun war es zu spät. Jetzt standen wir alle vier am Rande des Ozeans. Und warteten auf den Augenblick, in dem einer von uns den Mut aufbrachte, die Kiste zu öffnen, die seine Asche enthielt, um sie ins Meer zu streuen. Sie wissen schon, so wie man es in Büchern liest oder von Freunden erzählt bekommt!

Klingt tröstlich, nicht wahr? Als ob man die Person, die man liebte, noch einmal für einen Augenblick in Händen halten könnte. Und dann, im nächsten Moment, lässt man sie los – entlässt sie ins Reich Gottes oder der Geister oder was immer im Jenseits auf uns wartet.

Da standen wir. Bereit, die Asche zu verstreuen. Bekamen eine Gänsehaut und fragten uns: »Geht das mit Gott, den Geistern oder was auch immer in Ordnung?« Es gab keine Regeln. Keine Instruktionen, wie man so etwas macht. Wir vermuteten nur, dass man den Karton mit der Asche öffnet und die sterblichen Überreste auf würdevolle Weise in alle Winde verstreut. Wir lösten das Siegel der Kiste und stießen auf eine Tüte aus dicker Plastikfolie. Kein Problem, dachten wir, muss man eben aufreißen.

Wir bekamen die Tüte nicht auf.

Davor hatte uns niemand gewarnt. Irgendjemand hatte uns den guten Rat gegeben, dass man, wenn man die Asche verstreuen will, keine teure Urne kaufen muss – weshalb es keine Urne gab und wir auch nie auf den Gedanken gekommen waren, die Kiste vorher zu öffnen. Niemand aber hatte uns geraten, ein Taschenmesser mitzubringen!

Schließlich sägten wir die Tüte mit einem scharfen Felskeil auf, den wir am Boden fanden.

Sobald wir die Tüte offen hatten, machten wir eine weitere Entdeckung: Die Asche des geliebten Menschen ist nicht unbedingt streufähig – sie rinnt eher, wie ein sehr feiner Sand, und kann überdies Knochenfragmente enthalten. Auch trägt sie der Wind nicht davon, wie man es im Film oder in seiner Fantasie vor sich gesehen hat.

Vier Jahre später befanden wir uns auf einem geliehenen Boot auf dem See, an dem wir unsere Kindheit verbracht hatten. Es war Februar in North Carolina. Und kalt. Meine Schwester – im dritten Monat schwanger – fröstelte, als wir endlich die Mitte unseres geliebten Sees erreichten – ein guter Ort, um Moms Asche »auszukippen«. Aus unserer Erfahrung mit Dads Beisetzung hatten wir gelernt, dass wir keine Urne brauchten und dass sich die Asche nicht verstreuen ließ; sie rann. Wir wussten, was wir zu erwarten hatten, bildeten es uns wenigstens ein. Ob es an einem öffentlichen Ort überhaupt erlaubt war, wussten wir immer noch nicht. Doch da waren wir nun.

Als wir die Kiste mit der Tüte öffneten, die die Asche enthielt, brachen wir unerwartet in Gelächter aus, als mein Bruder meinte: »Hey, Mom, du bist wirklich eindeutig schwerer als Dad.« Wir mussten einfach lachen, und das Gelächter nahm uns ein wenig von der Befangenheit, die uns bei unserem merkwürdigen Tun beschlichen hatte. Wir fühlten uns Mom näher, weil wir nicht verleugneten, was sie inzwischen nun mal war.

Wir öffneten die Kiste. Und dann meinte einer: »Oh, verflixt! Hat diesmal einer ein Messer dabei?« Wieder lachten wir, als wir daran dachten, was wir mit Vater durchgemacht hatten.

»He, du glaubst doch wohl nicht, dass ich mir das noch mal antue, oder?«, meinte mein Bruder. Zu unserer Erleichterung ließ er sein kleines Taschenmesser aufschnappen und schlitzte fachmännisch die Tüte auf, und jeder von uns kippte ein wenig von Mom in den See, an dem sie so viele glückliche Stunden verbracht hatte.

Wenn man die Asche eines geliebten Menschen verstreut, wünscht man sich keine unliebsamen Überraschungen. Man will nicht, dass plötzlich einer der Anwesenden fragt: »Hat jemand vielleicht ein Messer zur Hand?« Man mag sich auch nicht darauf verlassen, irgendwo einen scharfen Steinkeil zu finden, mit dem man die verschweißte Plastiktüte aufsägt. Wenn man sich jedoch, wie wir, in einer solchen Situation wiederfindet, wird man auch damit fertig und erkennt, dass man nie auf alle Eventualitäten einer derartigen Abschiedszeremonie gefasst ist.

Was auch geschieht, Sie werden Ihre eigene Möglichkeit finden, den Geist des geliebten Menschen der Erde oder dem Meer zu überantworten. Eine meiner Freundinnen zum Beispiel begrub die Asche ihres Vaters auf dem Golfplatz, unweit seines Lieblingslochs. Vielleicht haben wir im entscheidenden Augenblick das Gefühl, die geliebte Person lächle uns zu, auch wenn wir uns ein bisschen komisch dabei vorkommen und uns fragen, ob sie uns denn tatsächlich hören oder sehen kann. Denn in diesem Augenblick geht hinsichtlich unserer Beziehung zu dem geliebten Menschen ein Wandel in uns vor, weil wir nun wirklich begreifen, dass er nicht mehr in seinem Leib existiert und auch nicht irgendwo ordentlich in einem Sarg liegt. Stattdessen rinnt er uns buchstäblich durch die Finger und wird zu einem anderen Teil der Erde, in der sich Asche und Staub vermengen und zu etwas Neuem werden.

Noch etwas hat mich der Umgang mit dem Tod gelehrt: Ich wünschte, ich hätte nichts überstürzt und mir Zeit gelassen. Nichts kann uns auf den Anruf aus der Leichenhalle vorbereiten, in dem man gebeten wird, die Genehmigung zur Einäscherung des geliebten Menschen zu erteilen. Als Mutter starb und ich angerufen wurde, überstieg die Vorstellung, dass sie irgendwo nackt und kalt auf einer Bahre lag, meine Kräfte. Ohne weiter nachzudenken, sagte ich sofort: »Natürlich, machen Sie nur.«

Stellen Sie sich mein Entsetzen vor, als drei Tage später meine Schwester eingeflogen kam und fragte: »Wo ist Mom?«

»Was meinst du?«, fragte ich. »In der Leichenhalle; dort steht ihre Asche.«

»Oh, nein«, rief Laurie. »Ich wollte mich doch von ihr verabschieden.« Ich war nicht einmal auf die Idee gekommen, dass sie Moms Leiche noch einmal sehen wollte, dass es sie irgendwie trösten könnte.

Dies sind die Fehler, die einem im Umgang mit der Trauer und den Trauerzeremonien unterlaufen können – gegenüber Angehörigen, Freunden, Fremden, die, wenn sie uns auch ihre Hilfe anbieten, häufig selbst des Trosts bedürfen.

Es gibt keine Generalprobe für diese Zeremonien, die man meist aus dem Stand improvisieren muss. Wie peinlich es auch ist, einen solchen Fehler öffentlich einzugestehen, ich wollte es tun, weil ich anderen Angehörigen Gefühle wie die meiner Schwester ersparen möchte – die ich auf diese Weise um den ersehnten Abschied brachte. Ich kann von Glück reden, dass sie trotz ihrer Enttäuschung akzeptieren konnte, dass ich eben einfach nicht vollkommen war. Eben nur ihre Schwester.

Pläne schmieden

Wenn der letzte Wille unvereinbar ist mit den Bedürfnissen der Hinterbliebenen

Falls es tatsächlich etwas gibt, das der Tod uns lehren kann, dann ist es die Kunst des Kompromisses. Auch haarklein ausgetüftelte Pläne lassen sich nicht immer wunschgemäß umsetzen. Claire erzählte mir eine Geschichte, die anderen Betroffenen vielleicht helfen kann, Dilemmas wie das, in dem sich Claires Familie nach dem Tod der Mutter wieder fand, zu umschiffen:

> Mutter war gestorben und hatte Anweisungen hinterlassen, dass wir – meine Schwester, mein Vater und ich – ihre Asche an einem ihrer Lieblingsorte am Meer verstreuen sollten. Nachdem sie die Nachricht von Mutters Tod erhalten hatten, wollten Verwandte und Freunde jedoch unbedingt an der Zeremonie teilnehmen. Sie wollten aus verschiedenen Bundesstaaten einfliegen, um sich mit uns von meiner Mutter zu verabschieden. Problematisch daran war: Mutter hatte klare Anweisungen hinterlassen, dass sie kein öffentliches Aufheben wünschte; sie wollte eine schlichte Zeremonie, bei der nur wir drei ihre Asche verstreuten und uns persönlich von ihr verabschiedeten.
>
> Was also sollten wir tun? Die Verwandten gingen davon aus, an dieser Abschiedszeremonie teilnehmen zu können, und schmiedeten ihrerseits Pläne. Konnten wir ihre Gefühle verletzen, indem wir ihnen von Mutters Wünschen

erzählten? Sollten wir Mutters Wünsche ignorieren und es den Verwandten recht machen oder sollten wir den Verwandten von Mutters Wünschen erzählen und sie damit vor den Kopf stoßen?

Vielleicht interessiert es Sie, zu welcher Entscheidung wir letztlich gelangten.

Eine Woche vor dem angekündigten Bestattungstermin, an einem jener milden, dunstigen Abende, die allen Kennern Cape Cods vertraut sind, verteilten wir Mutters Asche in drei weiße Satinsäckchen, die wir eigens zu diesem Zweck angefertigt hatten, und fuhren Richtung Meer. Weil es der letzte gemeinsame Ausflug von uns vieren war, hielten wir an einigen ihrer Lieblingsorte an und überließen uns unseren Erinnerungen. Überrascht registrierten wir, dass die Ausblicke und Geräusche, die ein wichtiger Teil unseres Lebens gewesen waren, uns trösteten.

Als wir schließlich unser Ziel erreichten, war das Ufer verlassen, und die einzigen Laute, die man hörte, kamen von den kleinen Wellen, die den Sand leckten. Doch da war noch etwas anderes – das deutlich hörbare Geräusch eines Falls, das gegen einen Mast schlug. Wie war das möglich? Boote waren an dieser Stelle nicht erlaubt. Doch, da lag es – ein weißes Segelboot mit eingerollten Segeln, nicht vertäut, und dennoch reglos, von dem kein Lichtschein und, außer dem fast schon musikalischen Klopfen, auch kein Laut ausging. Und so überantworteten wir Mutters irdische Überreste den Elementen – genau wie sie es sich gewünscht hatte, nur wir drei und das im Nebel liegende, Meeresmusik spielende Boot.

Damit sich auch der Rest der Verwandtschaft verabschieden konnte, nahmen wir zu einem Schwindel Zuflucht. Warum nicht ein wenig Asche aus dem offenen Kamin, dem Ofen und dem Grill zusammenkratzen – so dachten wir uns –, ein paar Phosphatkörner dazuwerfen, um damit einen hinreichenden Ersatz für das Original zu schaffen, und dann das Beste hoffen. Es war uns einfach zuwider, die Gefühle der Verwandten zu verletzen und sie von der »Zeremonie« auszuschließen. Mit etwas Glück würde alles wie geplant verlaufen, und niemand würde etwas bemerken.

Wir meinten, alles im Griff zu haben. Die Verwandten trafen ein. Wir zwängten uns in mehrere Fahrzeuge und fuhren erneut ans Meer. Wir drei griffen nach unseren frischen Aschesäcken, ließen die Gruppe am Strand zurück, wateten wieder ins Wasser und begannen die Asche zu verstreuen. Zwar kamen wir uns etwas albern vor, fanden aber, dass wir die für alle Beteiligten beste Entscheidung getroffen hatten. Sogar Dad, der nicht gerade zu den Ausdruckstärksten gehörte, flüsterte Mom leise zu: »Nun, meine Liebe, besser zweimal als nie.« Und dann blickten wir ins Wasser hinunter, in das wir die Asche rieseln ließen, und sahen Blasen aufsteigen, es schäumte geradezu. Und nicht nur ein bisschen, sondern in immer größerem Umkreis, als ob sich irgendetwas vom Grunde des Meeres erhöbe.

Zunächst begriffen wir nicht, was da vor sich ging. War es etwas im Wasser oder ein Wellengang? Wir hatten keine Ahnung. Weshalb wir die Blasen zu glätten versuchten. Und dann dämmerte es uns; wir fingen an zu lachen. Und wir wussten, dass Mutter am lautesten lachte. Offenbar brachte irgendein Bestandteil unserer Mischung das Wasser zum Schäumen. Zu unserer Erleichterung bekamen die Verwandten am Ufer nicht so genau mit, was da vor sich ging, so dass sie die Tränen bei unserer Rückkehr für ein Zeichen der Trauer hielten. Am Ende wussten wir, dass Mutter (und Gott) bei unserer Aktion definitiv das letzte Wort gehabt hatte(n). Sie hatte(n) sie gebilligt – aber auf eine Weise, aus der wir nicht so recht schlau wurden.

Ich erzähle diese Geschichte, weil ich möchte, dass die Leute erfahren, zu welch lächerlichen Aktionen Angehörige mitunter Zuflucht nehmen, wenn ihre Liebsten ohne wirklich klare Anweisungen zu ihren Bestattungsfeierlichkeiten versterben. Mutter hatte an ihren Wünschen zwar keinen Zweifel gelassen, doch die unerwartet starke Teilnahme unserer Verwandten an ihrem Tod traf uns völlig unvorbereitet. Sieht man sich vor die Wahl gestellt, entweder die Bitten der Verstorbenen zu respektieren oder den Lebenden beim Verschmerzen des Verlusts zu helfen, vermehrt dies den Kummer nur noch weiter.

Sprechen Sie daher schon jetzt mit Ihrer Familie und Ihren Freunden. Überlassen Sie es nicht Freunden und Angehörigen, irgendwie zu erahnen, was sie tun sollen, wenn Sie nicht mehr sind. Haben Sie aber das Gefühl, nicht darüber sprechen zu können, so können Sie auch ein paar schriftliche Anweisungen hinterlassen. Ein hilfreicheres Geschenk kann man den Hinterbliebenen nicht machen.

Wenn man Freunden und Angehörigen seine Wünsche mitteilt, sollte man ihnen allerdings einen gewissen Spielraum lassen. Denn vielleicht finden sie sich, wie in Claires Geschichte, in einer Situation wieder, in der sie unsere Anweisungen nicht bis auf das i-Tüpfelchen befolgen können. Wenn Sie aber zu denen gehören, die einen derartigen Kompromiss eingehen müssen, ist es hilfreich, wenn Sie sich nicht zu sehr auf etwas versteifen und auch auf Unerwartetes gefasst sind. Denn so ist das Leben nun einmal – schon um uns daran zu erinnern, dass wir von Anfang bis Ende nicht alles im Griff haben.

Wenn Mutter von uns geht

Eine poetische Gabe

Manchmal können die Trostworte von uns selbst stammen. Manchmal auch von anderen. Als die Mutter einer Freundin an einem Herzanfall starb, konnte ich mich nicht mit ihr in Verbindung setzen. Ich schrieb ihr dieses Gedicht, damit sie etwas hatte, mit dem sie sich nach ihrer Heimkehr auseinander setzen konnte. Zu meinem Erstaunen haben viele Familien es am Grab, an Gedenktagen und bei Trauergottesdiensten vortragen lassen. Ich sehe mich nicht als Dichterin. Aber ich habe das Gedicht hier aufgenommen, damit es auch andere für sich nutzen oder sich vielleicht von ihm zu eigenen Versen anregen lassen. Denn es gibt Zeiten, in denen allein der Gedanke zählt, der dem anderen – dem Trauernden – Trost spendet.

Wenn Mutter von uns geht
Wenn sie fort ist,
ist da im Nu
und ungebeten
ein Verlust
wie kein anderer.
Denn
wenn Mutter von uns geht,
fehlt die Mitte,
als ob die Welt
ihren Schwerpunkt verloren hätte.

Alles,
alles gerät eine Zeit lang
aus den Fugen,
bis der Kreis unseres Lebens
eine neue
Mitte findet.
Und gibt es
auch die Kraft nicht mehr,
die es zusammenhält
wie einst,
sind wir
dennoch
wieder ganz
in
der
Mitte
von
allem.

Nach dem Begräbnis

Verständnis haben für die Verantwortlichkeiten danach

Wie kann man, wenn die Kränze abgelegt, die Blumen am Grab gepflanzt und die Kondolenzschreiben gelesen sind, die Trauernden bei den zahlreichen vor ihnen liegenden Aufgaben unterstützen? Zum Beispiel dadurch, dass wir für all das, was sie durchmachen, während sie gänzlich neue Entscheidungen zu treffen haben, Verständnis zeigen. Hier kann Mitgefühl wirklich etwas bewirken. Hier können wir helfen, indem wir (er-)spüren, ob sie Gesellschaft wünschen oder nicht, während eine Lawine von Erinnerungen und Erledigungen über sie hereinbricht.

Mit welchen Entscheidungen sind die Hinterbliebenen konfrontiert? Zunächst einmal sind die meisten von uns nicht darauf gefasst, die Kommoden, Medizinschränkchen oder Schreibtische anderer Leute zu durchwühlen. Was fängt man mit der Wäsche an? Oder den Lebensmitteln in den Küchenschränken? Den Geschenken, die bereits gekauft, aber noch nicht verschenkt wurden? Und den Andenken, deren Bedeutung wir nicht kennen? Was tut man, wenn man auf alte Fotos von Menschen stößt, die man nicht kennt? Sind es Leute, die man eigentlich kennen sollte? Bergen sie womöglich einen Schlüssel zum besseren Verständnis des Verstorbenen? Erschüttert uns das Lesen dieser Liste? Nun, Erschütterung ist genau das, was wir mitunter erleben, wenn wir uns mit den Folgen eines Todesfalls herumschlagen.

Aber es gibt noch mehr zu tun. Rufen wir all die Leute an, die im Adressbuch des Verstorbenen stehen, um ihnen zu sagen, dass er von uns gegangen ist? Was sagen wir, wenn die Person am anderen Ende der Leitung nach Erhalt der Nachricht ausruft: »Oh, nein, das ist doch nicht möglich.«

Was behalten wir als Andenken? Was sollen Freunde und Angehörige erhalten? Was geht an die Wohlfahrt, was in den Müll, und was wird verkauft? Und wie steht es mit den rechtlichen Dingen wie Formularen, Steuern, Totenscheinen und unbezahlten Rechnungen? Nur wenige Menschen wissen, wie zeitaufwändig es ist, den Nachlass eines Menschen zu regeln – auch wenn der letzte Wille beziehungsweise die Verteilung des Besitzes nicht zu Streit führt.

Und damit nicht genug. Was geschieht mit den Haustieren eines Verstorbenen? Was mit unbeantworteter Korrespondenz? Katalogbestellungen müssen zurückgeschickt werden. Alles Unerledigte – sämtliche losen Enden des Privatlebens eines Menschen – lastet auf uns. Tagelang fühlt man sich wie ein Voyeur, weil man seine Nase in Dinge steckt, die einen eigentlich nichts angehen. Dennoch lässt sich der Nachlass dieses Menschen nur dadurch ordnen, dass man derartige Übertretungen begeht.

Als unsere Mutter starb, gab man uns viele praktische Ratschläge. Irgendjemand schlug vor, dass wir, wenn es ans Aufteilen der Besitztümer ginge, eine Liste unserer bevorzugten Dinge aufstellen sollten. Falls zwei von uns dasselbe wollten, sollten wir das unter uns ausmachen. Ans Herz legte man uns auch, dass das Verhältnis unter uns Geschwistern die Gegenstände möglichst überleben sollte. Denn Dinge können gestohlen werden oder verloren gehen, während das, was von unserer Familie geblieben war, weiterexistierte. Wir hatten ein paar Unstimmigkeiten, aber im Großen und Ganzen bewältigten wir die Sache recht gut. Wir wussten den Rat zu schätzen.

Jemand anders schlug vor, dass man gebrauchte Kleidung im Secondhandladen verkaufen und den Erlös einem Obdachlosenheim oder einer Wohlfahrtsorganisation zukommen lassen könnte. Wieder eine andere Person half uns beim Organisieren eines Flohmarktes in unserer Garage, so dass wir nicht zugucken mussten, wie Moms Sachen aus dem Haus getragen wurden. Mehrere Leute waren bereit, ihre Haustiere zu übernehmen – da es uns selbst nicht möglich war –, wofür wir ihnen sehr dankbar waren.

Eine Erfahrung kam uns teuer zu stehen, und wir wünschten, wir hätten es besser gewusst: Fast zwangsläufig stößt man auf Erinnerungen, Andenken, Souvenirs und weiß nicht, soll man sie behalten oder nicht. Da waren zum Beispiel Schachteln mit Briefen von der Großmutter, Notizbücher aus der Zeit vor unserer Geburt, Bilder von Reisen, bei denen wir nicht dabei waren. Zu unserem späteren Bedauern haben wir eine Menge dieser Dinge weggeworfen. Warum haben wir sie nicht aufgehoben? Dafür gibt es viele Gründe. Wir hatten keinen Platz, sie aufzubewahren. Sie störten unsere eigenen Erinnerungen. Wir hatten das Gefühl, diese privaten Andenken seien nicht für unsere Augen bestimmt. Außerdem hatten wir sowieso schon genug am Hals und waren zu beschäftigt, um uns Gedanken darüber zu machen, wie wertvoll sie Jahre später für unsere Kinder und für uns selbst sein würden. Folgendes möchten wir anderen, die sich mit einer derartig »überwältigenden« Menge an Erinnerungen konfrontiert sehen, ans Herz legen: Stellen Sie einige Kisten mit der Beschriftung »Später aussortieren« beiseite. Und nehmen Sie sich diese – ein paar Jahre später – noch einmal vor!

Hier einige Antworten auf Fragen, die durch diese Geschichte aufgeworfen wurden:

- *Was gibt man weg?* Dinge, die besondere Bedeutung für den Verstorbenen hatten, können engen Freunden Trost spenden. Die meisten von ihnen würden uns vermutlich niemals fragen, ob wir ihnen etwas überlassen, sind aber gerührt, wenn wir es tun – etwa ein Buch, ein Schmuckstück, ein Andenken, ein Werkzeug, ein Foto oder eine Pflanze.

- *Wie ruft man all die Leute im Adressbuch an?* Lassen Sie sich Zeit, bitten Sie Freunde oder Verwandte um Unterstützung, schicken Sie Kurzbriefe, und versuchen Sie nicht, alles selbst zu erledigen.
- *Was geschieht mit den unbezahlten Rechnungen, den Steuern und Ähnlichem?* Suchen Sie bei mehreren verlässlichen Quellen Rat. Lassen Sie sich Zeit, und halten Sie die Familienmitglieder auf dem Laufenden, falls Sie zum Nachlassverwalter bestimmt wurden. Erwarten Sie nicht, alles richtig zu machen. Nur wenige von uns sind geübt darin, derartige Entscheidungen zu treffen.
- *Was fängt man mit alten Fotos an, auf denen man niemand erkennt?* Heben Sie sie auf – eines Tages können Sie die Leute womöglich identifizieren oder durch Ihre Nachforschungen zu einem bestimmten Foto mehr über die Geschichte der Zeit in Erfahrung bringen.

Nach der Trauerzeremonie, wenn die Asche verstreut oder der Tote beerdigt ist, wenn die Lieder gesungen und die Kondolenzschreiben abgeheftet sind sowie das Testament verlesen ist, beginnt das wahre (Be-)Graben. Es kann Wochen, Monate, ja sogar Jahre dauern, bis sich der aufgewirbelte Staub wieder gelegt hat. Vielleicht gibt es praktische Dinge, die Sie tun können, um einigen Angehörigen beim Ordnen ihrer Erinnerungen zu helfen. Andere brauchen vielleicht Zeit, um es selbst zu tun. Sie werden Ihnen aber Ihr Verständnis danken für all die schwierigen Entscheidungen, die sie zu treffen haben. Zu wissen, dass Sie verstehen, wird ihnen ein Trost sein.

Wenn ein Kind stirbt

Die Verwirrung der Eltern hält an

Eltern rechnen nicht damit, ihre Kinder zu überleben. Tun sie es doch, fragen sich viele: »Warum? War ich eine schlechte Mutter/ein schlechter Vater? Habe ich etwas falsch gemacht? Warum bin nicht ich statt meines Kindes gestorben?«

Manchmal stellen sich auch die überlebenden Geschwister solche Fragen.

Zwanzig Jahre schon war Lynns Bruder tot. Während all dieser Jahre hatte ihre Mutter kaum darüber gesprochen. Eines Tages fragte Lynn ihre Mutter, ob sie bereit sei, sich mit mir zu unterhalten, da ich eine Geschichte in dieses Buch aufnehmen wolle, in der es darum geht, wie man eine Familie tröstet, die den Tod eines Kindes zu verkraften hat.

Lynns Mutter erzählte als Erstes, dass ihr Sohn das jüngste Kind der Familie gewesen sei. Als er starb, war er erst vierzehn Jahre alt. An seinem Todestag spielte er mit Seilen im Geäst eines Baumes. Es hatte geregnet. Irgendetwas mit seinen Knoten ging schief. Er brach sich den Hals. Nach Ansicht des Arztes war es ein Unfall. Als es passierte, besuchte seine Mutter, die vier weitere Kinder hatte, gerade Bettlägerige in einem benachbarten Altersheim. Noch heute erinnert sie sich, was ihr eine achtzigjährige Bewohnerin damals sagte – die selbstverständlich nicht ahnte, dass dies der letzte Tag im Leben des Kindes ihrer Besucherin war:

»›Ach wissen Sie‹, meinte die Frau, die ich damals besuchte, ›am liebsten würde ich heute noch sterben. Ich bin bereit. Ich weiß nicht, warum ich immer noch lebe.‹ Noch heute erinnere ich mich an die Ironie dieses Augenblicks. Da war eine, die darauf wartete, erlöst zu werden, und stattdessen wurde mir mein Sohn genommen.«

Zunächst dachte ich, Lynns Mutter wolle ihr Bedauern darüber zum Ausdruck bringen, dass sie nicht daheim gewesen war, als ihr Kind im Baum spielte. Doch dann dachte ich darüber nach und erkannte, dass sie eigentlich sagen wollte, es sei ironisch, vielleicht sogar ungerecht, dass der, der an diesem Tag starb, ein Mensch war, der ihrer Meinung nach kaum zum Sterben bereit gewesen sein konnte. Nicht an diesem Tag. Nicht in diesem Alter. Und nicht auf diese Weise.

Ich konzentrierte mich auf die Verwirrung, die in ihren Worten zum Ausdruck zu kommen schien, und fragte mich, wie man sie wohl trösten könnte. Und diese Frage stellte ich dann auch ihr: »Was haben Menschen in Ihrem Umfeld gesagt oder getan, um Ihnen über diese schwere Zeit hinwegzuhelfen?«

»Ach, ich weiß nicht«, meinte sie ganz ehrlich. »Ich war lange derart teilnahmslos und benommen, dass ich gar nicht sagen kann, ob ich es mitbekommen hätte. Ich mache niemandem einen Vorwurf. Was soll man schon sagen oder tun, wenn anderen so plötzlich ein Kind entrissen wird? Empfehlen kann ich da den Leuten nur eins, nämlich auf keinen Fall zu sagen, sie wüssten, wie man sich dabei fühlt. Wie können sie denn wissen, wie ich mich fühle, wenn ich innerlich so taub und tot bin, dass ich es selbst nicht einmal weiß?«

»Aber ich will auch«, fuhr Lynns Mutter fort, »dass die Leute wissen, dass man das alles irgendwie übersteht. Von einem Tag zum nächsten, von einer Stunde zur anderen. Oft denkt man sich, man erträgt es nicht, und man will resignieren. Man erinnert sich an die Freude, die einem dieses Kind bereitet hat. Eine Zeit lang ist es schwer, wieder Hoffnung zu schöpfen und wieder von einer Zukunft zu träumen.«

Bereits vorher hatte sie erwähnt, dass sie vier weitere Kinder hatte. Es schien ihr wichtig klarzustellen, dass sie, während sie den Verlust eines Kindes betrauerte, vier weitere Kinder aufziehen musste. Vielleicht wollte sie damit anderen trauernden Eltern etwas mitteilen. »Irgendwie haben Sie es fertig gebracht, Ihre vier anderen Kinder großzuziehen«, sagte ich. »Wie haben Sie das geschafft?«

»Nun«, meinte sie, »bevor unsere Kinder aufs College gingen, haben wir uns für jedes Einzelne von ihnen Zeit genommen. Wir wollten, dass sich jedes von ihnen als etwas Besonderes fühlt. An dem Freitagabend vor seinem Tod marschierte mein Sohn mit dem Schulorchester. Es gab einen Moment, in dem ich ihn betrachtete und ein ganz starkes Gefühl von Nähe empfand. Ich wollte ihm davon erzählen, aber ich habe es nicht mehr geschafft. Die Kommunikation innerhalb unserer Familie war nicht immer die beste. Nach seinem Tod aber ist es mir noch wichtiger geworden, meinen Kindern zu zeigen, wie sehr ich sie liebe.«

»Ist es schön für Sie, wenn alte Freunde von ihm vorbeischauen?«, fragte ich, während ich darüber nachdachte, worin sie wohl im Laufe der Jahre Trost gefunden hatte.

»Oh, ja, ja, das ist sehr schön«, meinte sie, und ich konnte ihr Lächeln fast spüren. »Einer von ihnen, Mike, bringt mir jedes Jahr selbst gemachte Guavenmarmelade. Er kommt vorbei, und wir reden miteinander. Es ist schön, sich mit jemandem zu unterhalten, der ihn wirklich kannte. Wir tauschen Erinnerungen aus. Halten sein Andenken lebendig. Ich weiß nicht, wie es für andere wäre – mir aber haben die Besuche der Freunde sehr geholfen.«

»Ich weiß allerdings nicht so recht, was ich daraus gelernt habe und was davon ich anderen weitergeben könnte«, murmelte sie. »Manchmal frage ich mich, ob ich eine gute Mutter war«, meinte sie später, als sie darüber sprach, wie es für sie war, vier Kinder großzuziehen und gleichzeitig ihrem Mann in seiner Trauer beizustehen. »Aber ich werde mich auch weiterhin bemühen, mit meinen Kindern über den Tod ihres Bruders zu sprechen, auch wenn sie es nach all den Jahren nicht mehr wollen. Irgendwann müssen wir ja lernen, miteinander zu reden.« Sie sprach auch über andere Dinge, die anscheinend nichts mit dem Thema zu tun hatten, etwa dass der Tod ihres Sohnes sie nicht davon abgehalten hatte, die Alten im Pflegeheim weiter zu besuchen, oder über ihren Vater, der Arzt gewesen war.

Während ich einfach nur zuhörte, wie sie von einem Thema zum nächsten wechselte, kam es mir vor, als suche sie selbst einen Sinn in dem Ganzen. Da war noch etwas, das spürte ich, denn sie zögerte, einen Schluss aus dem Geschehenen zu ziehen. Sie wies niemandem die Schuld zu, weder sich selbst noch ihrem Sohn, weder Gott noch dem Wetter, aber irgendetwas erschien ihr nicht richtig. Ich spürte, dass sie Zeit brauchte, die verschiedenen Puzzleteile zu betrachten, ohne dass ihr jemand zuvorkam und ihr sagte, wie sie alle zusammengehörten.

Wie ich schon etliche Male zuvor in diesem Buch bemerkte, geht es bei tröstenden Gesprächen vor allem darum, mit dem richtigen Quantum an Energie zur richtigen Zeit für einen Menschen da zu sein. Man muss nicht auf alles eine Antwort haben. Manchmal besteht unsere Aufgabe nur darin, den Weg für weitere Gespräche zu ebnen, ob für Selbstgespräche oder solche mit anderen. Nach so langem Schweigen so lange zu reden war für Lynns Mutter eine Gelegenheit, ihre Gedanken zu sortieren und gefühlsmäßig zur Ruhe zu kommen. Ich musste keine weiteren Fragen stellen, obwohl ich noch viele gehabt hätte.

All das laut aussprechen zu können – ohne das Gefühl, dass sie schon alles zu Ende gedacht haben musste – war der erste Schritt in Richtung der Heilung, die sich ihre Tochter für sie erhofft hatte. Doch es gab noch einen weiteren Schritt, der dazu beitrug, die Mutter zum Reden zu bewegen – nämlich, als diese eine schriftliche Fassung all der Dinge las, die sie an jenem Tag erzählt hatte.

Nachdem sie gelesen hatte, was sie über den Tod ihres Sohnes gesagt hatte, war ihre Mutter endlich bereit, Lynn etwas mitzuteilen, was sie nie jemandem erzählt hatte: Dass sie immer noch nicht begreife, wie es sich beim Tod ihres Sohnes um einen Unfall habe handeln können. Obwohl der Arzt festgestellt hatte, dass der Sohn ausgerutscht war, als er mit den Seilen spielte, habe sie sich damals gefragt und frage sie sich immer noch, ob es wirklich so gewesen sei. »Vielleicht war er ja unglücklich«, habe sie immer gedacht. »Vielleicht hatte er Angst, die Eltern zu enttäuschen – ein paar Tage zuvor war er aus der Fußballmannschaft geflogen. Er war vierzehn Jahre alt – eine emotional schwierige Phase«, meinte sie leise.

All dies zeigt, wie wirkungsvoll das »In-eigene-Worte-Fassen« beziehungsweise »Reformulieren« der Erfahrungen und Gedanken eines anderen sein kann. Dadurch, dass Lynns Mutter ihre Aussagen schwarz auf weiß vor sich hatte, gewann sie Zeit, darüber nachzudenken. Menschen zu sagen oder zu schreiben, was diese unserer Meinung nach gesagt haben, lässt sie unter Umständen erkennen, was sie bisher verschwiegen haben.

Ich entschloss mich für die schriftliche Formulierung, weil ich das Gefühl hatte, dass sie Zeit brauchte, um sich mit ihren Zweifeln am Unfall ihres Sohnes auseinander zu setzen. Woher ich das wusste? Weil sie mir nicht wirklich bereit erschien, ihre Befürchtung offen auszusprechen: Dass ihr Sohn sich das Leben genommen haben könnte. Sie brauchte Zeit, um es in Worte zu fassen. Und höchstwahrscheinlich sollte ich nicht die Erste sein, der sie es erzählte – obwohl ich den Eindruck hatte, dass es ihr ein dringendes Bedürfnis war. Aber die Zeit war noch nicht reif dafür. So sprach sie zuerst mit jemandem, der ihrer Meinung nach weder Grund hatte, sie zu verurteilen, noch versuchen würde, ihr einzureden, dass ihre Ängste albern und unbegründet seien.

Ein paar Tage später rief Lynn an, um mir mitzuteilen, was passiert war, nachdem ihre Mutter über all die Dinge hatte nachdenken können, die sie nun bereit war, ihrer Familie zu erzählen: »Ich ließ Mom immer weiterreden und unterbrach sie nicht. Ich erfuhr, dass sie auch deswegen nicht darüber hinweggekommen war, weil sie so sehr befürchtete, dass mein Bruder womöglich Selbstmord begangen hatte. Ich hatte keine Ahnung davon. Ich bin mir sicher, dass sich jeder von uns darüber Gedanken gemacht hat, aber wir haben nie offen darüber gesprochen. Vielleicht können wir es ja jetzt.«

Eltern, die ein Kind verloren haben, brauchen einen Gesprächspartner, der sie weder verurteilt noch versucht, ihnen ihre Gefühle und Ängste auszureden. Jemanden, der zulässt, dass sie sich eine Zeit lang fragen dürfen, ob sie in irgendeiner Hinsicht für den Tod des Kindes verantwortlich sind, auch wenn dies nicht der Fall ist. Sie müssen die Möglichkeit haben, ihre Gefühle zu äußern, und dürfen nicht gedrängt werden, etwas anderes zu empfinden, auch wenn es allen anderen das Liebste wäre. Manchen Eltern, die den Tod eines Kindes erleben mussten, fällt es schwer, mit den Selbstvorwürfen fertig zu werden. Diese Gefühle sind nicht leicht zu überwinden – auch wenn keiner der Umstände, die zum Tod des Kindes führten, sie nahe legen. Auch Lynn erklärte: »Wir werden nie wissen, was am Todestag meines Bruders geschah. Aber wir haben gelernt, dass wir uns auseinander leben, wenn wir nicht darüber sprechen.«

Lynn versuchte nicht, der Mutter ihre Befürchtungen auszureden. Sie bot ihrer Mutter die Möglichkeit, am Ende doch noch zu äußern, was sie so viele Jahre nicht auszusprechen gewagt hatte – eine Art »Familiengeheimnis«, das alle davon abgehalten hatte, wirklich miteinander zu kommunizieren. Dies aber sollten sie nun lernen, das hatte sich Lynns Mutter geschworen.

Zerbrechliche U-Boote

Wenn einer den Freitod wählt

Vail versuchte zu verstehen, warum ihre Kusine und einer ihrer Freunde sich das Leben genommen hatten. Einige Monate zuvor war ihr Vater gestorben, nachdem er lange um sein Leben gerungen hatte. Gerade weil sie diesen Kampf miterlebt hatte, konnte sie nicht begreifen, warum diese beiden geliebten Menschen niemanden um Hilfe gebeten hatten. Unverständlich war ihr auch, weshalb niemand die Niedergeschlagenheit der beiden wahrgenommen hatte. Überwältigt von ihren Gefühlen schrieb sie eine E-Mail:

> Ich fühle mich schwach, völlig entkräftet – als hätte man mir alle Lebensenergie entzogen. Mein Körper spiegelt meine Empfindungen wider:
>
> Ich lasse die Schultern hängen, um mein Herz zu schützen. Meine Atmung geht flach. Ich bin müde. Sehr müde. Und ich lasse mir Zeit, um einfach »zu sein« – nehme zum Beispiel Vollbäder, telefoniere, mache Besuche oder schweige – wonach mir eben gerade ist.

Ich fragte mich, ob ich sie anrufen oder lieber schreiben sollte. »Was verträgt sie momentan besser, vor allem, wenn sie mir erzählt, wie schwach sie sich fühlt?« Manchmal rufen wir unsere Freunde lieber an, um Genaueres über ihren Zustand zu erfahren – vielleicht ist es ja doch nicht das, was sie zunächst meinten. Vielleicht haben sie den entscheidenden Punkt überhaupt nicht erwähnt. Nachdem ich sie angerufen hatte, schrieb ich ihr diesen Brief:

Liebe Vail,
du hast geschrieben, dass deine Kusine Brenda und dein Freund Harry Selbstmord begingen, und von der Müdigkeit und Traurigkeit, unter der du seither leidest. Du sagst, dass Brenda vor ihrem Tod einen normalen, ja glücklichen Eindruck gemacht habe. »Wir wissen nicht«, schreibst du, »was die Menschen in ihrem Innern verbergen.« Vor einer Stunde habe ich dich angerufen, weil ich dir nicht einfach schreiben wollte – ich wollte dich zuerst selbst hören. Ein Punkt, den wir heute Abend nicht angesprochen haben, ist der, wie leicht die Menschen Hinweise auf einen Todes- oder Selbstmordwunsch übersehen. Als ich selbst an diesem Punkt angelangt war, hatte keiner – weder Freunde, noch Verwandte noch mein Mann – eine Ahnung, wie tief das »U-Boot meiner Gefühle« inzwischen abgetaucht war. Manchen von uns gelingt es, nach außen hin eine ganz andere Person zu sein als die, die wir im Innern lebendig begraben haben und die nicht mehr aus dem Labyrinth der Ausweglosigkeit herausfindet. Unsere stärkste Empfindung ist tatsächlich die Ausweglosigkeit. Und die fühlen wir, auch wenn unser Leben nach außen hin völlig normal erscheint. Leider beschließen manche Leute, in diesen inneren Raum abzutauchen, in dem sie verschwinden und in dem keiner sie mehr findet, es sei denn, sie wollen sich finden, sich helfen lassen und wieder an die Oberfläche zurückkehren.

Menschsein bedeutet für mich, sein Leben selbst in die Hand zu nehmen, sich nicht nur damit abzufinden oder sich zu etwas verpflichtet zu fühlen oder es halt zu leben, weil man es leben »sollte«. Unser Leben selbst in die Hand zu nehmen, bedeutet, das Leben so zu leben, wie es unserer Be-

> stimmung entspricht. Deswegen halte ich es für sehr positiv, zuweilen innezuhalten und darüber nachzudenken, wie ich meine Lebenszeit verbringe beziehungsweise in was ich sie investiere.
>
> Es tut mir so Leid, dass deine Kusine und dein Freund nicht mehr da sind, um dein und unser Leben durch ihre Anwesenheit bereichern zu können. Du hast gesagt, dass du nur schwer begreifen kannst, weshalb sie nicht über den Schmerz ihrer momentanen Lebenssituation hinausblicken konnten. Manchmal wachen wir erst auf, wenn uns jemand verlässt, und sehen uns erst dann dazu gezwungen, unser Leben bewusster zu leben, indem wir uns mehr Fragen stellen, größere Dankbarkeit empfinden und uns stärker engagieren.

Wenn ein Mensch, den wir kennen, den Freitod wählt, fühlen wir uns unter Umständen traurig oder schuldig, verwirrt oder sogar wütend, weil uns der Betreffende nicht um Hilfe gebeten hat. Wie Menschen eine Selbsttötung beurteilen, hängt von ihren eigenen Erfahrungen ab. So konnte Vail den Selbstmord ihrer Freunde nicht nachvollziehen, weil sie erlebt hatte, wie ihr Vater bis zu seinem letzten Atemzug um sein Leben gekämpft hatte.

Es ist nicht immer leicht, zu wissen, was man Freunden, die einen geliebten Menschen durch Suizid verloren haben, sagen kann. Hier ist es angebracht, zunächst einmal zuzuhören, welche Fragen sie haben beziehungsweise was sie zu sagen haben. Wenn jemand Ihnen erzählt, dass sich ein ihm Nahestehender umgebracht hat, sollten Sie erst einmal tief durchatmen und versuchen, Ihre eigenen Gefühle zu verstehen. Nehmen Sie sich einen Moment Zeit, um sich mit Ihren Gefühlen von Verlust oder Zorn auseinander zu setzen, bevor Sie versuchen, etwas zu sagen. Dies ist auch ein guter Augenblick, um einzugestehen, dass einem womöglich die Worte fehlen, man sich aber dennoch um seinen Freund sorgt. So könnte man ihn freundlich fragen, wie er denn selbst darauf reagiert hat und wie er damit zurechtkommt. Es geht uns dabei nicht um die grausigen Einzelheiten, wo und wie der Betreffende zu Tode kam. Wir wollen lediglich zu verstehen geben, dass wir bereit sind, uns alles anzuhören, was er dazu zu sagen hat.

Mein Freund Bill erzählte mir beispielsweise eines Tages, dass sein Sohn sich kurz zuvor das Leben genommen hatte. »Was muss ich über deinen Sohn wissen?«, fragte ich ihn. Er wolle, meinte Bill, dass Freunde und Verwandte den Entschluss seines Sohnes respektierten. »Wenn ich annehme, dass sein Tod umsonst war, war auch sein Leben vergeblich«, erklärte Bill. »Ich vermisse ihn, ich wünsche mir, er wäre noch am Leben, aber ich hab mich entschieden, sein Andenken dadurch zu ehren, dass ich seine Entscheidung akzeptiere. Sein Geist ist frei – zu schaffen machten uns nur unser Schmerz und die Art, wie wir seinen Tod wahrnehmen.«

Und wenn uns dann allmählich klar wird, worum uns unser Freund bittet? Dann denken wir vielleicht: »Wie zum Teufel kann ein Vater so etwas denken – den Todeswunsch seines Kindes respektieren? Das geht gegen alles, was mir wichtig und wertvoll ist – meinen Glauben, meine Überzeugungen, mein elterliches Verantwortungsgefühl. Wo bleibt seine Entrüstung? Wo sein Schuldgefühl? Wie kann er das sagen?« Derartige Reaktionen nach so unerwarteten Eröffnungen sind nur allzu menschlich. Was können wir tun, wenn unser »innerer Richter« uns in diese Richtung treibt? Innehalten, ein paar Mal tief durchatmen und uns unsere Aufgabe in Erinnerung rufen: für unseren Freund da zu sein. Denn hier geht es nicht um uns. So schwer es Ihnen auch fällt, denken Sie daran, dass Sie jemanden trösten wollen und es nicht darum geht, Ihre Meinung zu vertreten oder die eines anderen herauszufordern.

Hätte ich Bill aus meinem ersten Unbehagen heraus sofort trösten wollen, hätte er mir wohl kaum geschildert, wie er mit seinem Schmerz fertig wurde. Häufig lassen uns die Menschen wissen, was sie brauchen, indem sie uns signalisieren, dass sie nur einen Zuhörer wünschen – und keine Lösung. Man braucht Mut, um Menschen in ihrem Verlust beizustehen. Man muss bereit sein, ihre Gefühle nachzuvollziehen, auch wenn man nicht glaubt, dass man in einer derartigen Situation dasselbe empfinden würde.

Um sich als Zuhörer eines vorschnellen Urteils enthalten zu können, ist es hilfreich, sich vor dem Schreiben, Anrufen oder dem geplanten Besuch entsprechend vorzubereiten. So könnte man sich etwa mit einem Freund, einem spirituellen Berater oder einem Familienmitglied besprechen, um auch andere Blickwinkel in Erwägung zu ziehen. Oder aber man könnte sich einige Gedanken und Gefühle notieren, um den Kopf ein wenig freier zu bekommen.

Will man einen Menschen unterstützen, der den jähen oder tragischen Tod eines ihm Nahestehenden zu verkraften hat, so ist es gut zu akzeptieren, dass es uns nicht zusteht, diesem Tod einen Sinn zuzuschreiben. Es hätte Bill kaum getröstet, wenn seine Freunde versucht hätten, etwas, das ihnen falsch erschien, auch als Fehler anzuprangern – daher seine dahingehenden Bitten. Wenn ein Mensch von uns fordert, eine Entscheidung zur Selbsttötung zu respektieren, so scheint uns das viel verlangt. Es erinnert uns daran, dass unser Beistand für einen Leidenden uns in Situationen führen kann, in denen wir unter Umständen auch uns selbst und unsere Überzeugungen infrage stellen müssen. Doch wenn wir einen Menschen trösten wollen, müssen wir ihn in seinen Überzeugungen unterstützen. Und manchmal können wir nichts Besseres tun, als zu fragen, ob wir ihn in den Arm nehmen dürfen.

Wenn uns eine Tragödie zum Handeln veranlasst

Reaktionen auf einen plötzlichen Todesfall

Wie verwandelt man eine Tragödie in positives Handeln?

Dennis Kauff war Fernsehreporter. Bei seinem Tod – ein alkoholisierter Fahrer rammte ihn an einer Kreuzung – war er einunddreißig Jahre alt. Ein Erwachsener hatte für zwei minderjährige Jungen Bier gekauft. Mit über 120 Kilometern pro Stunde überfuhren sie die rote Ampel und rasten in Dennis' Wagen. Das war im November 1985.

Wenige Stunden später wurde ich zu »WBZ-TV« in Boston gerufen, dem Sender, bei dem ich damals Kommunikations- und Redaktionsleiterin war. Dennis war einer unserer besten Reporter. Er schaffte es immer, die Herzen der Zuschauer zu erreichen. Ich wurde gebeten, den Mitarbeitern zu helfen, mit dem Schock, dem Schmerz und den Medien fertig zu werden.

Wir waren wütend und verletzt. Dennis' Tod, schworen wir uns, sollte nicht vergebens gewesen sein.

Dazu aber mussten wir – das war uns klar – mehr als die üblichen Verlautbarungen ausstrahlen, in denen es hieß: »Kein Alkohol am Steuer!« Und so fragten wir uns: »Was konnten wir tun, um sicherzustellen, dass Dennis' Tod zum Vermächtnis wurde, das andere vor dem Tod durch betrunkene Autofahrer bewahrte?«

Zu unserem Glück erkannte die »Harvard School of Public Health« in unserem Anliegen eine Chance. Mit Dennis' Tod, fanden die Verantwortlichen, sei die Zeit gekommen, neue Methoden zur Vermeidung von Todesfällen durch Alkohol am Steuer zu diskutieren. Jay Winston, einer der Dekane, erzählte uns, Medien und Öffentlichkeit schienen nicht zu begreifen, dass Kampagnen für strengere Strafen betrunkene Fahrer nicht davon abhielten, Leute zu töten. Damals mochten die meisten Geschworenen keine schweren Strafen verhängen, weil sie sich mit den Angeklagten identifizierten. Und ganz offensichtlich sahen auch die Geschworenen in Alkohol am Steuer kein Vergehen, das mit Gefängnis zu bestrafen war.

Wir mussten uns einmal darüber Gedanken machen, wo das wirkliche Problem lag. Bisher hatten wir alle – die Öffentlichkeit, die Medien und der Gesetzgeber – geglaubt, dass man Leute davon abhielte, sich betrunken ans Steuer zu setzen, indem man sie ermahnte, es nicht zu tun. Studien zeigten jedoch, dass viele betrunkene Fahrer, die festgenommen wurden, Alkoholiker waren. Sie davon zu überzeugen, dass sie sich nur nüchtern ans Steuer setzen durften, war fast vergeblich. Wir mussten eine andere Strategie ausprobieren. Wir konzentrierten uns auf den geselligen Trinker. Und erkannten, dass wir die Kultur verändern und Alkohol am Steuer ein soziales Stigma verpassen mussten. Auch für den Abstinenten musste eine neue Norm, eine annehmbare gesellschaftliche Rolle gefunden werden. Und wenn man die Frage beziehungsweise Botschaft »Wer fährt heute Abend?« darüber hinaus an zwei oder mehr Leute richtete, so machte man sie zu einem zwischenmenschlichen und gesellschaftlichen Problem.

Wir untersuchten die Gesetze bezüglich Alkohol am Steuer in unserem Bundesstaat, im ganzen Land und weltweit. Die Skandinavier – das war uns bekannt – hielten es schon seit den 1930ern für völlig unakzeptabel, betrunken hinter dem Lenkrad zu sitzen. Sie haben strenge Gesetze, aber offensichtlich üben Freunde und Familie einen noch mächtigeren Einfluss auf Denken und Verhalten aus.

Etwas näher unserer Heimat entdeckten wir, dass das »Regional Alcolhol Program« von Washington, D.C., zusammen mit einigen Restaurants eine dreimonatige Kampagne durchgeführt hatte, bei der derjenige aus einer Gruppe, der alle nach Hause zu bringen und nicht zu trinken versprach, alle nichtalkoholischen Getränke frei hatte. Diese Idee wollten wir noch ein Stück weitertreiben und die erste bundesstaatsweite Kampagne zusammen mit dem Gastronomieverband unseres Staates starten, da Bars und Restaurants sich strafbar machten, wenn sie einem Gast zu viel Alkohol verkauften. Wir strahlten Fernseh- und Radiomeldungen aus, um dem Fernseh- und Radiopublikum unser Konzept des im Voraus bestimmten Fahrers zu erläutern. Kellner und Kellnerinnen wurden darauf gedrillt, sich bei Gruppen stets zu erkundigen: »Und wer fährt heute bei Ihnen?«

Als wir das Programm starteten, war es ein Pilotprojekt, das wir mit Hilfe der »Harvard School of Public Health« und der »Massachusetts Restaurant Association« in Massachusetts lancierten. Wir alle gingen damit ein Risiko ein, auch »Westinghouse Broadcasting«, dem der Fernsehsender gehörte. Würde es wohl funktionieren? Oder würden die Leute, die nicht fuhren, vielleicht jetzt erst richtig mit dem Trinken anfangen und auf diese Weise ein neues Problem schaffen? Nach einem Jahr erwies sich das Projekt als Erfolg. Und als der Talkmaster Jay Leno die Botschaft nach Hollywood trug, verbreitete es sich im ganzen Land. Jay hatte Fernsehautoren und -produzenten überzeugt, die Botschaft vom vorher bestimmten Fahrer in ihre Skripts aufzunehmen. Nie werden wir den Abend vergessen, als Sam, der Barkeeper einer beliebten Fernsehsendung, eine Gruppe von Gästen fragte: »Und wer von euch fährt heute Abend?«

Es gibt viele, ganz gewöhnliche Leute, die ungewöhnliche Anstrengungen unternommen haben, um nach einer Tragödie in ihrem

Leben entscheidende Veränderungen zu bewirken. Judy Shepard widmet sich der Aufgabe, Menschen über den hohen Preis des Hasses aufzuklären. Ihr Sohn Matthew wurde zu Tode geprügelt, weil er schwul war. Als Nancy Bostley an Krebs starb, tat sich ihre Familie mit der örtlichen »Young Men's Christian Association (YMCA)«* zusammen, um »Nancamp« ins Leben zu rufen, ein kommunal gefördertes Programm für Kinder und Familien, die unter Krebs und seinen Auswirkungen leiden. Die »Forget-Me-Not Foundation« (»Vergiss-mich-nicht-Stiftung«) wurde gegründet, um Familien gehirngeschädigter Patienten zu helfen. Sie entstand, weil die Familie von Nan Zobel nicht die Hilfe erhielt, die nötig gewesen wäre, um den Nachwirkungen einer schweren Gehirnverletzung zu begegnen.

Wenn Freunde und Familien sich anschicken, im Gefolge einer Tragödie ein lebendiges Vermächtnis zu schaffen, wissen die meisten von ihnen nicht, wie viel Arbeit ihnen das abverlangen wird. Erfolge sind dennoch möglich, weil Angehörige, Funktionäre, Banken, Gesetzgeber, Medien und Privatleute einspringen und ihre Unterstützung anbieten. Wir gehen Risiken ein. Wir lernen, wie man der Öffentlichkeit neue und mitunter unpopuläre Botschaften vermittelt. Wir halten durch, auch wenn unsere Geduld auf die Probe gestellt wird. Wir ziehen Trost aus unserem Tun. Wir machen die Erfahrung, dass wir erst dann wissen, wozu wir im Stande sind, wenn ein großer Schmerz uns zutiefst trifft – und zum Handeln veranlasst.

* YMCA = CVJM (Christlicher Verein Junger Männer).

Unbewältigter Kummer

Wenn der Schmerz in Wellen zurückkehrt

Der Schmerz ist wie eine Welle«, meinte der Psychologe zum Fernsehpublikum. »Sie kommt und geht in ihrem ganz spezifischen Rhythmus.« Diese Worte trafen mich auf eine Weise, die ich nicht erwartet hatte, als der vom Fernsehen übertragene Gedenkgottesdienst für die sechs Feuerwehrleute aus Massachusetts begann, die beim Versuch, Menschen zu retten, den Tod fanden.

Tagelang hatten die Medien die Geschichte wiederholt: Ein großes Kühllagerhaus. Leer stehend, verlassen. In der Nacht des Brandes jedoch verbreitete sich das Gerücht, dass zwei Menschen, vermutlich Obdachlose, im Winter dort Unterschlupf gesucht hatten. Mehr als zwei Dutzend Feuerwehrmänner stürmten das Gebäude, um zwei Menschen zu retten, die sich womöglich darin befanden, vielleicht aber auch nicht. Für die Feuerwehrleute spielte es keine Rolle, ob die Menschen, die sie suchten, reich oder arm, Obdachlose oder Normalbürger waren. Ihr Auftrag lautete, Leben zu retten – egal, welche. Doch das Feuer geriet außer Kontrolle. Es gab nur wenige Fenster, die man zerschlagen konnte, damit der dichte Rauch abziehen konnte. Der Hauptmann beschloss, seine Männer ins Freie zu beordern, da das Feuer zu gefährlich geworden war. Als das lodernde Gebäude evakuiert worden war, fehlten beim Appell zwei Männer. Sie hätten wohl keinen Sauerstoff mehr, so hieß es, und säßen irgendwo in der Falle.

Der Kodex der Feuerwehr besagt, dass man seine Kameraden retten muss. Jeweils zu zweit eilten sie ins Gebäude, um ihre im

Rauch verirrten Gefährten, denen die Frischluft ausging, herauszuholen. Nach Stunden kam die Nachricht, dass sechs Männer umgekommen waren. Sechs Angehörige einer Gemeinschaft, in der, wie ein Feuerwehrmann meinte, »nie einer versagt. Sondern immer zwei. Weil man immer mit seinem Kameraden reingeht.«

Wie viele andere schaltete auch ich die Fernsehübertragung des Gedenkgottesdienstes ein. Ich war neugierig zu erfahren, was Zehntausende veranlasste, nach Worcester, Massachusetts, zu pilgern, einer mittelgroßen Stadt mit alten Mühlen und traditionellen Werten, die sich mühsam einen Weg ins 21. Jahrhundert suchte. Es stellte sich heraus, dass fast dreißigtausend Feuerwehrleute aus der ganzen Welt auf eigene Kosten angereist waren, um im Gedenken an die sechs gefallenen Helden ihre stumme Wache abzuhalten. Nicht dreihundert, nicht dreitausend, sondern dreißigtausend Feuerwehrmänner aus so entlegenen Gegenden wie Kalifornien, Hawaii, Australien und Irland. Zweihundertfünfzig kamen allein aus Vermont. Der Präsident und der Vizepräsident waren anwesend. Um die Helden eines Berufsstandes zu ehren, von denen viele von uns vielleicht ganz selbstverständlich erwarten, dass sie ohne großes Aufhebens auf Fehlalarme wie auf turmhohe Flammeninfernos reagieren.

Der Gedenkgottesdienst machte eines deutlich: Trauer ist zeitlos. So formulierte es einer der Kommentatoren für seine Zuschauer. Vom Verstand her war mir das zwar klar, aber es hatte mich noch nie so getroffen wie in diesem Augenblick, als ich den Fernseher einschaltete, um den Kummer anderer Menschen zu beobachten, der dann unerwartet meinen eigenen zutage förderte. Ausgelöst durch die Geschichten über jäh verkürzte Leben, über siebzehn Kinder, die nun ohne Väter aufwachsen mussten, trafen mich diese Geschichten ins Mark und riefen mir meine eigenen Verluste in Erinnerung. Wie viele andere Menschen, die diese Trauerprozession an den Bildschirmen verfolgten, empfanden das wohl ganz ähnlich?

Vielleicht ist es auch Ihnen schon so ergangen, wenn Sie von dem Tod eines anderen im Fernsehen erfahren oder darüber gelesen haben – sei es von dem einer Berühmtheit wie Prinzessin Diana oder dem eines anonymen Kriegskindes. Womöglich hat es Sie an Ihren eigenen unerwarteten Verlust erinnert.

Nein, mein Vater war kein Feuerwehrmann, er war nur mein Dad, aber er starb, ehe wir bereit waren, ihn gehen zu lassen. Das Gleiche gilt für meine Mutter. Ebenso wie für meinen Freund Dennis. Sie alle sind seit vielen Jahren tot. Wenn uns jedoch etwas an unseren Verlust erinnert, sagen wir uns: »Dabei dachte ich, dass es vorbei ist.« Der Gedenkgottesdienst rief mir aufs Neue ins Gedächtnis, dass der Kummer sich nicht begraben lässt wie eine Leiche oder verstreuen lässt wie Asche. Trauer ist – wie der Psychologe sagte – etwas, das in Wellen kommt. Manchmal rauben uns diese Wellen den Halt und die Orientierung. Manchmal reißen sie uns in Augenblicken, in denen wir es am wenigsten erwarten, wie eine plötzlich anbrandende Unterströmung den Boden unter den Füßen weg. Mitunter werfen sie uns auch erschöpft ans Ufer. Und zuweilen wiegen sie uns sanft in ihrem mächtigen Schoß und tragen uns behutsam an den Strand.

In seiner Rede beim Gedenkgottesdienst für die Feuerwehrleute sprach der Senator von Massachusetts, Ted Kennedy, kein Fremder in den Gewässern der Trauer, über einen Brief, den sein Vater 1958 einem Freund schrieb, der kurz zuvor seinen Sohn verloren hatte. Vierzehn Jahre zuvor war Teds ältester Bruder Joe im Zweiten Weltkrieg gefallen. Teds Vater bezog sich in seinem Brief auf diesen Verlust:

> Wenn einer unserer Liebsten aus dem Leben scheidet, denkt man, was er wohl ein paar Jahre später alles zu Stande gebracht hätte, und fragt sich, was man mit dem Rest der

> eigenen Jahre noch anfangen soll. Doch da es immer noch eine Welt gibt, in der wir leben, stellen wir eines Tages fest, dass wir wieder Teil von ihr geworden sind und versuchen, etwas zu erreichen – irgendetwas, für das ihm die Zeit fehlte. Und vielleicht ist das ja der tiefere Sinn des Ganzen. Ich hoffe es zumindest.

Unser Kummer und unser Schmerz machen uns bewusst, dass wir lebendig sind. Sie verschaffen uns Zeit, innezuhalten, um sowohl das Leben des geliebten Menschen zu würdigen, als auch das, das uns selbst noch zu leben bleibt. Anderen in ihrem Kummer beizustehen – ob während der ersten Tage oder Jahre später – verlangt die Bereitschaft, still an ihrem Schmerz Anteil zu nehmen, ohne ihn vertreiben und loswerden zu wollen. Trauer ist nichts, über das man »hinwegkommt«. Wir sollten uns von diesem Gefühl tragen lassen, wo immer es uns hinführen mag, damit wir aufs Neue die Liebe des Menschen spüren können, den wir so sehr vermissen.

Vielleicht

Ist das der Himmel auf Erden?

Barbara und Bill hatten in verschiedenen Städten für dasselbe Milliardenunternehmen gearbeitet – sie als Hauptgeschäftsführerin, er als Vorstandsvorsitzender. Ihre Gespräche hatten sich um das Unternehmen gedreht – Ziele, Gewinne, Kundenprobleme, die Konkurrenz und die Sorge um die Mitarbeiter. Als sie jedoch zufällig erfuhren, dass sie beide seit langem mit geringen Aussichten gegen den Krebs ankämpften, eröffnete sich ihnen eine ganz andere Ebene der Kommunikation. Eines Tages erzählte Barbara Bill beim Lunch, wie sehr sie ein kürzlich gelesener Artikel in der Zeitschrift *Fortune* inspiriert habe. Harry Pearce, der stellvertretende Vorsitzende von General Motors, habe darin von den Gewissensprüfungen berichtet, die er während seines Kampfes gegen eine bösartige Blutkrankheit durchgestanden habe. »Wir haben viel zu wenig hochrangige Manager, die uns wissen lassen, was sie emotional und spirituell durchmachen, wenn die Dinge schief laufen«, meinte sie zu Bill. Ihre Bemerkung veranlasste Bill, sich ihr bei einem ihrer jährlichen »Check-in«-Lunches auf neue Art zu öffnen. Auf unsere Bitte hin schrieb er seine Gedanken in einem Aufsatz nieder, dem er den Titel »Vielleicht« gab.

6. Januar 2000
Erst ein Jahr war es her, als ich mit Barbara in meinem Büro in St. Louis gesessen hatte. Sie hatte mir damals erzählt, nun sei das Ende in Sicht, sie habe alles nur Denkbare ge-

gen den Krebs unternommen. Wir hatten über vieles philosophiert, das Leben, unseren Glauben, unsere Überzeugungen und die mitunter unerwarteten Karten, die uns das Schicksal in unserem langen und interessanten Leben in die Hand gedrückt hatte. Ich sagte ihr an diesem Tag, dass ich nicht mit ihrem baldigen Tod rechnete und vermutlich viele unserer gemeinsamen Freunde lange vor ihr abtreten würden. Und schon des Öfteren hätte ich gedacht, dass ich einer von ihnen sein könnte, da ich ja durchaus meinen Anteil an Risikofaktoren abbekommen hatte – Herzprobleme, Prostata- und Nierenkrebs.

Ein bisschen draufgängerisch hatte ich gemeint, dass wir uns in einem Jahr in New York zum Essen verabreden sollten. »Klar«, meinte sie tapfer. Und zu unserer Überraschung ging ein Jahr ins Land, und wir saßen aufs Neue in *Le Bernardin* beim Lunch. Barbaras Situation war immer noch verzweifelt, aber sie sah großartig aus. Am 6. Januar, erzählte sie mir, habe sie einen Termin für eine Explorationsoperation, und außerdem habe sie das Gefühl, enorm von einem Meditationsverfahren profitiert zu haben, in dem sie ein Arzt aus San Diego unterwiesen habe. Im Laufe unseres Gesprächs fragte ich sie, ob sie religiös sei. »Nein, eigentlich nicht«, erwiderte sie. Irgendwie glaube sie zwar immer noch an Gott, könne aber die Dogmen und Rituale nicht ernst nehmen. Hier fanden wir eine gemeinsame Basis. Ich erzählte ihr, dass meine Frau Jackie und ich am Morgen in der »St. Bartholomew's Church« an der Park Avenue vorbeigeschaut und für sie und einige andere Leute ein paar Gebete gesprochen hatten. Mir fiele das Beten relativ leicht, obwohl ich deswegen dennoch nicht alles, was von der Kanzel gepredigt würde, für bare Münze nähme.

Eine Zeit lang, erzählte ich ihr, hätte ich sogar über die Möglichkeit nachgedacht, dass es keinen Himmel gibt, wie ihn sich die Mehrheit der Leute vorstellt. Vielleicht befinden wir uns bereits im Himmel. Sie hörte zu und nahm mir das Versprechen ab, dass ich all diese Gedanken zu Papier bringen müsse. Der heutige 6. Januar 2000 erschien mir als der geeignete Zeitpunkt dafür.

Uns allen fällt es nicht gerade leicht, uns unser Leben auf diesem Planeten als Himmel oder Paradies vorzustellen. Viele von uns leiden an Krankheiten und Hunger oder tragen das AIDS-Virus in sich, und unsere Länder sind von Konflikten zerrissen. Viele sind in den weniger reizvollen Teilen der Erde und in ärmlichen Verhältnissen geboren. Diese unsere Welt ist mit Sicherheit nicht vollkommen. Oder etwa doch? In einem wunderbaren Essay, den er vor mehr als zweihundert Jahren schrieb, vertrat Samuel Johnson die Theorie, dass die vollkommene Welt aus unvollkommenen Teilen besteht. Die Vollkommenheit sei nicht wirklich vollkommen.

Wäre es möglich, dass unsere Welt, in der es so viel Unvollkommenes gibt, im Ganzen vollkommen wäre? Ist sie vielleicht wirklich der Himmel? Himmel oder Erde? Wie interessant wäre es doch, wenn sich die Vielen, die sich ein Leben nach unserem jetzigen vorstellen, getäuscht hätten. Wenn das Leben, das wir jetzt führen, bereits ein himmlisches wäre. Wenn wir alle bereits – vor langer, langer Zeit – an einem anderen Ort gelebt hätten, und man uns mittels eines Selektionsverfahrens oder durch irgendein Schicksal ein weiteres Leben hier auf Erden in einem »irdischen Himmel« geschenkt hätte.

»Aber das ist doch kein Leben!«, würde vielleicht ein

Bergarbeiter aus West-Pennsylvania ausrufen, oder »Wie kann das der Himmel sein?«, ein hungerndes Kind aus Somalia. Oder würde etwa ein Reicher, der so unglücklich ist, dass er sich entweder umbringt oder sich durch Ausschweifungen betäubt, die Erde als Himmel betrachten? Nun, vielleicht ist sie dennoch bereits unsere zweite Chance, egal, wie, wo und unter welchen Umständen wir leben, und in der Tat ein Geschenk, das man wertschätzen, hegen und pflegen muss.

Viele Menschen, die an ein Leben nach dem Tod glauben, stellen sich den Himmel als einen Ort vor, an dem wir alle in Frieden, Freude und Überfluss leben, an dem es weder das Böse noch Hunger, Zwietracht, Streit oder Enttäuschung gibt. Ein Ort, an dem jeder, der seine Angel auswirft, sogleich einen Fisch fängt, wo sich keiner mehr sorgen muss um Kälte oder Hitze oder die Konkurrenz von Menschen, Tieren und Viren. Wäre das denn tatsächlich der »Himmel«?

Ist es möglich, dass unser unvollkommenes Leben in Wirklichkeit vollkommen ist? Ist es denkbar, dass wir Konkurrenz brauchen, dass wir Kampf, gelegentliche Enttäuschung, Stress und Anstrengung, gefolgt von Freude und Jubel, nötig haben? Sind Niederlagen zuweilen wichtig? Ist es am Ende, wenn das Leben vorbei ist, womöglich besser, sich erschöpft und verbraucht zu fühlen? Befriedigender, es mit gewaltigen Mächten aufgenommen und sie manchmal auch für eine Weile besiegt zu haben, während uns letztlich immer klar war, dass es nicht immer so weitergehen kann?

Ist unser Leben hier auf Erden – hier im irdischen Himmel – womöglich dazu bestimmt, zu Ende zu gehen, und zwar endgültig? Sollten wir, wenn wir das Ende »unserer

Lebenstage« hier auf Erden erreicht haben, vielleicht die Augen schließen und lächeln und Gott dafür danken, dass er uns diese Möglichkeit eines zweiten Lebens, eines Lebens im Himmel auf Erden geschenkt hat? Und sollten wir vielleicht zufrieden – ja, sogar glücklich – sein, dass uns kein so genannter vollkommener Himmel andernorts erwartet? Es könnte sein.

Vielleicht gibt es ja ein zweites Leben für uns im Gedächtnis der anderen. Und vielleicht existieren auch Himmel und Hölle allein in den guten beziehungsweise schlechten Erinnerungen der Hinterbliebenen weiter. Lächeln sie, wenn unser Name erwähnt wird? Sprechen sie von den schönen Zeiten, die wir miteinander hatten? Können sie einen Teil der Zuversicht, die wir ihnen eingeflößt haben, in ihr eigenes Leben und das Leben anderer mitnehmen? Leben wir in den Gedanken unserer Familie und unserer Freunde weiter?

Werden wir zu einem Teil von ihnen, einem Teil, der nach unserem Tod womöglich größer und bedeutender ist als zu unseren Lebzeiten? Kann es sein, dass wir ein Teil derer waren, die uns vorausgegangen sind, und nun ein Teil jener werden, die uns folgen? Vielleicht.

Ich schicke dir meine Liebe,

Bill

Jeder von uns trägt Geschichten und Gedanken mit sich herum. Die meisten bleiben unerzählt und unausgesprochen, weil wir uns nicht sicher sind, wie die anderen sie aufnehmen. Vielleicht meinen wir, sie nicht in Worte fassen zu können. Vielleicht wissen wir nicht, ob wir uns wirklich so offenbaren wollen. Ich bin froh, dass Barbara mir Bills Geschichte gezeigt hat. Und ich bin dankbar, dass er bereit war, sie aufzuschreiben, denn wenige Wochen später verschlechterte sich plötzlich sein Zustand, und er starb. Hätte er sie nicht niedergeschrieben, hätte er seine besondere Sicht des Lebens mit ins Grab genommen, und keiner – weder seiner Familie, seine Freunde noch wir – hätte sie je kennen gelernt.

Bills Geschichte tröstete mich an einem Tag, an dem alles schief zu gehen oder zumindest nicht nach Plan zu laufen schien. Und da fiel mir plötzlich seine Geschichte ein, und ich fragte mich: »Was wäre, wenn ich den Rest dieses Tages in dem Bewusstsein lebte, dass es ein Tag im Himmel und nicht in der Hölle wäre?« Der Blick durch die »himmlische« Brille verschaffte mir eine wirksame Methode, um einen anscheinend hoffnungslosen Tag in einen Tag zu verwandeln, an dem ich mich glücklich schätzte, auf Erden leben zu dürfen. Einen derart heilenden Zauber kann eine einzige Geschichte entfalten!

Manchmal fehlen uns die Worte

Es gibt Augenblicke, die so furchtbar sind, dass uns das Herz stehen bleibt, der Verstand aussetzt, die Worte im Hals stecken bleiben, dass es uns gänzlich die Sprache verschlägt. Dies geschah wohl den meisten von uns am 11. September 2001, als Amerika von Terroristen angegriffen wurde. Auf der ganzen Welt sahen die Menschen unvorstellbare Bilder und erlebten Gefühle, die die bisher gekannte Wirklichkeit übertrafen. Das ist nicht möglich, dachten wir. Aber es war möglich.

Was war wichtig für Sie an diesem Tag? Hielten Sie jemandem die Hand? Liehen Sie jemandem Ihre Schulter zum Ausweinen? Weinten Sie selbst, und war Ihnen das egal? Haben Sie einem Fremden Ihr Handy geliehen? Einen allein stehenden Freund oder Nachbarn angerufen, um ihn zu trösten? Gebetet? Jemandem gesagt: »Ich liebe dich«? Oder waren Sie stummer aber mitfühlender Zeuge des Entsetzens und der Trauer?

Es gibt Augenblicke liebender Güte, in denen das Beste in uns, das Menschlichste, dem anderen die Hand entgegenstreckt – über die Grenzen von Alter, Rasse, Einkommen, Geschlecht, Kultur und Status hinweg. In diesem Augenblick, in dem wir selbst verwirrt, ängstlich, zornig oder unsicher sind, können wir uns fragen: »Gibt es etwas, das ich dem anderen anbieten kann? Und kann ich ihn ehrlich um das bitten, was ich brauche?«

Es scheint, als hätten wir in Zeiten unaussprechlichen Schreckens tatsächlich etwas überaus Wirksames anzubieten. Durch eine großherzige und freundliche Geste kann unser eigenes blutendes Herz ein anderes berühren. Ein Lächeln für den argwöhnischen Polizisten. Ein Dankeschön für den Feuerwehrmann oder Freiwilligen. Ein »Kann ich Ihnen behilflich sein?« zu einem Fremden, der verloren aussieht. Oder wir werden zu stummen, aber mitfühlenden Zeugen, die den Toten die letzte Ehre erweisen, indem wir zum Beispiel Gedenkstätten aufsuchen. Oder wir zollen dem Mut derjenigen Respekt, die einen geliebten Menschen verloren haben, indem sie uns Inspiration sind, die Scherben aufzuheben und unsere Leben neu zusammenzusetzen. Wir halten inne, um aus der Gemeinschaft mit anderen Kraft zu schöpfen oder zusammen mit ihnen Rat für die Zukunft zu erbitten.

Es gibt ein wunderbares Geschenk, das wir machen oder erbitten können, wenn uns die Worte fehlen – nämlich ungeteilte Aufmerksamkeit. Hören Sie zu, wenn Menschen Ihnen ihr Herz ausschütten – wenn sie von ihren Verletzungen, Fragen, Hoffnungen, ihrer Verwirrung oder ihrem Zorn berichten. Oder, wie Reverend Aidan Troy aus Belfast, Irland, *USA Today* in einem Bericht über den Umgang anderer Länder mit der Gewalt erzählte: »Suchen Sie sich jemanden, mit dem Sie reden können. Ich meine keinen Psychologen, sondern einen Freund oder eine Gruppe. Denn dies ist etwas, das uns alle angeht.« Und wenn Menschen nicht in der Lage oder bereit sind, über das Geschehene zu sprechen – es ihnen buchstäblich die Sprache verschlagen hat –, können sie vielleicht in der Ruhe unseres nachdenklichen, mitfühlenden Schweigens Trost finden.

Es gemeinsam zu durchleben, dafür entschied sich die Gruppe, mit der ich am Morgen der Angriffe zusammen war. Ich befand mich fast fünftausend Kilometer weg von Zuhause auf einem Weiterbildungsseminar an der Westküste. Während der ersten Stunden, als noch unklar war, was eigentlich geschehen war und was es für die Welt bedeutete, fragten wir uns, ob wir die Tagung überhaupt fortsetzen sollten. Einige von uns waren an die Westküste geflogen und saßen hier fest; und alle wollten am liebsten zu Hause bei ihren Familien sein. Was sollten wir sagen, was tun?

Wir schlossen für ein paar Minuten die Augen und schickten unsere Gebete oder Gedanken denen, die sie benötigten. Und dann taten wir etwas, was auf derartigen Tagungen eher selten anzutreffen ist. Eine Person fragte leise, ob wir uns vielleicht an den Händen halten könnten. Alle sahen sich um, ob es unter den Männern und Frauen – die sich zum Teil erst an diesem Morgen kennen gelernt hatten – vielleicht jemanden gab, dem das unangenehm war. Alle aber nickten, und wir stellten unsere Stühle so, dass wir nahe genug beieinander saßen, um uns schweigend an den Händen fassen zu können. Dann öffnete der jüngste Firmenzugang, Vater eines neunjährigen Jungen, die Augen, räusperte sich und meinte, er wisse ja nicht, wie es uns gehe, aber er brauche jetzt eine Umarmung. Ob nicht auch andere diesen Wunsch hätten? Langsam standen wir auf, bewegten uns etwas befangen in seine Richtung und umarmten uns wiederum schweigend.

Nachdem wir wieder unsere Plätze eingenommen hatten, meinte der Firmengründer: »Wir wollen hoffen, dass wir in dieser Firma immer um das bitten können, was wir brauchen; dass wir uns ohne falsche Scham und Befangenheit ausheulen, Dampf ablassen oder eine Umarmung einfordern können.« Nickende Köpfe in der ganzen Runde, die versicherten, dass dieses Zusammensein im Angesicht einer Katastrophe diese ein wenig erträglicher gemacht hatte.

Später an jenem Tag fühlten wir uns hilflos wie Millionen andere und fragten uns, was wir tun konnten. Mitten in diesem schwarzen Loch der Gefühle erschien der New Yorker Bürgermeister Giuliani auf dem Bildschirm und forderte die Zuschauer in der ganzen Welt auf, sich Zeit zu nehmen und auf andere zuzugehen, vor allem auf die Älteren und Alleinlebenden. »Die Leute haben Angst«, sagte er, »und sie sind zornig – nehmt sie bei der Hand, tröstet sie.«

In den Tagen, Wochen und Monaten, die folgten, merkten viele von uns, dass wir nichts sagen oder tun konnten, um jenen, die »Ground Zero«, den Nullpunkt, erlebten, zu helfen – ob es sich nun um das World Trade Center, Oklahoma, Belfast oder Columbine handelte. Aber immerhin fragten wir uns, ob wir nicht näher zusammenrücken könnten – am Arbeitsplatz, in der Gemeinde oder in unseren eigenen Familien. Freunde gelobten, einander regelmäßiger zu besuchen. Manchen wurde klar, dass sie häufiger Blut spenden wollten, ohne erst auf eine Katastrophe zu warten. Andere meldeten sich bei Bürgerbewegungen, politischen oder sozialen Organisationen als Freiwillige. Manche Menschen überlegten, ob sie vielleicht einmal im Monat ein Familientreffen einberufen oder zumindest alle miteinander telefonieren sollten. Oder, wie ein Kollege schrieb: »Ich frage mich, wie wir das Klima der Hilfsbereitschaft und Nähe aufrechterhalten könnten, ohne besondere Katastrophe, die uns ein solches Ausnahmeverhalten gestattet.« Und wieder andere nahmen sich Zeit, ihre Prioritäten neu zu setzen – und sich vielleicht für ein Missverständnis zu entschuldigen, das ihnen nun nicht mehr wichtig erschien. Ein unerwartetes Unglück bewirkt bei einigen von uns, dass sie alles bereinigen und klären wollen, das uns und andere quält und stört.

Nach einer Tragödie, vor allem nach einer so gewaltsamen, sehen wir die Welt mit anderen Augen, hören wir genauer hin und werden insgesamt sensibler und zartfühlender, da wir die Stärke unserer Verletzlichkeit entdecken. So antwortete ein führender Wall-Street-Broker am Tag der Wiedereröffnung der New Yorker Börse auf die Frage eines Nachrichtensprechers: »Nein, besonders gefühlsduselig waren wir hier nie. Aber jetzt«, meinte er, während die Kameras auf seine Kollegen schwenkten, die nach überlebenden Bekannten Ausschau hielten und sich weinend umarmten, »jetzt sind wir es.«

Unsere Bereitschaft, Leidenden beizustehen, befähigt uns, Verbindung miteinander aufzunehmen und eine Brücke über den Strom unserer Angst zu schlagen. Wir machen uns daran, ein schmerzendes Herz, eine kraterzerklüftete Stadt, eine in Trümmern liegende Schule, ein zerfallendes Unternehmen oder ein zerstörtes Land wieder aufzubauen in der zarten Hoffnung, dass wir – Atemzug um Atemzug, Stunde um Stunde, Stein um Stein, Umarmung um Umarmung, Gebet um Gebet – selbst Heilung erfahren.

EPILOG

Zum Schluss

Heilungsprozesse brauchen Zeit

Zugang zu unserer Seele

Ob man seine Arbeit, seine Gesundheit oder einen geliebten Menschen verloren hat, eines sollte man nie vergessen: Heilungsprozesse brauchen Zeit. Meist wollen wir die Sache beschleunigen. In den Normalzustand zurückkehren. Vergessen. Wieder glücklich sein. Aber es gibt kein Zurück. Wir können den Verlust nicht ungeschehen machen. Ihn nicht so ohne weiteres in unseren Lebensplan integrieren. Und auch unsere Freunde und Angehörigen können das nicht, sosehr sie sich auch bemühen, uns durch diese schwere Zeit hindurchzuhelfen.

Der Schmerz des Verlusts ist vielschichtig.

Heilung bedeutet, Zugang zu Bereichen unserer Seele zu finden, die wir verschlossen haben. Allein zu sein. Ein Eremitendasein zu führen. Mit anderen zu sein. Und Therapie, Zeitschriften, Strandspaziergänge, Gespräche mit Freunden, Selbsthilfebücher und Bücher, die einem das Vergessen erleichtern.

»Heilung ist ein Prozess, der vierundzwanzig Stunden täglich in Anspruch nimmt«, meinte meine Freundin Jeannie, als ich sie bat, mir zu verraten, wodurch man wisse, dass man letztlich gesunden werde.

Für mich ist die Heilung wie ein Garten – die ausgesäten Samen wachsen unterirdisch heran. Eine ganze Weile sieht man nichts, bis dann nach ausreichend Regen, Sonne, Zeit, Düngen und Jäten etwas Neues zu wachsen beginnt.

Heilung erfordert den Mut weiterzumachen, auch wenn der

Schmerz manchmal unerträglich erscheint. Wir brauchen Freunde, die uns zuhören und ertragen können, wenn wir apathisch sind, uns verweigern, wenn wir zornig oder nervös sind, sie ignorieren, sie brauchen, uns ausheulen oder stoisch geben. Und wir brauchen Freunde, die uns helfen, über alles lachen zu können. Wir machen vielleicht einen Schritt vorwärts und zwei zurück. Wir bilden uns ein, wir seien längst über alles hinweg – unmöglich, dass wir wegen einer Melodie, eines Gedankens, einer Erinnerung, irgendeines Satzfetzens die Fassung verlieren. Plötzlich trifft es uns wieder mit voller Wucht! Und uns ist zumute, als seien wir wieder den ganzen Hang heruntergerollt, den wir gerade erstiegen zu haben glaubten. Wir müssen uns bei einem anderen Menschen so sicher fühlen, dass wir uns chaotisch und irrational zeigen dürfen, ohne befürchten zu müssen, dass er uns deswegen verlässt.

Häufig versuchen wir einer Person beizustehen, indem wir sagen: »Die Zeit heilt alle Wunden« oder: »Wenn du später mal zurückblickst, wirst du dankbar sein für die daraus gewonnenen Lehren« oder: »Was dich nicht umbringt, macht dich stärker«. Nun, das alles mag zutreffen. Dennoch ist die Heilung eines Menschen, wie schnell oder langsam sie auch vor sich geht, ein sehr individueller Prozess. Jeder Mensch ist anders – ob er nun den Tod des Ehepartners oder eine Scheidung hinter sich hat, ob er eine Kündigung oder eine schlimme Diagnose verkraften oder aber sich mit einer schwierigen Situation am Arbeitsplatz herumschlagen muss. Wir alle haben unsere persönlichen Geschichten und unsere eigenen Erfahrungen, die, wenn wir leiden, ins Spiel kommen. Nicht immer wissen wir, was anderen Leiden verursacht und was ihnen zur Gesundung verhilft. Deshalb brauchen wir Geduld. Eine ganze Menge davon!

Manchmal erhalten wir von unseren Freunden und Angehörigen den benötigten Trost. Ein andermal lassen sie uns – unbegreiflicherweise – im Stich. Zuweilen überrascht uns die Güte eines

Fremden, die Weisheit eines guten Zuhörers. Sie wissen schon, der Fremde, den man im Flugzeug trifft. Seine Freundlichkeit – ob bewusst oder unbewusst – kann uns auf eine Weise berühren, die wir nicht für möglich hielten. Sie ist ein unerwartetes Geschenk.

Heilende Gespräche? Früher oder später werden wir ein solches Gespräch mit uns selbst führen. Wir fragen uns: »Warum ist das passiert?«, denken: »Ach wenn nur –«. Wir vergegenwärtigen uns noch einmal, was geschehen ist und was nicht. Wir fragen uns, welcher tiefere Sinn hinter alledem stecken könnte. Wir fragen uns: »Was habe ich daraus gelernt? Und wie geht es jetzt weiter?«

Vielleicht wenden wir uns sogar an eine »höhere Macht«, an das Universum, an einen Geist oder Gott – je nachdem, wen wir für diese höhere Macht halten –, damit sie sich uns offenbart und uns leitet. Oder aber wir wenden uns ab. Vielleicht können wir sie nicht hören oder aber haben das Gefühl, dass uns niemand hört. Vielleicht mögen oder glauben wir das, was wir von Freunden oder einer höheren Instanz hören, vielleicht aber auch nicht. Manchmal dauert es eine Weile, bis wir verstehen, wie ein Rat zu befolgen ist. Und es kann Jahre dauern, bis wir begreifen, dass wir unbewusst zur Erzeugung einer für uns leidvollen Situation beigetragen haben, indem wir uns nicht wehrten, wenn uns jemand verletzte, oder einem ungesunden Arbeitsumfeld nicht den Rücken kehrten. Wir brauchen Freunde, die sich nicht wundern, warum wir so lange gebraucht haben, um die Dinge zu durchschauen.

Letztendlich aber geht es in tröstenden Gesprächen um Vergebung. Vielleicht sind wir in der Lage, anderen vor ihrem oder unserem Tod zu verzeihen. Oder aber wir sind nicht willens dazu und nutzen unsere Chance nicht. Vielleicht finden wir erst lange nach ihrem Tod einen Weg, ihnen zu vergeben oder sie um Verzeihung zu bitten. Und manchmal erfahren wir erst dann Heilung, wenn wir uns selbst verziehen haben.

Ob Sie nun ein Freund, eine Kollegin, ein Angehöriger oder ein Fremder sind, den wir zufällig treffen – uns in unserem Heilungsprozess beizustehen erfordert Geduld, Sinn für Humor sowie die Güte und den Mut, uns eine neue Perspektive zu eröffnen. Uns zu sagen, was wir vielleicht nicht hören wollen. Vor dem Sprechen lange genug innezuhalten, um uns dabei zu helfen, herauszufinden, was wir am meisten fürchten.

Und wenn der Heilungsprozess Gestalt anzunehmen beginnt – wenn unsere Augen wieder strahlen, unsere Stimme wieder energischer klingt, wir uns wieder für unsere Arbeit begeistern oder wir, ohne es zu bemerken, einen Schritt in eine neue Richtung tun –, kann das Reflektieren dessen, was wir selbst nicht immer zu sehen, hören oder spüren vermögen, ein Geschenk des Himmels sein!

Ein Freund machte seiner Freundin, die eine schwierige Zeit durchgemacht hatte und jetzt auf dem Weg der Besserung war, dieses Geschenk. Als er sie anrief und unerwartet an ihren Anrufbeantworter geriet, hörte er etwas Neues in ihrer Stimme und wollte sicherstellen, dass auch sie erfuhr, was er da hörte. »Ich höre, dass du nicht mehr so zerrissen bist. Die Heilung hat begonnen.« Bis zu diesem Moment hatte seine von Schock und Schmerz überwältigte Freundin es selbst nicht bemerkt. Es gibt Zeiten, da bedeuten Trost und Heilung nicht mehr und nicht weniger, als dass man dem anderen seine mitfühlende Aufmerksamkeit schenkt.

DANKSAGUNG

Vielleicht haben Sie sich oder einen Ihnen nahe stehenden Menschen in diesen Geschichten von Freunden, Fremden, meiner Familie und mir wieder erkannt. Eines ist sicher, ohne die Hilfe von mir bis dahin Unbekannten, die mir in schlimmen Zeiten beistanden oder mir ihre eigene anregende Geschichte erzählten, wäre dieses Buch nicht entstanden. Dies ist nicht nur eine Danksagung an die Menschen, die mir halfen, diese Verbindungen herzustellen, sondern auch ein Dank an die Macht, die jeden von uns genau zur rechten Zeit ins Leben des anderen treten ließ.

Als meine Arbeit mich nach dem Tod meiner Mutter an alle möglichen Orte führte, verarbeitete ich meine Trauer durch das Erzählen von peinlichen und verblüffenden Geschichten wie etwa der vom Verstreuen ihrer Asche. Die Menschen baten mich, diese Geschichten aufzuschreiben, weil sie sie weitererzählen wollten, um andere leidende Menschen zu trösten. Meine Geschwister haben es mir erlaubt, unsere Geschichten zu erzählen. James, Ken und Laurie, ich danke euch dafür.

Neun Jahre nach Mutters Tod ließ ich mich scheiden, lebte allein und lernte es, die Winter am Meer zu überstehen. Häufig wandte ich mich an eine Nachbarin und ihre Familie, weil ich die praktischen Überlebenstechniken nicht beherrschte und sie – zu ihrem Amüsement – auch nie wirklich erlernte. Eines Tages hörte sie mich – vielleicht einmal zu oft – sagen, dass ich irgendwann ein Buch darüber schreiben wolle, wie Menschen anderen Menschen helfen können. »Ich gebe dir acht Monate Zeit, endlich damit zu beginnen. Wenn du bis dahin nicht angefangen hast, wirst du es nie schaffen!« Dank an meine adoptierte »Patin« für ihre liebevolle Aufrichtigkeit, und an ihre Familie, die es auf sich nahm, hunderte von Stunden in das Besprechen und Kritisieren von Geschichten zu investieren – so dass ich allmählich verstand, was wichtig war und was nicht.

Meine Nachbarin hätte ich niemals getroffen, wäre Liz Kay nicht gewesen. An einem Oktobertag, an dem es »wie aus Kübeln« goss, fuhr mich Liz von Städtchen zu Städtchen, um mir bei der Suche nach einem Haus am Meer zu helfen. Danke Liz, dass du nun schon seit Jahren zu mir hältst.

Ein anderer, der zu mir hält, auch wenn ich kein Licht am anderen Ende des Tunnels mehr sehe, ist mein Kollege und lebenslanger Berater Logan Loomis. Ja, der Logan von der »Zuckerschnäuzchen«-Geschichte hilft mir geduldig, dieses Licht am Ende des Tunnels zu entdecken.

Eines der besten tröstlichen Gespräche führte Bill Armstrong – Massagetherapeut, Lehrer und Freund – mit mir. Bill, ich bin dir mehr als dankbar. Und dann wären da noch die anderen Heiler, die mir in unsicheren Zeiten meines Lebens beistanden: Dr. Bob Videyko, Dr. Joyce Adamson, Dr. Anthony DiSciullo, John Wile (und die Schwestern und all die anderen, die bei ihnen arbeiten) sowie James Waslaski. Dr. Rudi Ansbacher und Will Calmas waren schon früh überzeugt, dass das Buch unsere Fähigkeit, zuzuhören und sich um andere zu sorgen, zu fördern vermag. Danken möchte ich auch meinem mitfühlenden »Computer-Doktor« Andy Agapow und dem stets geduldigen Keith Harris von Choice Graphics.

Andere Freunde, die wie eine Familie für mich sind, haben mir geholfen, mich wieder zu fangen, wenn ich mich verloren fühlte: Moshe Hammer, Fred Norwood, Emilia Nuccio, Santina Scialfa, Jeannie Lindheim, Pat und Jim, Alice und Byrd, Wyllys und Marianne, Rick und Annie, Shelley und Ed Hobson, JoAnn und Ken Lickel, Vail, Peter Shaplen, Leslie Berger, David Anderson, Sandee

Adams, Neal Shifman, Reverend Aram Marashlian und Bobby – danke! Mein immer währender Dank gilt auch Christopher, der immer mein Freund sein wird, und Rasmani Deborah Orth, von deren Lehren ich ein Leben lang zehren werde.

Ohne die Geschichtenerzähler gäbe es kein Buch! Sie hatten den Mut, mich hören zu lassen, was sie zu sagen hatten, was sie bewusst oder unbewusst mitteilen und was sie noch nicht in Worte fassen konnten. Danke euch allen – ihr wisst, wer ihr seid. Einen besonderen Dank an Barbara Riefle, die sich oft ganz nach mir gerichtet hat, um mir etwas von ihrem Lebenswillen mitzugeben, und dabei auch anderen geholfen hat.

Was ist nötig, damit Menschen willens sind, anderen zu helfen? Zum Glück boten mir meine Chefs und Kollegen bei »CBS«, »WEEI« und »Newsradio«, der frühere Senator Paul Tsongas und seine Mitarbeiter sowie »WBZ-TV« und »Westinghouse Broadcasting« reichlich Gelegenheit, dies zu erfahren. Mein besonderer Dank gilt vor allem Mike Wheeler von »WEEI«, dem früheren Hauptgeschäftsführer von »WBZ-TV«, Sy Yanoff, und dem ehemaligen Präsidenten von »GroupWTV«, Tom Goodgame, die mich beim Einsatz für Menschen unterstützten, deren Stimmen man Gehör verschaffen musste. Meine besten Wünsche gehen auch an die engagierten Redakteure, Produzenten, Sprecher und Angestellten, die das Programm gegen Alkohol am Steuer realisiert haben – vor allem Amy McGregor-Radin, Kim Harbin, Andrew Radin, Lois Roach, Amy Freidland, Scott Samenfeld und Randy Covington.

Dieses Buch hätte keinen Verleger gefunden ohne das »Kripalu Center for Yoga und Health« mit seinen Kursen für persönliches Wachstum, wo ich lernte, was es heißt, sich vorschneller Urteile zu enthalten und mit dem Herzen zu hören. Dabei fand ich in Jan Nickerson eine echte Seelenverwandte. Jahre später stellte mich diese unerschütterliche Freundin Karen Speerstra, einer früheren Verlegerin, vor. Sie verwies mich an Doris Michaels, die meine Agentin wurde und mich wiederum an Gerry Sindell weiterempfahl. Diese stellte das Buch Sheryl Fullerton vor, welche später meine aufmerksame Lektorin und geistige Ratgeberin bei »Jossey-Bass« wurde. Ein besonderer Dank für besondere Mühen geht an Jessica Egbert, Jesica Church, Mark Kerr, Joanne Clapp Fullagar, Denise Carrigg und die vielen anderen im »Jossey-Bass«-Team, die sich große Mühe gaben, um dieses Buch an den Leser zu bringen. Sue Little und Paul Abruzzi von der »Jabberwocky«-Buchhandlung haben mich unermüdlich unterstützt und mich zu sich eingeladen, während sie nach einem geeigneten Verleger forschten.

John Scherer und seine Frau Catharine wurden zu unvergesslichen Klienten, Mentoren und Freunden, die mich Jan Smith vorstellten, der engagierten und mutigen Gründerin des »Center of Authentic Leadership«. Viele Geschichten in diesem Buch stammen aus Gesprächen mit den Teilnehmern ihrer Seminare, die sich mir ohne Scheu mitteilten.

Eine weitere wichtige Quelle dieser Geschichten sind meine Klienten. Danke, dass ihr eure neu gewonnenen Kommunikationsfähigkeiten auch dann zum Einsatz bringt, wenn es schwierig wird. Carol Cone und Jens Bang waren Pioniere, als sie in ihrem Team die Idee vertraten, dass man mutige Gespräche führen müsse. Ein besonderer Dank an die Familie Saunders, nicht nur, weil sie die Prinzipien heilender Gespräche daheim und im Büro angewandt hat, sondern auch weil sie mir einen perfekten Platz zum Schreiben zur Verfügung stellte, als ich ihn am meisten brauchte.

Wie Sie sich vorstellen können, braucht man Tausende von Stunden, um ein Buch zu konzipieren und zu schreiben. Einen Großteil dieser Zeit verbrachte ich am Computer – mit den tröstlichen Klängen von Peter Katers Musik im Hintergrund. Danke, Peter, für deine Aufnahmen von »*Essence*« und »*Compassion*«.

Und schließlich auch ein Dankeschön an all die vielen Unbekannten, deren Freundlichkeit mir mehr bedeutet hat, als sie ahnen. Einer dieser Fremden war Joe Stanganelli, Geschäftsführer eines Copy-Shops, der meinen ersten Entwurf besonders sorgfältig ausdruckte, damit mein Manuskript auch wirklich das Herz des Verlegers eroberte. Für ihn war es nicht nur einer von vielen Kopieraufträgen an diesem Tag; er spürte, was dieses Buch bedeuten konnte. Und wer weiß schon, was solch eine kleine Geste der Herzlichkeit für einen Menschen bedeuten kann, der wieder mal einen schlechten Tag hat?

QUELLEN

Ein intensiveres Verständnis ist manchmal das Beste, wozu wir einem anderen Menschen verhelfen können. Erreichen lässt sich dies durch die Lektüre eines Buches, durch das Anhören einer Kassette oder den Besuch eines Kurses zu eben diesem Problem, das uns oder der Person, der wir helfen wollen, auf den Nägeln brennt. Auf diese Weise können wir mehr über unsere eigenen Bedürfnisse sowie über die unserer Mitmenschen in Erfahrung bringen. Alle genannten Quellen eignen sich auch gut als Geschenke – die Ihnen oder Ihren Bekannten vielleicht helfen, wieder Mut zu schöpfen und sich weniger allein zu fühlen. Es handelt sich dabei um eine Auswahl aus dem Material, das meine Freunde und ich als besonders hilfreich empfanden. Beim Durchforsten von Websites, Bibliotheken, Buchhandlungen und der Bücherregale Ihrer Freunde werden Sie sicher noch viele andere Titel finden.

BÜCHER

Everyday Sacred. A Woman's Journey Home von Sue Bender (HarperCollins, 1996). Ein sehr aufbauendes Buch, das uns hilft, auch in den kleinen Dingen Sinn und Erneuerung zu finden.

How to Heal Depression von Harold Bloomfield und Peter McWilliams (Prelude Press, 1994). Ein praktisches und sehr verständlich geschriebenes Handbuch.

Heilende Runen von Ralph Blum und Susan Loughan (Hugendubel, 2001). Dieses Buch mit dem dazugehörigen Runen-Päckchen macht die Heilung zu einem interaktiven Vergnügen. Auf keltischen Traditionen basierend, verhilft das Buch den Lesern bei der Entwicklung ihrer Fähigkeiten zu intuitiver Selbstheilung.

Nimm zuerst ein kleines Boot. Von den Gezeiten des Lebens von Richard Bode (Ariston, 1997). Eloquent schildert der Autor, wie man das Lebensmeer durchschifft, auch wenn man sich völlig verloren fühlt.

Einfachheit und Fülle. 365 Schritte zum vollkommenen Leben von Sara Ban Breathnach (Goldmann, 1997). Ein wundervolles Buch, das uns in einer aus den Fugen geratenen Welt immer wieder Halt finden lässt.

Transitions. Making Sense of Life's Changes von William Bridges (Addison-Wesley, 1984). Ein Muss für jeden, der den Verlust seines Arbeitsplatzes, seines Lebenspartners oder einer Lebensweise zu verkraften hat oder einem anderen in dessen Verlust beistehen will.

Alles kein Problem! Das Buch für alle, die sich nicht so leicht verrückt machen lassen wollen von Richard Carlson (Knaur, 1998). Dieses Buch zeigt unkomplizierte, aber wirkungsvolle Wege auf, um mit den zahlreichen Stresssituationen des modernen Lebens fertig zu werden.

Geh an die Orte, die du fürchtest von Pema Chödrön (Arbor, 2002). Hilft den Lesern, schwierige Situationen durch eine herzliche und wohlwollende Einstellung gegenüber sich selbst und anderen zu meistern.

Beginne da, wo du bist. Eine Anleitung zum mitfühlenden Leben von Pema Chödrön (Aurum-Verlag, 1995). Siehe oben!

Liebeskummer ist so schön. Gedanken zum Trost von Melba Colgrove, Harold Bloomfield und Peter McWilliams (Ullstein, 1993). Hilft uns durch die häufig überwältigenden Phasen von

Verlust und Heilung, nachdem eine Beziehung zu Ende gegangen ist – ob durch Tod, Scheidung oder Trennung.

The Enigma of Suicide von George Howe Colt (Summit Books, 1991). Eine Erforschung der Ursachen suizidaler Neigungen sowie Wege zur Verhinderung und zur Heilung.

The Power of Apology. Healing Steps to Transform All Your Relationships von Beverly Engel (Wiley, 2001). Hier kann man lernen, ein bescheidenerer, mitfühlenderer und einfühlsamerer Mensch zu werden.

Forgiveness Is a Choice. A Step-by-Step Process for Resolving Anger and Restoring Hope von Robert D. Enright (American Psychological Association Life Tools, 2001). Hilft uns, die Blockaden, die Verzeihung verhindern, zu erkennen und zu lernen, diese allmählich zu überwinden.

Worte, die wie Schläge sind. Verbale Misshandlung in Beziehungen von Patricia Evans (Rowohlt, 1995). Ein Buch, das Leben retten kann, indem es uns zeigt, wie man die subtilen und weniger subtilen Anzeichen verbalen Missbrauchs erkennt, und uns verrät, was man dagegen tun kann.

Verbal Abuse Survivors Speak Out. On Relationship and Recovery von Patricia Evans (Adams Media, 1993). Ein starkes Buch, das aufzeigt, wie man die Bruchstücke seines Lebens nach einer verbal-abusiven Beziehung wieder zusammenfügt. Skizziert konkrete Heilverfahren und vermittelt dem Leser ein Verständnis dafür, was die Betroffenen durchgemacht haben. Eine Pflichtlektüre für Freunde, Angehörige und Überlebende.

The Language of Goodbye von Maribeth Fischer (Dutton, 2001). Ein wunderbarer Roman, der in Worte fasst, was das Herz nicht sagen kann – wie man die Vergangenheit loslässt und gleichzeitig eine Zukunft sucht, die zwangsläufig vom Erlittenen geprägt sein wird.

Rebuilding. When Your Relationship Ends von Bruce Fisher (Impact, 1981). Ein Handbuch für Menschen, die sich gerade scheiden lassen oder bereits geschieden sind (sowie für Freunde und Angehörige), das uns hilft, die Fallstricke und Chancen eines Neubeginns zu erkennen.

Backing Down the Ladder von Andy Fleming (New Visions Press, 1998). Gedichte voller Ironie, Humor und Mitgefühl. Der Leser begleitet den Autor, der auf der Schwelle zur zweiten Lebenshälfte Vergangenheit und Zukunft erkundet.

Alles, was du wirklich wissen musst, hast du schon als Kind gelernt von Robert Fulgham (Goldmann, 1998). Ich empfehle alle Bücher von Robert Fulgham; die Lektüre verschafft Ihnen eine wundervolle Gelegenheit zu einer Ruhepause, wenn Sie selbst oder Ihre Freunde schwere Zeiten durchmachen.

It was on Fire When I lay Down on It von Robert Fulgham (Ivy 1988). Siehe oben!

Suicide. Prevention, Intervention, Postvention von Rabbi Earl Grollman (Beacon Press, 1988). Bietet Ratschläge dazu, wie man Warnsignale erkennt und wie man eingreifen kann beziehungsweise Menschen tröstet, die einen Angehörigen durch Selbstmord verloren haben.

Prepare for Surgery. Heal Faster von Peggy Huddleston (Angel River Press, 1996). Patienten und ihre Freunde und Angehörigen sowie Menschen in medizinischen Berufen erhalten praktische Ratschläge zur Vorbereitung auf die Operation und für die nachfolgende Genesung – in Bezug auf Körper, Geist und Seele. Ein wunderbares Geschenk. (Siehe auch: www.healfaster.com)

Zen oder die Kunst, sich zu verlieben. Ein spiritueller Leitfaden von Charlotte Kasl (Econ, 2000). Hilft dem Leser, Mut zu fassen, bei seiner Suche nach einem liebevollen Gefährten, um einen Neuanfang zu wagen.

Frag den Buddha – und geh den Weg des Herzens von Jack Kornfield (Kösel, 1995). Ein wertvoller und umfassender Ratgeber zur Steigerung unseres Einfühlungsvermögens – für uns selbst und gegenüber anderen.

Interviews mit Sterbenden von Elisabeth Kübler-Ross (Droemer Knaur, 2001). Ein Buch zum Lesen und Wiederlesen, das uns die Stadien des Sterbens vergegenwärtigt. Verhilft uns zu tieferem Verständnis für die Bedürfnisse von Sterbenden und Lebenden.

Sein lassen. Heilung im Leben und im Sterben von Stephen Levine (Context, 1997). Dieses Buch zeigt, wie man Schmerz und Kummer erträgt, indem man sich sein eigenes Unbehagen eingesteht, sich einfühlt, meditiert und verzeiht. Überaus hilfreich für Patienten, Freunde und Angehörige von Menschen mit schweren und chronischen Krankheitszuständen.

Noch ein Jahr zu leben. Wie wir dieses Jahr leben können, als wäre es unser letztes von Stephen Levine (Rowohlt Verlag, 1999). Ein Ratgeber für alle, die lernen wollen, das Leben zu schätzen und in seiner ganzen Fülle auszukosten, egal, was es ihnen an Schwierigkeiten zumutet.

Der Pfad des friedvollen Kriegers von Dan Millman (Ansata Verlag, 2002). Dieser Klassiker basiert auf der Geschichte eines Sportlers, der Weltmeister war und sich nach einer Verletzung gezwungen sieht, in anderen Bereichen nach Erfüllung zu suchen.

The Essene Book of Days, 2001 von Danaam und Danaan Parry (Earthstewards Network, 2000). Eine Sammlung von Meditationen, einschließlich des unvergesslichen Essays »Fear of Transformation«, der alle Hinderungsgründe anspricht, die es uns schwer machen, Bekanntes loszulassen und sich dem Unbekannten auszusetzen.

Dem Leben trauen. Geschichten, die gut tun von Rachel Naomi Remen (Goldmann, 2001). Dr. Remen erzählt schmerzliche und berührende Geschichten – ihre eigenen und die ihrer Patienten – um Patienten, Ärzten und allen anderen nahe zu bringen, was Menschsein bedeutet.

Die vier Versprechen. Ein Weg zur Freiheit und Würde des Menschen von Don Miguel Ruiz (Heyne, 2003). Hier lernen wir, unsere Reaktionen – auf uns selbst und andere – bewusst zu lenken, so dass wir nicht nur besser um die Dinge bitten können, die wir brauchen, sondern auch anderen das bieten können, was in gesunden Beziehungen von uns gefordert wird.

The Courage to Grieve. Creative Living, Recovery, and Growth Through Grief von Judy Tatelbaum (HarperCollins, 1984). Die Autorin lässt uns nachvollziehen, wie wir den Mut finden, unvermeidliche Verluste zu betrauern, um daraus Kraft für unser inneres Wachstum zu schöpfen. Eine einfühlsame und optimistische Hilfe für alle Trauernden und die, die ihnen beistehen.

Crazy Time. Surviving Divorce and Building a New Life von Abigail Trafford (HarperCollins, 1982). Dieses Buch beantwortet die Frage, die sich viele während einer Scheidung stellen: »Werde ich es je hinter mich bringen?« Wahre Geschichten führen Sie durch sämtliche Trennungsphasen und bewahren Sie davor, zu lange in einer davon stecken zu bleiben.

Illuminata. Thoughts, Prayers, and Rites of Passage von Marianne Williamson (Random House, 1994). Ein Buch, das sich auch gut als Geschenk eignet und Wege aufzeigt, das Gebet in den Alltag zu integrieren – um den Körper, die Beziehungen und den Geist zu heilen.

Remembering Well. Rituals for Celebrating Life and Mourning Death von Sarah York (Jossey-Bass, 2000). Eine umfassende

Sammlung von Geschichten und praktischen Vorschlägen zur Entwicklung von Zeremonien zum Gedenken an unsere Liebsten – vor allem in Situationen, in denen wir uns verlegen oder unvorbereitet fühlen.

Im Alltag Ruhe finden. Das umfassende praktische Meditationsprogramm von Jon Kabat-Zinn (Herder, 2003). Entdecken Sie, wie Sie sich selbst beruhigen können, wenn von allen Seiten Druck auf Sie ausgeübt wird. Besonders wertvoll, wenn man auf eine neue Weise mit Verzweiflung und Unbehagen, Verwirrung, Schmerz und Schweigen umgehen möchte.

Mut zur Heilung. Wie Sie Ihre Energien nutzen, um gesund zu werden von Carolyn Myss, (Knaur, 2002). Sehr empfehlenswert. Mit Humor, Bescheidenheit und gleichzeitig unverblümt macht uns die Autorin verständlich, warum wir am Schmerz vergangener Geschehnisse festhalten und was wir brauchen, um gesund zu werden.

KUNST

Richard Bohn, Schöpfer der Keramikskulpturen heilender Herzen und Autor der »Burnt Offerings« (Verbrannte Opfergaben, die in diesem Buch erwähnt werden). P.O. Box 11821, Spokane, WA 99211, USA.

MUSIK

Dies ist eine kleine Musikauswahl, die Sie und Ihre Bekannten in schwierigen Zeiten womöglich als tröstlich empfinden.

The Yearning von Michael Hoppe und Tim Wheater (WEA/Atlantic, 1996). Ätherische und elegante Altflötenmusik bringt jeden zum Träumen.

Michael's Music: A Michael Jones Retrospective (Narada Productions, 1990). Aufbauende Klaviermusik.

Compassion und *Essence*, aufgenommen vom Komponisten und Musiker Peter Kater. Beide CDs schaffen eine überaus beruhigende Atmosphäre. (Source Music, P.O. Box 1109, Warrenton, VA 20188, USA. www.peterkater.com)

For God Alone von Mark Kelso (Kelso Productions, 1988). Harmonien für Meditation, Yoga und zum Gewinnen neuer Zuversicht.

When You Wish upon a Star von Daniel Kobialka (Li-Sem Enterprises, 1988). Eine Sammlung von Wiegenliedern.

Return to the Heart von David Lanz (Narada Productions, 1991). Tour de force auf dem Klavier und die Reise eines Herzens.

In the Falling Dark von Dave Mallet (Vanguard, 1995). Ergreifende und optimistische Volksweisen mit Texten, die uns auf das Licht am Ende des Tunnels hoffen lassen.

Days Like This von Van Morrison (Exile Productions, 1995). Wenn Sie Trübsal blasen und ein wenig Gesellschaft brauchen, dann singen Sie hier einfach mit!

Healing Hands of Time von Willie Nelson (EMI Records, 1994). Der Titelsong »Healing Hands of Time« tröstet alle, die sich fragen, wann der Schmerz wohl endlich aufhört.

Eine beruhigende Auswahl klassischer Stücke von Albinoni, Beethoven, Hofstetter, Mozart und Pachelbel finden Sie auf der »I Musici«-Aufnahme von 1990, Philips, Katalog-Nr. 410 606.

BILDUNGSZENTREN

Einrichtungen der Erwachsenenbildung und zur Förderung der persönlichen und beruflichen Weiterentwicklung, wie vor allem die Volkshochschule, aber auch Yoga- und Meditationszentren können uns neue Wege aufzeigen, unser Verständnis für uns selbst, Angehörige, Freunde und Kollegen zu vertiefen. Sie helfen uns, unsere Kommunikationsfähigkeit zu verbessern und über schmerzliche Lebensabschnitte hinwegzukommen.

Man kann jemanden in einen Kurs begleiten, der schwere Zeiten durchmacht, selbst ein Seminar besuchen oder es einem Menschen, der sich in der Gesellschaft anderer weiterentwickeln will, zum Geschenk machen.

REGISTER

D

E

F

G

H

I

K

L

M

N

O

P

Q

R

S